TALK to ME

如何获取信息、深度沟通、专业采访

学会提问与谈话

［美］迪安·纳尔逊 著

焦静姝 译

北京时代华文书局

不只是直觉

提出更好的问题，得到更好的答案

我最好的借口是：那时我年轻，什么都不懂。

　　我二十五六岁时，开始在密苏里州中部地区从事记者工作。我看到一份日历上写着，某位爵士音乐家将在我的小镇做一场演出。我心中一动，天真地认为他到这里的时候，会有时间跟我聊聊，所以我打了几个电话试图联系他。一番周折后，我找到他唱片公司的一个电话，喜滋滋地打了过去，完全没有意识到，我是从美国的中西部往加利福尼亚州打电话，而加州当地时间正值早上 7 点钟。

　　一个浑浊的声音接起电话，我说明了自己的身份和来意。那个声音嘟囔着说："你应该可以在音乐家下榻的酒店找到他。""那他的酒店是哪一家呀？"我问道。他说出波士顿那家酒店的名字。"那请问您是谁？"我问道。他说了自己的名字。我查了下这家唱片公司的信息。嘿——我刚才把这家唱片公司的老总给吵醒了。

　　正如我说的，我那时年轻，什么都不懂。

　　所以我又打了个电话，这次是打给酒店。电话响了很长时间，另一个声音接起来。我估计我刚把他也吵醒了。当时波士顿时间是早上 10 点。玩音乐的人怎么都那么贪睡啊！

　　我先向他自报家门，然后询问他几个星期后来我们小镇巡演时，可不可以让我和他待一阵。

　　"可以啊，我觉得没问题。"他说。

"那您能不能不接受其他记者的请求，只接受我的独家采访？"我知道自己有点儿得寸进尺了。

"那样的话你得付我钱。"他显然已经彻底清醒了。

"我是肯定没办法付钱给您的，那我就等您来了。"

我后来花了一整天时间和他在一起，看他去高中爵士乐队的工作坊，并在他演出前后和他一起待在后台。在我见过的人里面，他不是最热情的，但看到他这样的传奇人物如此认真地对待青少年（还有我），让我觉得颇有乐趣。他走路很慢，在高中参加活动的时候，矮墩墩的身体悠闲地从座椅走到谱架前。我们断断续续聊了几个小时。我在采访他的时候犯了一些错误，甚至在某一点上激怒了他（切记：**千万**不要问一个爵士音乐家"你自己明明是从贫穷和受压迫的生活中走出来的，为什么还要那么贵的演出费，这不是讽刺吗"），你也许会说，就算是一个 20 多岁的小伙子也应该知道，最好不要问迪兹·吉莱斯皮①跟钱有关的个人问题。但那个时候，我错误地认为，完美的采访有 90% 取决于**找对采访的人**，剩下的 10% 取决于运气或直觉。我认为只要我能让他同意接受采访，剩下的问题都能自动解决。

在过去 40 年的记者生涯中，我为许多媒体工作过，如《纽约时报》《波士顿环球报》《圣何塞信使报》，并在圣迭戈主持海上作家座谈会（Writer's Symposium by the Sea），若说我从中学到了什么，那便是采访**远不止**让人对你开口那么简单。

在那之后又过了 30 年，我再次回到那个小镇，并和我当年的编辑一起吃午饭。他提起这件事时说："我到现在还不敢相信，你居然拿下了那个采访。"

---

① 迪兹·吉莱斯皮（Dizzy Gillespie），史上最伟大的爵士小号演奏家之一，是波普爵士乐（Bebop）的开创者之一。——译者注

我们有问题，我们要答案

继迪兹·吉莱斯皮之后，我又学到了许多关于采访的技巧。其中首要的一点，便是采访比我们想象的更常见。我们每天都在问问题，因为我们需要知道某些事情，需要获取信息从而做出决定，或者我们想要分享智慧或者避免麻烦，也有可能只是因为我们喜欢"八卦"。

但大多数情况下，我们提问是为了了解别人的观点。因为当我们只依赖自己的想法和观察而不参考其他不同人的意见时，我们很可能会得出不精确的结论，甚至导致不好的结果发生。另一种视角可以帮助我们看清自己的偏见和预设。想想看，如果过去我们能多问几个问题，人类的历史将能实现（或者避免）多少事啊！提出好问题能避免让我们活成井底之蛙。

想想我们听过或问过的简单问题吧："你做巧克力曲奇的秘方是什么？""今天学校里发生什么了？""你有没有考虑后果？""你愿意和我一起吃晚饭吗？""你愿意嫁给我吗？""为什么咖啡总是一滴不剩？"这些只是简单的问题，但它们能引出其他问题，从而形成对话，通过对话呈现性格并达成理解。这便是某种程度的采访。

我们身边的问题可以很简单很明显，也可以很重大很深刻。但它们都有一个作用。让我们来看看下面这个场景，这是我日常生活的某个片段：

地板上有一盘掀翻的意面，家里的狗正在大快朵颐，好像它一辈子都在等这个机会，它的尾巴剧烈地摇摆着，仿佛能带动一台涡轮机。我看向年幼的儿子。他站在原地一动不动，双手还伸在那里，眼睛瞪得像地上的盘子一样大，盘子倒扣着，正好落在他双手的下方。我又看向我女儿，她比我儿子还小三岁。她正坐在餐桌前无声地哭泣。倒不是心疼那盘打翻的意面或是被弄脏的地毯，而是她觉得我会惩罚她的狗狗。

"发生了什么？"我问。

这是一个采访问题。这是一个愚蠢的采访问题（更多关于愚蠢问题的讨论请见后文），因为发生了什么显而易见。尽管如此，这仍然是一个采访问题。也许更明智的提问方法应该是"这是怎么发生的"，接着再问"你觉得接下来要发生什么"，但这点我们留到第 6 章再详细阐述。

我给银行打电话，因为我的账户出了点问题。每次给客服打电话我都不太乐意，因为我料到他们什么也不懂。

"有什么能帮您的吗？"一个声音问道。

这是一个采访问题。我回答后，她会接着再问一个问题，试图帮我找出账户问题的原因。

我看到后视镜里闪烁的警灯，这意味着两种可能：1.高速公路巡逻队准备拦下几秒前超我车的家伙。太好了！我就爱看警察拦住宝马车。2.高速公路巡逻队准备拦下我，因为我刚在几秒前超了一辆别克车。

结果是，警察拦住了我。我靠边停车后摇下车窗。警官耀武扬威地走过来，俯视我。

"你知道你刚才开得有多快吗？"

这是一个采访问题。因为他实际上并不想知道答案，只想给我开张罚单。

今天雪的状况棒极了，可以尝试些新的滑法。我走向一条之前没有滑过的雪道，断定今天有这么完美的粉雪条件，滑一下应该不是问题。我不是一个厉害的滑雪者，自认为水平也就刚刚及格，所以当我滑过雪道边的双黑钻标识时，难免感到一点儿担忧。但太迟了，我突然冲上一个超高难度的陡坡。瞬间我腾空飞翔，然后摔了个四仰八叉，滑雪板和滑雪杖戏剧性地飞向四面八方。我的肩部和头盔承受了大部分的冲击。我保持着俯卧的姿势，尝试去感知我的四肢和十指。我头顶乘坐升降椅的人们屏息目睹了这一壮举。有人发出几声喝彩，有一个人从升降椅上倾下身子问道："你还好吗？"

这是一个采访问题——非常简短的采访，以便于她决定需不需要呼叫滑雪急救。

心理咨询师把我引进他的办公室，指着一把椅子让我坐下，然后自己坐到办公桌的后面。我们用了一些时间在沉默中观察对方。"你为什么来这里？"他轻柔地问。

这是一个采访问题，也是很多咨询疗程开始的方式。

我正在激情四射地听一家俱乐部的爵士乐队演奏，在演出间歇，我走上前问钢琴家："刚才最后一首曲子里，是不是有点儿塞隆尼斯·蒙克[①]的感觉？"

这是一个采访问题，也让乐队的人对我青睐有加。

[①]　塞隆尼斯·蒙克（Thelonious Monk，1917—1982年），美国爵士乐作曲家、钢琴家。波普爵士乐创始人之一，大大促进了冷爵士乐的发展。——译者注

人人都是提问者

保险理算师、社会工作者、律师、护士、老师、调查员、心理咨询师、播客主持人、客服代表、银行家和警察每天都会花很多时间提问题。这便是采访：通过一系列有目的的提问，获取对某个特定问题的理解、洞察和观点。上述人群通过获取答案，进而决定如何采取下一步的行动。而答案的质量很大程度上取决于问题的质量。

以前有一名医生，在对我进行诊疗提问时，他从来不会从电脑屏幕前抬头看我。我曾经由于种种原因频频造访他的诊疗室，比如旋转肌撕裂、皮肤癌、偏头痛和一年一度的例行体检。但我却几乎无法向你形容他，因为我几乎只见过他电脑屏幕上方的发际线。他总是问几个问题，然后敲打键盘，就好像键盘底下有只蝎子，他非要砸死它。

在同一家诊所还有另外一名医生，在向我提问时，他不仅想知道我的症状，还想知道我多长时间去一次厕所。我们还会一同赞美明尼苏达的大湖，一同哀叹美国新闻行业每况愈下。 而与第二名医生的面谈并没有花掉更多的时间。但你觉得我更愿意向哪一名医生敞开心扉呢？又是哪一名医生可以更好地帮助我确认身体的疾病呢？

医生受到保险公司方面的很多压力，所以他们希望与病人待在一起的时间尽可能少，同时尽可能多地将一切都记录下来。这我都懂。但就连医学杂志都承认，医生的采访技能对于充分诊断和治疗病人至关重要。要成为一名好医生，不只是要做很多测试。好医生会提问，且懂得倾听，做判断后加以跟进。他们会对病人进行**采访**。

一旦我意识到提问背后的目的性和动机，我便更加欣赏第二名医生在会诊中所做的一切。他并不是随意地在和我套近乎，也不是说我们之后就要一起去喝一杯。他是在收集信息，以便制定一套好的诊疗方案。他是在用一种非正式的方式获悉我的病史 ——医生常以这个术语进行会谈。尽管这是一场对话，却导向一个特定的目标。

　　其他职业提问的好坏也至关重要。一个我认识的社会工作者告诉我，她如何为客户提供服务，取决于客户告诉她的东西。而客户告诉她的东西直接取决于她提出的问题——"面谈①即一切。"人力资源亦然，通过面试，你才能找出成堆的、几乎一模一样的简历后面真正适合的人选。对于法律来说，证词就是采访。陪审团的选拔也是一系列审核提问的结果，这是一种采访。庭审过程中律师会向证人提问题，这也是采访。在和理财规划师聊天之前，我还从来没有回答过那么多的个人问题，他饶有兴致地了解了我的理想家庭，我们对成功、舒适和安全的定义。这些都属于采访问题。

　　当然了，记者会问很多问题。这是他们的工作。他们的事业很大程度上建立在他们成功进行采访的能力上。作为一名记者，在我采访的人里，有人大喜过望，有人不知所措；有成功者，有失意者；有胜利者，有失败者；有人风趣，也有人无聊；有人圣洁，也有人贪污；既有英雄，也有"反派"。

　　事实上不管你从事何种职业，都需要让别人对你说话，而好消息是这当中的技巧可以通过学习获取。当我们在电视或电影中看到医生、律师、警察和记者时，会看到他们在提问时沉着、专业而自信。他们看上去很自然。电视节目总是给人一种印象，似乎一次优秀的采访完全取决于你外向的个性以及永不满足的好奇心。我们头脑中有一个刻板印象：你会不会采访，全看你有没有与生俱来的采访基因。但我完全不同意这一说法。记住，人人都是采访者。不管我们从事哪一种职业，都会遇到向陌生人提问的情况。开朗又自信的人可以成为很好的采访者。马克·马

---

① 原文这里的 Interview 根据语境的不同，可以有面谈、对谈、面试、采访等多个中文名词对应。鉴于全书的主题是新闻采访，而这一章将新闻采访的方法论拓展到其他职业领域，因此译者对这一名词酌情进行了翻译。——译者注

龙 ① 就很擅长采访。他有一次在广播里说："你们能在我的播客上同我聊天真是太酷了，当然了，这是因为你们想和我聊天。"马龙的采访兼有一种小男孩式的惊奇和自负，这一点让他很有魅力。但腼腆而不自信的人也可以成为很好的采访者。我见过的一些最好的采访者，提问时都是试探性的，并不好辩，轻声细语。他们的性格让对方得以放松下来，从而变得健谈起来。他们对采访的主题了如指掌，希望对方可以帮助他们更深入地了解这个话题，因而并不介意将自己置于对谈的弱势一方。我听过凯瑟琳·布（Katherine Boo）描述她是如何让孟买人在《美好时代的背后》一书中向她敞开心扉的。她说，由于她如此频繁地出现在他们中间，他们后来都忘记了她的存在。

　　好的采访者只是在做自己，他们不演戏，但他们有好奇心。他们知道如何保持安静，并倾听周围的声音。真正能问出好问题的人，可以从对方的言谈中萃取出深刻的答案而不是陈词滥调，能透过事物的表面深入其鲜为人探索的内核。

　　以合理的顺序提出好问题，能帮助你更好地理解事物，从而提升你的工作和生活水平。我目睹了这一奇迹发生在几乎每一种职业类型、每一个职业场景中。

写作者为何在意他人的观点

　　作为一名作家，当你开始精通采访的艺术时，你将为自己的写作百宝箱增添一件法宝，从而让你与众不同，因为很少有人认真思考过他们想通过采访达成什么。他们盲目地希望采访的对象可以说出什么有趣的

---

① 马克·马龙（Marc Maron），美国影视演员及脱口秀演员。

事情，而不是事先做足准备让对方有话可说。如果你可以熟练地驾驭提问的艺术，你将有能力描绘出：某晚的月亮在夜空的哪个方向；海浪撞击游轮时发出了什么声音；那个人逃离酒店的大火时在想些什么；当刚出生几秒钟的小婴儿被放到母亲胸前时，母亲的灵魂发生了怎样的变化；为什么无家可归的流浪汉会还回那只钱包；为什么那个商人要伤害那个小童子军成员。你将有能力捕捉到一个人是怎么叙述的——他叙述的节奏、口音和喉咙的哽咽，而不仅仅是他叙述了什么。你将能够令互动更加人性、更加可信、更加有艺术感、更加振奋人心，也更加美妙。

　　无论你是刚刚开始撰写个人回忆录——高中写作班之后你就没再写过任何东西，还是你已经处于文学食物链的顶端；无论你写的是小说、新闻、论文、专栏还是短故事，你的创造性工作都能从他人的观点中获益。

　　作为一名作家，我们很多时候都不在事情发生的现场，所以我们必须与当时在场的人交谈。为了向他人传递信息，我们必须自己先获取信息。比方说，当我抵达一起事故发生的地点，两架小飞机相撞后坠落在一个高尔夫球场上。我所采访的人，当时就在离坠落地点14个高尔夫球钉的地方。他们告诉我，他们先是听到有飞机接近附近的飞行跑道，然后听到引擎发出一阵轻微的爆炸声，当他们抬起头时，正好看到一架飞机撞上了另一架飞机的机尾，然后便目睹了这两架飞机纷纷坠落在他们正前方的球道上。他们的描述帮助我的读者在头脑中想象出当时的场景。

　　小说作家也需要和他人交谈，以便捕捉当地的传说，了解某个场景，或搞清楚一连串事件。你写的所有内容不是都要来自你个人的经历或者他人的文稿。你必须时不时地和陌生人交谈。

　　有时候，我们采访别人，是因为对方非常有趣，或者做出了了不起的成就，而我们想要一窥他们的心灵和行为。他们也许不是名人，但他们拥有与我们截然不同的生活经历。我们通过他们的视角，也许会发现事物不同的一面。他们的观点也许会挑战我们的思维方式，为我们在这个世界上的工作提供新的方法。

我一直在做的一件事，是与杰出的作家谈论他们的创作。这一系列活动叫"海上作家座谈会"，在过去的 20 多年间，我对记者、诗人、剧作家、编剧、小说家、词曲作家、评论家等写作者进行采访，这一系列的采访通过直播面向数千万观众，这些采访的视频已经在网络上被观看或下载了近 400 万次。

这一系列的作家采访有的做得非常顺利，有的则不尽然。受访者中有一些人言辞幽默、令人愉悦，有一些人则容易动怒、闪烁其词。这些采访让观众对于写作者的世界有了更深刻的认识，并能了解到每个人成为作家的路径都不相同。而作家向观众展示了写作具体是干什么，能带来多少沮丧、喜悦和满足。但大多数时候，采访表现的是每个作家在创作中使用的不同方法。有些作家将写作看成是一个神秘又充满精神性的过程，而另一些作家认为写作更多是一种机械的努力。因此这些采访才显得弥足珍贵，因为即使是同一个主题，也可以产生多种多样的观点，而人们通过采访得以了解作家究竟是什么样的人。

我每天都与人交谈，无论我是以作家座谈会的组织者身份，还是作为记者兼作家，我无时无刻不在进行采访。

你每天也在与人交谈。

你采访的无论是著名作家，还是目睹了事故惨剧的高尔夫球员，你在每一种情境下提出的问题都将直接影响你能否获取有趣或重要的信息。你的问题将决定你能否抓住一个人或一个事件的本质，还是你只能得到一个精心设计的人设或某人特意展示的观点。你的问题将决定你获取的是真相还是伪装。

记住，仅仅让受访人接受采访是远远不够的，你不能指望在采访中上帝对你微笑。你越留心在采访中提出的问题，你就越能得到好的结果。

我认为做采访和写故事是一个道理。归根结底，一个好故事就是收放自如的叙事。一件事导致了另一件事，如此反复。作者不会讲出所有事，只会揭开足以推动故事发展的那些情节。故事有开头、发展、高潮（通常都有）和结尾。对于采访而言，你一般会从一个问题按照某种次序，引申到另一个问题，最终所有的问题都会指向一个方向。我之后再对这一部分进行详细论述。写故事和做采访还有一个共同点，那就是有时候你在开始时，对故事或者采访有一个预判，但随着写作和采访的深入，你最终得出了不同的结论。无论是写作还是采访，都需要你即兴发挥、跟进叙事并且全神贯注。就像一个故事，一次合格的采访也有一个开头、一段发展、一个高潮点和一个结局。当然希望还能有一些小惊喜。

人们通过合格的采访可以获取信息，但通过优秀的采访，可以看到更多的东西，比如人性、挣扎、胜利、喜悦、悲痛，有时候甚至能得到超越一切的灵光一现。

但优秀的采访不是唾手可得的，也不全是美丽、偶然和化学作用的结果。你必须有意识地知道自己想要什么，必须跨越自我怀疑的这道槛。

贝弗利·劳里（Beverly Lowry）几十年来写了无数小说、短篇故事集和犯罪题材的非虚构类作品，她的写作之所以精确，是依赖于大量陌生人的描述。她曾说过，她常常在采访的一开始有些许自我怀疑，但仍然选择继续进行。"当你走向一排不想和你说话的陌生人，冷冷地介绍自己后开始对话，你每次说话时都强调主导话语的人是你，你在做的就不是友好的聊天，而只是采访——这种谈话的方式不自然，更谈不上友善，这实在不是什么简单的事情。"她写道。①

劳里认为，采访需要靠直觉，加上想要知道真相的欲望。然而直觉只能带你到这一步了。

曾经有好多次，我必须接近我认为不愿意和我说话的人。但有时候

---

① 卡罗琳·福奇、菲利普·杰拉德等，《纪实文学的创造性书写》（*Writing Greative Nonfiction*），第98页，辛辛那提：故事社（*Story Press*），2001。

我会惊喜地发现，只要提出好的问题，别人都会热情地回应你。与陌生人交谈会令人感到不舒服，但不能因为不舒服，你就回避它。好的作家明白，比起让自己感到舒服，与他人交谈更重要。而你开启采访的方式有助于减轻你不舒服的感觉。

　　我们都见过看上去很"自然"的运动员，但他们之所以如此擅长自己的运动，是因为他们也留意其他的方面。汤尼·关恩（Tony Gwynn）是棒球名人堂的成员之一，曾是圣迭戈教士队的击球手，他挥出球棒的姿态优雅而自然。他走进击球员区，将一个个快球、曲球、变速球、滑球、慢速变化球击出后跑垒的样子，一气呵成，丝滑柔顺，就像这是世界上最轻而易举的事。当他不打球的时候，他在做什么呢？他通过视频研究投手和自己挥棒的动作。他在研究、准备，然后践行。

　　在有比赛的日子，他看上去似乎在凭本能挥棒。但能将本能发挥到创纪录的水平，靠的是他日积月累的工作，这些工作甚至在他穿上队服之前就开始了。

　　本能的直觉能让你的采访成功一半。但若想始终如一地做好采访，就需要锻炼幕后所需的技能。

　　你将从本书中学习到与人交谈时令人惊奇的新技巧，你将明白以下方面：

> ➤ 如何决定与谁交谈，如何获得对方应允
> ➤ 如何通过准备掌控对话，而不是听天由命
> ➤ 以何种顺序提何种问题
> ➤ 如何且何时提出尖锐的问题
> ➤ 如何保证精确
> ➤ 如何避免被起诉
> ➤ 在采访偶像或"白痴"时，如何让你的自我让路

　　这本书集合了美国多名伟大的作家的智慧，以及我在采访他们时的一些领悟。此外我还是一名有着 40 多年职业经验的记者，为美国顶尖的新闻组织采访过上百人。这本书将教你如何与陌生人交谈，让他们与你的对话超越表面的层次，而这样的对话甚至可能催生出令你、你的对话者、你的读者或观众都震惊的见解。

　　对话的根本是探究，是了解，是分享信息和经验。

　　它是故事的本源。

　　年轻又什么都不懂的局面不可能持续太久，你终究需要跨出那一步，不再将运气和直觉作为你的主要资源。

　　到那时你所依赖的一切，是那句话 ——"对我说"—— 背后隐含的所有东西。

目 录

第 1 章

一切源于你的头脑

决定向谁提问以及为什么

如果你试着写一个故事，将你头脑中出现的任何东西直接录入电脑中，你最后得到的可能是一篇很有趣的意识流作品，但也可能读上去像疯子的咆哮。你也许将是下一个肯·克西[1]或者泰德·卡辛斯基[2]，但是你的读者怕是很难长时间地追随你。尽管如此，我却发现我的学生中有很多恰恰是用这种方式写作的。他们有一篇作业，马上就到截止日期了，所以他们在动脑筋之前已经下笔了。有些学生适合这种方法——他们的创意频频闪现，出现在屏幕上之后稍加整理，就好像有一只"无形的手"（多谢了，亚当·斯密！）将文字指向意义——我也希望这种方法能普遍适用，但往往事与愿违。大多数学生在动笔之前都需要一个提示、一个想法，或一个指南。

没有指导原则写就的故事就像旋转的赌轮盘，你希望玻璃弹珠最终落进轮盘的某个格子里，这样故事就有了意义。但我读过很多故事，里面根本没有弹珠。

好的采访，就像故事一样，里面至少要有一个弹珠。

在刚刚成为记者的几年里，我写过一篇故事，关于一个步行穿越密苏里州的男人。在我看来，这篇故事里充满了事实、智慧和激情。稿件

---

① 肯·克西（Ken Kesey），美国作家，著有《飞越疯人院》。——译者注
② 泰德·卡辛斯基（Ted Kaczynski），"大学航空炸弹客"（Unabomber），是美国的无政府主义者、数学天才，同时也是一名极端分子。——译者注

交上去后，我给自己冲了杯咖啡，等着我的编辑扔下一切事务，将这篇文章的事通报给普利策奖的评奖委员会。然而，编辑在稿件上方写了一行字——"为什么要写这篇东西"，然后一脸怪相地递还给我，好像他刚刚踩了一脚大便，并且那全是我的错。我盯着那行字，盯了足足有一个世纪那么久，然后我重新阅读了这个故事。是的，里面有不少事实，有一些激情，但好像没那么多智慧。事实上，这篇东西根本就没有任何意义。

　　采访中时常会出现上述情形。我们总是乐观地以为与对方聊天会很有趣，这一行为本身就能很有趣。我们不妨去看看《周六夜现场》（*Saturday Night Live*）的那段滑稽小品，喜剧演员克里斯·法利（Chris Farley）采访音乐家保罗·麦卡特尼（Paul McCartney）的片段。除了法利的身体搞笑，这段采访可笑的地方在于：法利因为见到偶像兴奋过头，完全不知所措。他在提问时有几次说道："还记得您在甲壳虫乐队的时候吗？"保罗·麦卡特尼很礼貌地回答了，但是他（以及台下的观众）能看出，法利扮演的角色其实根本没有想过他在采访谁。他只是一次次看向摄像机镜头，用嘴型比画说"这个人简直太帅了"。

　　我曾经见过很多同样套路的采访，只是这些采访本来不打算搞笑的。但是每次看到这样的采访，我都想借用我以前编辑的话，问采访者一句："为什么要做这种采访？"

　　我一直想在作家座谈会上采访特雷西·基德尔（Tracy Kidder），因为我认为他通过写作和为《大西洋月刊》《纽约客》等杂志做的新闻工作，为世界理解商业、技术、人权主义、工艺、老龄化、教育、人类精神和许多其他话题做出了极其重要的贡献。我认为他可以就他的作品进行深入细致的阐述，同时针对普通读者和专业作家提出写作技巧方面的建议。

　　于是我阅读了基德尔的多本著作，为我的采访做准备，例如《通往尤巴城之路》（他很讨厌这本书）、《新机器的灵魂》（普利策奖获奖作品）、《超然自我》（一部记录基德尔在越南服役的回忆录，他也不太喜欢）以及《房子》《故乡》《老朋友》《越过一山，又是一山》《生命如歌》《学童间》和《装满金钱的卡车》。在完成所有阅读后，一个主题开始在我脑中形成。我对建筑并不是特别感兴趣，但是基德尔在《房子》里让建筑变得妙趣横生。我向来对科技世界兴味索然，但基德尔笔下的计算机和软件世界却吸引了我的注意力。

唐·休伊特（Don Hewitt）曾解释过，为什么热门电视节目《60 分钟》①可以大获成功。"我不在乎是什么话题，"他说，"我只在乎人们如何受到话题的影响。"而基德尔的写作与这一主旨有着异曲同工之妙。就像《60 分钟》每期节目都会聚焦一个主要人物，然后引出一个更大的话题，基德尔在写作中亦是如此。他的故事都以人物为中心，讲述这些人如何受到某种更大力量的影响。他找到了他的利益相关者。

但在读基德尔的书时，某种更基本的东西打动了我，那就是他令人惊讶的信息来源。在《老朋友》一书中，他描写了护理间里发生的对话。在《学童间》一书中，他描写了老师夜里在餐桌上批改作业的场景。在《新机器的灵魂》中，他描写了一个项目经理起床后的一系列晨间惯例。在《越过一山，又是一山》中，他描写了主人公在海地治疗病人时的对话和着装。鉴于这是纪实文学，我知道这些不是他杜撰出来的，他一定是看到了，所以他可以写下来。

他是如何征得他人的允许，进入别人私生活的呢？我决定将采访建立在这个问题之上。我们当然也可以谈论其他话题，但至少我们要探讨信息来源的问题。这就成了我的"为什么"。有时候你只需要一个"为什么"来策划并完成采访。

---

① 《60 分钟》（*60 Minutes*）是美国 CBS 电视台的电视新闻杂志节目，由唐·休伊特于 1968 年创办。

找到利益相关者

我接下来要谈谈如何辨认出每个故事中的利益相关者。谁是专家？谁受影响最大？谁能提供见解？谁能通过启发我，进而启发我的读者和观众？

利益相关者能将话题转变为人的问题。他们能将一个事件、一组数据或一个想法人性化。读者、听众、观众通过他们的声音与故事产生共鸣。利益相关者使故事更加可信。

当我们采访一个人的时候，至少是为了下面四个原因中的一个：

1. 以一名参与者、权威人士、专家或目击者那里获取某一特定话题或事件的看法

谁看到了它？谁能描述它？谁组织了它？谁能确保所说的一切属实？

1957 年，拉里·卢贝诺（Larry Lubenow）还是一个 21 岁的新闻系学生，同时在北达科他州的《大福克斯先驱报》担任自由撰稿人。当时著名的爵士音乐家路易斯·阿姆斯特朗恰巧来到他所在的城市，卢贝诺与他约了一个采访。

关于"为什么"做这个采访，原因也许可以很简单，因为路易斯·阿姆斯特朗非常有名，他正好来到这个名人不怎么光顾的城市。

但任何一个优秀的作家都明白，如果有一个更深层的目的、一个主题，采访就可以做得更精彩。

就在阿姆斯特朗音乐会演出的两个星期前，在阿肯色州的小石城，9名黑人孩子被邻街的高中拒之门外，尽管当时法官裁定取消了这所学校的种族隔离政策。艾森豪威尔总统没能成功说服阿肯色州的州长去配合法官的裁定并且开放校舍。做出裁定的法官来自大福克斯市，这座小城黑人很少。卢贝诺似乎不太可能让阿姆斯特朗就最近发生的事情发表意

见，因为众所周知，这名音乐家不在公共场合谈论种族问题。他是那个时代的迈克尔·乔丹 —— 相关领域中最杰出的人物，但坚持在社会问题上保持沉默。但是卢贝诺认为，阿姆斯特朗的话常常被人引用，而小石城事件可能会成为他新名言的主题。

在采访开始时[①]，这名年轻的记者先是和阿姆斯特朗讨论了音乐，紧接着问起他如何看待小石城事件、如何看待艾森豪威尔，以及在美国作为一个黑人的遭遇。由于事件刚刚发生，这个时间点卡得刚刚好。阿姆斯特朗热切地回答了卢贝诺的问题，甚至夹杂了不少不敬的言辞，令这名年轻的记者十分惊讶。但他立刻抓住了故事的"为什么"。当主题自动现身时，卢贝诺已经做好了万全的准备。阿姆斯特朗用激烈的言辞批评了艾森豪威尔在强化法律制裁上的无能，又给阿肯色州州长奥瓦尔·福布斯（Orval Faubus）起了个能印在报纸上的委婉花名（他们俩最后决定叫他"没教养的农夫"）。阿姆斯特朗称，美国的黑人遭到如此恶劣的待遇，自己很难在世界面前担起美国亲善大使的角色。他甚至用亵渎的歌词唱了一曲《星条旗之歌》。要知道，科林·卡佩尼克（Colin Kaepernick）在橄榄球赛前奏响美国国歌时以单膝下跪的方式抗议，是 60 年以后的事情了。

一开始卢贝诺的编辑，以及在明尼阿波利斯的美联社编辑，都不相信阿姆斯特朗真的说过这些话，于是他们要求卢贝诺重新向音乐家确认一遍。阿姆斯特朗确认了。随后这个故事传遍了全世界。

一个星期以后，艾森豪威尔总统要求美国军方护送小石城的 9 名黑人学生进入学校。

阿姆斯特朗的采访本可以做一篇"明星来了"的简单故事，但他找到了一个"为什么"，将这件事与一个更宏大的主题联系起来，于是促成

---

① 卢贝诺拿到这个采访的方式比我拿到迪兹·吉莱斯皮采访的经历还有趣，我将在下一章里告诉你他是怎么做到的。

了一次伟大的采访。

2. 为了人类利益或人性色彩

谁能让主题描述更加人性化？谁可以让文章更有趣，而不仅仅是罗列事实？谁可以提供细节和表述，让故事变得不同凡响？

理查德·普雷斯顿（Richard Preston）是一名聚焦于传染性疾病的纪实文学作家（他写的《血疫》一书非常出色）。他曾表示，当他为一个故事搜索信息时，会寻找某种特定的信息来源。他需要寻找某种特定的主题。

"我会寻找那种能体现矛盾性的人物，比如他既是有重大公共责任的公众人物，又需要处理日常生活中的无聊琐事。"他说。①

这种矛盾很有趣，可以帮助我们理解人性是如此，或非然。那就是他的"为什么"。在我看来，矛盾总是值得探究的，因为它正好说明了为什么人类无法永远是一个样子。每个原教旨主义者都有自己的附加说明。每一个自由主义者都有一个例外的保守想法。矛盾让我们成为如此独特的人类——有缺陷，无法预测，令人惊奇。如果你想深入了解那些矛盾冲突，你就能避免陷入老生常谈。

3. 让自己更了解一个话题

谁可以提供更广阔的视野？谁可以向你提供事件背景？

每当我深入一个复杂的故事之前，我通常会找一名专家，让对方用通俗易懂的语言向我解释一些抽象的概念。在写一名世界级的物理学家之前，我会先请教一名物理学教授帮我辨析经典物理学和量子物理学之间的差异。很显然，我无法通过这次谈话就讲清这个主题，但这却可以

---

① 罗伯特·博因顿：《新新新闻主义》(*The New New Journalism*)，306页，纽约：古典书局（Vintage Books），2005。

帮助我在大脑中形成一个框架，从而理解问题。

有时候，你需要受访者本人为你补充更多知识。你的受访者会向你解释关于某一主题的多种变量，而你可能在这之前都不知道有这些变量存在。

我最近向一名社会工作者了解她进行面谈的过程，她说当她与一名客户面谈时，她总是试图着眼大局。这名社会工作者已经在新生儿重症监护室工作了好几年。在她看来，仅仅找出新生儿家庭的需求和婴儿本身的缺陷是不够的。她需要知道这个婴儿出生的环境到底是怎样的。在这之前，她无法向婴儿的家庭提供任何有效的方案。

她与客户面谈，揭示出一些令人不安的观念，而她与客户一起解决问题时必须先应对这些观念。

"很多时候，新生儿进入重症监护室后，父母会认为，这都是因为他们在过去做了错事，导致了现世报。"她说，"你简直想象不到我到底听多少人说过'这都是我的错'。"

4. 描绘一个事件的影响或结果

谁受到了影响？谁从事件中获益？谁付出了最沉重的代价？谁是赢家？谁是输家？通常来说，要回答上述问题，最好的方式便是想象三个E：目击者（Eye-witnesses）、专家（Experts）和解释者（Explainers）。目击者可以告诉你事件发生的戏剧性经过；专家可以给你官方的事实版本和授权；解释者可以给你普及背景，贯通事件的前因后果。

当我在报道圣迭戈的校园枪击案时，对上述三类人群都进行了采访。我采访了警方和红十字会的代表（专家）；采访了被枪击学生的邻居、学校的心理辅导员和老师（解释者）；同时我还必须采访在事件中最受冲击的人群——学校的其他学生（目击者）。

不幸的是，如今校园枪击案愈发普遍。但它们仍然是最重要的故事，因为它们是我们人生中的突发事件 —— 我希望它不是日常事件。那么，我们如何才能在报道这样的故事时，为读者带来共通的人性和洞见呢？我们不应当满足于简单的答案、陈词滥调和人云亦云。当采访专家、解释者和目击者时，我们是在真正试图理解我们自己和人的本性。

你知道人们都是怎么说假设的吗？

所有记者都应该承认，我们对采访之人都抱有假设。这是无法避免的，连优秀的科学家在进行实验之前都做过假设。优秀的科学家会记录自己的假设是否正确，随后进行相应的调整。优秀的记者在采访开始时，必须留意自己的偏见，并随时准备在采访的过程中抛弃或者至少是调整自己的假设。说回我对迪兹·吉莱斯皮的那次采访，我做出的假设是，这位音乐人到镇上来的新闻足够有趣，我的编辑会同意这个选题。我假设：迪兹·吉莱斯皮的名字足够响亮，能做出一篇好采访。到目前为止，一切顺利。我的编辑同意了。但我需要深挖一下，我**为什么**想采访他。

为什么我们想采访名人？我们对他们有怎样的假设？好多东西已经被问过几千次了，我们还能问什么？有什么是读者还不知道的？怎样提问，才能不至于陷入俗套和谬论（《人物》杂志，你听到了吗）？

如果有更多的记者好好思考一下这些问题，而不是重复那些我们听过几百万次的问题，世界将变成美好的人间。

坦白地讲，想看透事物的表面并不总是那么容易。当一个名人来到一个地方，一举一动通常会被严密地监视，以防公众看到其精心打造的人设之外的其他的东西。

著名的电台音乐节目主持人沃夫曼·杰克（Wolfman Jack）便是如此。当时我被派到酒店对他进行采访。《美国风情画》这部电影让沃夫曼·杰克载入史册，我非常期待能与他谈谈摇滚乐以及他的事业。我甚至希望他能像在电台直播时那样对着月亮号叫。如果你从来没有听说过他，那去看看《美国风情画》就能明白他在那些年里是怎样一个偶像人物。

但当我到达酒店时，我被他身边的管理人员赶进一间房间，里面至少还有 10 名其他的记者和粉丝（我看不出两者之间有何差别）。我们在他套房的客厅里等了将近一个小时，然后这位大明星从众多卧室的一间中稍稍弓着身子出现了，他模仿格劳乔·马克斯（Groucho Marx），假装在吸一支雪茄。当他发现我们谁也没笑（这番表演与其说搞笑不如说奇怪），他直起身子，责备我们无聊透顶。这是一次群采，每个人只能问一个问题，然后得到一张他签名的照片，之后他就气冲冲地离开了。

他给我的照片签名时写道："致迪恩，大豆！"①然后他签下了自己的名字。

我自从初中毕业以后就没再被人叫过"迪恩·大豆"。

一个名人来了，但是没有任何理由必须写他，这背后也没有一个更大的故事框架。我们最后就刊登了一张照片和一个长长的标题。迪恩·大豆。随便吧。

说回迪兹·吉莱斯皮的那次采访，在征得他的同意后，我焦虑的情绪在一点点增加。我能问出什么新花样？从自尊的角度来说，怎么才能让我看上去不像个白痴？我才 20 多岁，他已经 60 多岁了。我只对爵士乐有一点点了解，当我在做背景研究的时候，才发现原来他用被称作波普爵士（Bebop）的风格，改变了爵士乐的发展［因此他的自传名为《存在而非波普》(*To Be or Not to Bop*)］。任何人看过他的演出都会知道，他吹小号的时候让号口朝上，而不是与号嘴平行，而且腮帮子鼓得像个河豚。但我认为这两件事都不值得一问，因为所有人都就这两点问过

---

① 原文是"To Dean, Da Bean"，这里做了一个谐音处理。

他了。

这种事前的思考，决定了你能否做出一次有用的、有趣的、有启发意义的、重要的采访，并真正与采访对象进行深入而有意义的探讨，而不是一篇"嗯呀啊呀""我之前已经听过这些了""你为什么要浪费我的时间"的练习——这种程度的采访连受过一半训练的猩猩都能做到。

多种声音很重要

我之前提过，采访是讲故事的一种形式。而它之所以有难度，是因为它需要你同另一个人一起完成。你也许为你的故事起草了一个梗概，比如"我想写一个人，在发现自己是被领养之后，出发寻找她亲生父母的故事"，或者"我想写一个人，他想揍那个美国运输安全局的人一顿"。有了这些信息，你就可以开启写作的流程。一个诗人也许想描写地平线那暗沉的天空，或他内心深处沉郁的忧伤。就像罗伯特·弗罗斯特，一个作家可以探索为何某种特别的经历会令他喉头一紧。写作就是如此简单。

但更多的时候，我们需要别人的看法或目击者的陈述。有时候我们需要对事件进行报道，但没有时间做背景调查或进行网络搜索，甚至没有时间对写作动机进行思考。有时候我们需要写些什么，只是为了告诉读者发生了什么。尽管如此，我们仍然需要锁定可以采访的对象，并向他们提出优秀的问题。因为如果没有他人的声音，我们写的就只是报道，而不是一篇故事。

在写出迪兹·吉莱斯皮那篇故事之后，又过了几十年，我做了另一篇与爵士乐相关的故事。在圣迭戈市中心的一座大教堂里，在过去的几年中，周六的晚上会提供爵士晚祷服务。鉴于我喜欢爵士乐，也喜欢教堂，我决定去那里看看。这样的组合听上去像不协调的有趣混搭，而不协调、矛盾，甚至冲突，总能激发我讲故事的冲动。

我发现，晚祷过程中的一切都趣味盎然。莱奥纳尔·汉普顿（Lionel Hampton）、迈尔斯·戴维斯（Miles Davis）、比莉·荷莉戴（Billie Holiday）和莫斯·艾利森（Mose Allison）的黑白幻灯片，投射在教堂前面的墙壁上。爵士三重奏的音乐家才华横溢（说真的——钢琴手一只手弹键盘，另一只手按萨克斯风的管键——我从来没见过这样演奏的。在一周的其他夜晚，这支三重奏在圣选戈最好的俱乐部里表演），布道者诚挚而认真，受众来自各个领域（有无家可归的流浪汉，也有受过高等教育的爵士乐专家），在看到这一切后，我的内心大声呼喊道："这里有故事！"

我首先读了一些在全国其他地方的爵士晚祷报道——艾灵顿公爵（Duke Ellington）、温顿·马萨利斯（Wynton Marsalis）和戴夫·布鲁贝克（Dave Brubeck）都参与过爵士晚祷，但我发现只有圣选戈的爵士晚祷每周都举行。这给了我另一个写下这个故事的理由——它不同寻常。

于是我先列出一串我需要采访的人员名单（明确利益相关者），然后写下我为什么需要采访他们。事实证明，一共有三个主要原因（还记得之前说过的那三个 E 吗？）。我现在一个一个来说明：

首先，我需要官方的观点。在我看来教堂的教士可以作为权威发言。他可以告诉我为什么要进行这种晚祷，教堂的目的是什么，他如何消弭爵士乐与教堂之间的矛盾，因为爵士乐出自烟雾弥漫、纵酒欢歌的小酒馆，在那里人们唱的绝对不是赞美诗，而现在爵士乐却走进有上百年历史的老教堂，这里有彩绘玻璃、教堂长椅（不是桌子）、前方的十字架以及面包和红酒代表的圣餐。这一切的官方版本是什么？

你采访专家或官方人士的目的是获取权威对事件的解释。你需要权威的声音让故事更准确，也希望通过权威令你的故事在读者或观众面前更有可信度。随便向哪个路人询问意见的意义不大（尽管电视记者经常这么做。向一个迪比克的寻常百姓询问他对欧盟的看法？谁关心呀？）但切记，官方的版本也许最终被证明是不正确的。官方人士也许会撒谎，或者他们从目击者那里得到的证词是虚假的。但你的故事必须有个开头。

就像鲍勃·伍德沃德（Bob Woodward）说的，我们的目标是获取"当下可获得的最接近真相的版本"。而当下"最接近真相的版本"往往是汇集了多人观点的版本，官方的观点便是其中之一。

其次，我的故事需要的不只是事实。我已经通过教堂的网站了解了晚祷是如何开始的，我知道这家教堂是圣迭戈建市以来最古老的教堂之一。我了解到由于人们逐渐搬出城市，来教堂祈祷的信众逐渐减少，而随着城市居民的回流，又出现了重新定义教堂的机会。这些都是可以证实的事实。

现在我需要为故事添加情感、细节、颜色、喜悦或感染力。我需要人性的东西。

于是我采访了三重奏中的钢琴手。他是全城最好的爵士音乐人之一。他走到哪里都能让听众手舞足蹈。他是如何在人们排队领圣餐的时候弹奏出马力十足的《没人知道我见过的苦难》（*Nobody Knows the Trouble I've Seen*），几小时后又出现在酒气熏天的俱乐部里呢？他为什么愿意与一所主流教堂合作？教士是如何找到他，并且成功地说服他参与的呢？在故事中加入有人情味的细节可以帮助读者描绘出事件的图景，并且真正让人产生兴趣。细节让你的故事更可信。

我也采访了参与爵士晚祷的嘉宾音乐人，他们都是来圣迭戈的俱乐部演奏，顺路来参与一下的。他们中有一个人，之前都没去过教堂，还纳闷会不会有蛇从哪里钻出来。最后一条蛇也没见到。

至此，我的故事有了很多材料，唯独缺少了最重要的利益相关者：教堂的会众们。"水管工乔和琼"[①]。每周来做弥撒的人们是如何看待爵士和基督混搭的？他们为什么来？以下是我得到的一些回复：对于一些人而言，这是他们迄今为止最好的教堂体验。对于另外一些人而言，这是全城最好的爵士演出（或许还真是！）。还有一些人，权当在不寻常的场景中聆听布道和音乐。在我采访过的人中，至少有一个人说，爵士晚祷救赎了他童年的记忆，当年与教堂相关的记忆十分可怕，充满了凌辱和虚伪。

无论如何我不得不再强调一遍：除非你采访了与你故事主题关系最密切的人，否则你的故事将是不完整的。

如果你是一个小说家，你也会出于同样的理由采访别人。如果你的小说讲的是阿拉斯加的伊迪塔罗德狗拉雪橇赛，那你的背景研究就需要采访了解这一赛事的人——专家。你还需要与参加过这一赛事的人交谈，你才能在小说中更好地描写赛事中的疲劳、冻伤和最终没有被自己的狗吃掉并完成比赛的狂喜。当然了，你还会想要与尽可能多的参与者聊天，仅仅是为了获取与这一话题相关的更多知识、学习相关的术语，并聆听那些你从未想过的问题。理想的话，你还会想要听听这一赛事的终极利益相关者——狗狗们的观点，但也不是每个人都能讲狗的语言啦。

做好你的功课

我会在第 3 章再详细分析这一点，但研究对于采访过程中的每一个步骤都至关重要。也许你不喜欢"研究"这个词，它让你觉得自己好像

---

① 水管工乔（Joe the Plumber），本名塞缪尔·约瑟夫·沃泽尔巴彻，家住美国俄亥俄州，因和奥巴马谈论减税政策一夜之间成为家喻户晓的名人。这里指代利益相关的平民大众。——译者注

在实验室里，或者回到高中的课题小组一样。你可以用你喜欢的词称呼这一阶段——背景调查、前期准备、做功课、防止自己出丑，或仅仅是为了得到采访机会，你也必须让自己先做好准备。前期准备会帮助你弄清楚你要采访的是谁，你认为可以从他身上知道什么。这种准备可以很简单，比如阅读他发表过的文章、看他之前做过的采访、浏览别人写他的文章，甚至向一些认识他的人做一些初步采访。

　　我有一个直截了当的方法，就是告诉一个图书管理员我正在研究的课题，向他寻求参考意见。我不能夸大图书管理员在基础和复杂研究上能提供的价值，但几个小时的前期准备决定了优秀采访和伟大采访之间的区别。

发展线人：有时这是火箭科学

　　珍妮特·马尔科姆（Janet Malcolm）在《记者与谋杀犯》一书中称，记者在工作中确实会使用诡计和欺骗等手段，让线人为自己提供情报。在书的开头她写道："任何一个记者，如果不是太蠢或太自以为是，就应该明白，自己在做的事在道德上是立不住脚的。他是个骗子，利用人们的虚荣、无知或者寂寞，获取他们的信任，再毫不愧疚地背叛他们。"

　　之后，她又写道："表面上的采访目的和实际的采访结果之间存在巨大的差异，往往令受访者震惊不已。"①

　　照马尔科姆的说法，我们都是骗子和叛徒。

　　琼·狄迪恩（Joan Didion）在《向伯利恒跋涉》中也写过类似的话："我作为记者唯一的优势，就是我身形较小，举止低调，又常常紧张得语

---

① 珍妮特·马尔科姆：《记者与谋杀犯》（*The Journalist and the Murderer*），第3、4页，纽约：古典书局（Vintage Books），1990。

无伦次，人们往往会忘记我的在场违背了他们的最大利益。这总是很奏效。最后一定要记住：作家总是会出卖别人。"[1]

很显然，我不同意这种说法。我们一定要用误导的方法才能让别人开口吗？当然不是了。我曾经和别人交谈，后来交谈变成了采访，但我既没有背叛，也没有欺骗他们。

当我的孩子们还小的时候，我妻子常常送他们步行去上学，而我会在放学的时候接他们回家。有一天，我正在校园里等孩子，发现身边站着我们的邻居。我们认识彼此，主要是因为我们两家的孩子是朋友。我的邻居和他的妻子曾经参与过 NASA 的火箭计划，之后移居圣迭戈。但是雇用他们，并让他们迁居的公司，却突然关掉了火箭部门，从圣迭戈市撤走了。于是两人双双失业。这件事在我看来简直是个谜。我是说：随便哪家能有两个失业的火箭科学家呀？

"最近怎么样？"我问他，在一起等放学铃声响时。我不是在对他进行正式的采访。

"我们正做着呢，"他说，"我在努力让自己不要闲下来。"

"在做什么？"提问仍然不正式。

"我正在尝试几项发明。其中一个已经有点起色了。"

"不错呀。跟我说说？"我现在有点儿兴趣了。

他接下来告诉我的事情令人着迷，我们接到孩子之后，一路聊到他家门口。

"想不想看看？就在我车库里。"

我是个记者。我当然想看看了。

他打开车库的大门，工作台上铺满了肢解的洋娃娃和电子设备。就像是甲壳虫乐队《昨日与今天》专辑的屠夫版封面，只是没有血而已。

---

[1] 琼·狄迪恩：《向伯利恒跋涉》（*Slouching Towards Bethlehem*），第 16 页，纽约：法拉、施特劳斯和吉鲁克斯出版社（Farrar, Straus, and Giroux），1968。

几个月之前，他和妻子看了一个美国公共电视网播放的节目，节目的主题是青少年怀孕，节目中展示了美国高中在讲授健康和人类性学课程时，老师通过让学生们（几乎只是女生）带着一包和婴儿体重相仿的面粉袋，或者一个像婴儿一样脆弱的鸡蛋，来告诉学生们照顾一个新生儿是怎样的体验。

我邻居当时对他妻子说："问题是，不管是面粉袋还是鸡蛋，都不会半夜把你吵醒。"

他妻子回答道："那就发明一个半夜会吵醒人的东西吧。"

这名火箭科学家丈夫从火箭科学家妻子那里接受了挑战。

他录下了女儿的哭声。"那哭声能让油漆剥落。"他笑着说。作为他们的邻居，我可以证实这一点。他将录音转存到一个芯片上，与一个小型扬声器相连，然后将芯片植入女儿的一个洋娃娃，让人以为是洋娃娃在哭叫。我突然意识到，她女儿总是哭难道不是因为她爸爸总在她的娃娃身上做手术吗？不过我后来才指出这一点。

唯一能让这个新型的怪娃娃停止哭叫的方法，是把它抱成喝奶的姿势后，再往它嘴里插入一把钥匙，这样抱着它几秒后它就会安静下来。他对芯片进行了编程，让哭叫在一天的任何时段随机地被激发。而且芯片还能记录娃娃在哭叫开始多久之后才被"喂上奶"，以及它有没有被粗暴地对待。

"谁还见过这个？"我问道，我的记者属性现在全面发动了。

"有一些样品在健康诊所和当地高校里用过。我把它叫作'好好想想宝贝'（Baby Think It Over）。"

我和他约好时间，回来向他进行更正式的采访。我没有欺骗他。我告诉他我感兴趣的点，而他也同意了。

我想更多地了解他发明这个娃娃背后的动机。他那么固执，我不认为他的出发点是与青少年性行为相关的道德原因，或是意外怀孕引发的社会问题。"这和利他主义或者道德无关，"他对我说，"我只是在试图养活家人。"我想知道电子配件是怎么运作的、样品如何组装，以及他的计划是什么。

但我也需要别人的观点。我需要采访谁？为什么呢？谁才是利益相关者呢？我再次列出一个名单，专家（在这件事上，是我的邻居）、目击者（参与者，也就是照顾过这个洋娃娃的学生，他们可以描述这一经历），以及解释者（教师和社会学家可以为事件提供背景）。

我需要知道，青少年怀孕到底是多大的问题，以及哭喊的洋娃娃是否起到了威慑的作用。我采访了高中的老师以及生育健康诊所的员工，他们都使用过这个娃娃的样品。最重要的是，我采访了负责照看过这个洋娃娃的高中学生，他们必须在 24 小时或者 48 小时内看护它，不管学生是在约会、工作、看演出或电影、外出就餐或是在睡觉，这个娃娃都会在意想不到的时候突然开始哭喊。（"我绝对不要性生活。"一个高中女生告诉我。）这项发明对高中学生产生了最大的影响，因此我绝对需要他们的观点。

通过将所有这些声音写进故事里，并且弄清楚每种声音背后的目的，我就得到了当下最佳的故事版本。在故事刊登的时候，没有人被欺骗、背叛和出卖，没有人感到气愤。

我这篇故事刊登在《纽约时报》上，在发表不到一天的时间里，新闻采访车和记者便从全国各地涌向我邻居的房子。

如今全世界都在使用他这款诞生于车库的哭喊洋娃娃。看来有时候真的需要一个火箭科学家才能防止未成年人怀孕啊。

在我写任何故事时，我都会拟一个名单（有时候用纸记，有时候用手机记，或者干脆记在脑子里，但好记性不如烂笔头嘛），名单上是我为了获取尽可能多的观点而需要采访的人。

我会如实地在纸上写下"谁是专家？"这个问句。

　　之后我就用头脑风暴的方法，找出所有可能相关的人（如果我认识他们，就写下确切的名字，否则就只框定一类人。比如在爵士晚祷那篇故事里，我就列出了"教堂领袖""其他可能促成此事的领袖""决策者""历史学家""音乐或教堂研究者"等类别）。

　　"谁令事件发生？"

　　接下来，我需要找到所有被涉及的人，从领导到行政助理都需要。行政助理是世上最好的线人之一①，之后我会对这一话题进行详细论述。他们几乎知道一切。

　　"谁是参与者？"

　　接下来我会列出所有可能参与故事所述事件的人。在哭喊洋娃娃的故事里，参与者首先是我邻居那对夫妇。

　　"谁受到了影响？"

　　我列下所有我能想到的、或多或少被影响的人。

　　"谁可以为故事增添人情味儿？"

　　这个人可能不在上述所列的人当中。

　　伊拉·格拉斯（Ira Glass）在 NPR（美国国家公共电台）主持一档叫《美国生活》的节目，这个节目的某一期讲了一个墨西哥移民在美国肉类加工厂工作的故事。他描述了自己准备报道的过程，与我上述的思路极为类似。②

　　"我们要寻找的是确切的参与者，"他说，"当墨西哥工人来到家禽工厂工作时，那里原有的员工和一直都在那里工作的墨西哥工人。我们寻找的是在工厂里的人、管理工厂的人，以及在过去的几年中一直与这种现象斗争的特定政治家。我们勾勒出一个故事的小脉络，然后试想谁会是有趣的可以被采访的人。之后我们就走出去，去弄清这个故事——给

---

① 将他们和图书管理员划作一类，向他们寻求意见。他们中大多数人都乐于助人。

② 我稍微修改了一下他的原话，主要改了一些时态，让措辞更清晰，因为原话出自播客节目。

人们打电话，甚至直接敲他们的门。"①

我前面提过，我曾报道过圣迭戈的校园枪击案，在我前往学校的路上，在头脑中勾勒出一个小地图，一份我需要采访的参与者名单。一个 15 岁的男孩将一把枪带到学校，杀了两个人，伤了一个 13 岁的孩子。这些是事件相关的事实。我知道我需要采访警察，和其他对事件做出紧急回应的人，比如校方、老师、目击者、认识开枪男孩的学生们和认识受害者的学生们。我知道还有其他的观点，但这些是我必须采访的人。这些是我最先识别出的事件相关者。

当我到达学校后，上述人群中有很多都聚集在警方拉起的警戒线后面。于是我得以在最初的一个小时左右采访了大多数人。之后我试着拓展一下我的视野。还有谁可以采访？我注意到有一些人正在祈祷，于是便对学校信仰社团的成员和领导进行了采访。随后我还想到了开枪男孩的邻居。我有他的家庭地址，所以我去了他家的复式公寓，并在那附近向尽可能多的人了解了情况。

几个小时之后，我觉得筋疲力尽。从早上 6 点之后我就没有吃过东西，此时血糖已经太低了。于是我找到附近的一家连锁速食餐厅"Jack in the Box"，点了几个墨西哥玉米卷。我翻了一下自己的笔记，发现缺少学生的观点，以及这一切对他们产生了怎样的影响。我正在考虑是否要回到学校去，这时一群人走进餐厅，大概有五个青少年和两名成人。那几个青少年的脸很红，还留有泪痕。他们抱着填充的动物玩偶，玩偶上的标牌还没摘，看上去是全新的。我揣测这些学生刚刚接受过学校的某种创伤咨询。

我看着他们点了餐，坐下来。然后我走过去，向其中一名成年人介

---

① 伊拉·格拉斯，《问与答：伊拉·格拉斯论如何构建故事，并提出棘手的问题》，采访者：杰斯·索恩，《哥伦比亚新闻评论》（*Columbia Journalism Review*），2017 年 6 月 22 日。网址：https://www.cjr.org/special_report/qa-ira-glass-turnaround-npr-jesse-thorn-tal.php。

绍了我自己。

"我是一名记者，在为今天学校发生的事情写一篇文章。我可以和学生们谈一小会儿吗？"

那个成年人向青少年们点点头说："那要看他们了。"

学生们告诉我枪击案发生之前的学校是怎样的，以及他们认为今天之后的学校会发生怎样的变化。"那么作为一个个体，"我问道，"你今天发生了怎样的变化？"

他们中的一个女孩儿搂紧了怀里的泰迪熊说："成长来得太快了，今天。"

我以这句话作为我故事的结尾。

此外，《纽约时报》还想让我采访另一类人，加入故事里。我也尽力去找了，算是吧。编辑想让我去医院检查受害者的枪伤情况，并和等在急救室外的朋友和亲戚们聊聊。我去了医院，与一个护士确认了医院正在抢救的人的身份，以及他们的身体状况。

我站在医院的候诊室外，伤者的朋友和家人都在里面，当有人从大厅进入候诊室的时候，我都会表明自己的身份，然后请他帮忙询问，看候诊室里是否有人愿意出来，和这个站在走廊里的记者谈谈枪击案。大多数人都会说，我帮你问问，但结果一个人也没出来。而我认为如果自己直接走进去，就太失礼、太冷漠，也会冒犯到伤者的亲友们。

我请护士帮忙去候诊室里问一下谁愿意接受我的采访，她说："那绝对不行。"于是我告诉我的编辑，这篇报道只能没有这部分观点了。

任何采访里最重要的一个维度，就是首先要弄清楚为什么你要采访别人。目的是否明确会直接影响到你是否可以获取有效的信息，以及让别人开口你需要付出多大努力。在医院这件事情上，读者可以很容易就想象到伤者的恐惧和悲伤，而且从道德上讲，我不认为伤者的观点比他们的隐私更重要。因此我没有花太多精力让他们对我开口。他们的陈述可以使故事更富有情感也更人性，但不像珍妮特·马尔科姆或者琼·狄迪恩说的那样，我不愿意成为那样的人来换取那些采访。

你的人性和与你对话之人的人性一样重要。

你想采访谁？为什么？你越清楚怎么回答这些问题，你就能越好地为下一步做准备。

案例分析

当"没头脑"遇到"不高兴"

美国国家公共电台（NPR）记者大卫·格瑞恩（David Greene）
采访伪装者乐队（the Pretenders）的克里希·海德（Chrissie Hynde）

2015 年 10 月 6 日

  学习采访**最好的方式**就是看或听别人真实的采访。你可以通过解构一篇故事，来看清楚为什么它可行或不可行。这对于分析和检验采访非常有益。你可以看出采访者是否做了充足的准备，是否思路敏捷，是否愿意即兴发挥，是否完美地达到了目的（或者是否在采访时有一个目的），是否乐意读懂受访者的情绪，以及采访是如何搭建的。大卫·格瑞恩和克里希·海德在 NPR《晨间报道》（*Morning Edition*）上的采访对话堪称经典。如果你还不了解这次采访，我强烈建议你阅读或收听一下采访的全过程，因为在这里我只会重点阐述某些瞬间，不对其余部分进行转述。①

  这次采访受到很多听众和评论家的批评，但也有人认为克里希·海德表现出令人赞叹的个性。无论你怎么看待这次采访，这都是采访者忽略受者反馈的经典例子。海德不仅多次暗示她不想回答某些问题，后来甚至直截了当地说出来。但是大卫·格瑞恩仍然在坚持。也许他强烈地

---

① 采访出处：《克里希·海德：我只是在讲我的故事》，采访者：大卫·格瑞恩，《晨间报道》，NPR 制作，7:16。音频收听链接：https://www.npr.org/2015/10/06/446083413/chrissie-hynde-im-just-telling-my-story。

认为，谈论他提出的话题比让嘉宾感到舒适更重要，但当我收听这次采访时，却完全没有这种感觉。在我看来，不管海德说什么，格瑞恩都跟聋了似的。

那么格瑞恩为什么要采访海德呢？因为海德刚刚出版了她的自传《无所顾忌：一名伪装者的生活》(*Reckless: My Life as a Pretender*)。但还记得我之前说的吗？你必须知道**为什么**要进行这次采访。如果只是推广这本书的话，出版商完全可以买个广告。她出了本新书，她是个摇滚明星，她在新书中的某些描写让人感到不适——这些都是让她上直播的好理由。但听众却无法自己发掘采访的目的，众所周知，这是采访者的工作，采访者有义务挖掘采访的深度，而不仅仅是做一期书籍推荐会。

格瑞恩的采访在好几个地方出现了问题。其中一个是，每次开头说话都要加一句警告——"我得说，克里希·海德的采访还真不好做啊"——你一听就知道有麻烦了。而且他还称海德为"中西部的女孩"，做这个采访的时候海德已经 64 岁了。

在采访的一开始，格瑞恩复述了海德书中的一部分内容，关于海德孩童时有多么喜欢摇滚乐。书里还提到，海德见过滚石乐队，而且想从演唱会现场带回些东西作纪念。

格瑞恩：我很喜欢你书中的这一段，你从滚石乐队的现场带些什么回去作纪念。

我知道他在做什么，我也做过类似的事情（而且很成功），那就是引用受访者说过或写过的内容，而不是直接提问，但这么做有很大的风险。因为你寄希望于对方可以抓住这个引子，然后给出更多的细节。但是通过海德的回答，你会发现她完全不吃这套。

海德：对啊。所以你想让我重复一遍那个故事吗？我不知道这算不算是个问题。

很显然她对重复书中的内容没有兴趣。鉴于他没有提出一个明确的问题，格瑞恩现在完全处于劣势。

格瑞恩：对啊，我确实这么想。不，其实我是想你，那个……

我也曾处于这种境地，我明白格瑞恩现在正在试图恢复两人的关系，表现得更友好，从而让她多谈谈自己对滚石乐队的爱。但这个问题对于采访而言不是核心问题。他也只不过想以此展现海德的个性。但她告诉他，她不想重复书里的内容。而且她说过很多次"我不想念书，这不是书籍朗诵会"。

有很多作家并不介意在采访的时候重复自己已经写过的内容，以便让更多的潜在听众对他的书产生兴趣。但更重要的是，这已经是海德第二次说她对于重复写过的东西不感兴趣。格瑞恩现在应该放弃这个话题，转向其他的讨论。一个合乎常理的问题是——不是针对采访本身——海德之所以接受这次采访很显然是因为她与出版商有合约，她必须参与此次推广活动，显然她心不甘情不愿。最终格瑞恩改变了话题，但是采访并没有变得更顺畅。

格瑞恩：书里提到你参加过一个自行车小组。能不能讲讲，有一次你在夜里来到一个荒无人烟的……

海德：不，我不打算给你讲一个书里写过的故事。

我又一次看出格瑞恩想做什么。他想把话题转移到书中颇具争议的那部分内容。但他没有留意海德刚刚说过的话，他不应该这么提这个问题。他不应该让她重复书里的内容。

在采访开始的最初部分，海德说了至少不下 6 次她不想重复已经写过的内容。

格瑞恩此时最好是将讨论转向自传的大背景，而不是坚持要她复述一个淫秽的故事。

如果有谁必须主导采访，那这个人必然是采访者。但主导采访和无视受访者的诉求是两码事。

尽管格瑞恩试图挽回僵局，建议海德多讲讲书中没有的细节，但对话依然很别扭。我不太喜欢像"请再多讲讲……"或者"再多谈一下……"这样的句子。这么说一点儿也不用心。问问题时不要让受访者揣测你想知道什么。

　　格瑞恩：我想让你描述一下事情发生的……

　　海德：我不会描述的，因为我已经都写在书里了。我能说的只是，我从来没有被强暴过。我也绝对不会使用这个词，书里没有这么说。

　　格瑞恩：我的意思是，如果我念几段书里的内容，也许会更好？

他看上去是要"死磕"这件事了。也许念书就是他采访的"为什么"。他似乎对当前的局面无动于衷。然而，直接从书里引用原文很明智。他不是在诠释或推测什么，只是从书中拣出一个关键又具有挑衅性的陈述，要求海德进行扩充或解释。

在这段交流之后，他们本来有机会进行更有成效的对话，然而话锋却急转直下：

　　格瑞恩：我想起你在接受伦敦《星期日泰晤士报》的采访时说过，（朗读）*如果我喝醉了，穿着内衣走来走去，这是谁的错呢？*

　　海德：所以你想说什么？你为什么要问我这个？

　　这时的海德听上去既困惑又恼火，接近愤怒的边缘。这是在拷问她吗？她是被要求为自己的言论辩护吗？还是需要她替所有女性发声？此时此刻，这场采访变成了真正的灾难。因为她已经说过很多次，她不想重复书里的内容，但格瑞恩无视她的诉求。而现在他让海德处在被告席上，因为她的话似乎在为性侵行为开脱，这让这次采访的目的更加模糊了。这次采访本来可以引向更宽泛的话题，比如社交网络上的评论、公开羞辱，以及维护你讲述自己故事的话语权。然而，格瑞恩的采访彻底失控了。他们再也没有回到正轨上。

　　海德从一开始就把话说清楚了，她不会针对格瑞恩个人。如果格瑞恩再多用心一些，他本来可以让海德就更广泛的话题进行讨论。她也清楚地说过，她不想在演播室里，像朋友聊天一般喋喋不休地装腔作势。但似乎这就是格瑞恩想要的。对于海德而言，这很显然只是合同规定的义务。这次采访听上去太痛苦了。

　　如果格瑞恩能更充分地做好准备，他会意识到海德不是来扮演他的好伙伴的。如果他能更用心地倾听她的回答，他就会在听到海德的回复后，将话题从性侵上移开，因为她明确地说了，她对于其他人如何解读那个场面没有兴趣。如果是唐纳德·拉姆斯菲尔德①刻意回避入侵伊拉克的话题，或者伯尼·麦道夫②不承认他的金字塔骗局毁掉了成千上万人的

---

① 唐纳德·拉姆斯菲尔德（Donald Rumsfeld），德裔美国政治家，曾担任美国国防部长，被认为是小布什内阁中的鹰派代表。——译者注
② 伯尼·麦道夫（Bernie Madoff），曾任纳斯达克主席，美国历史上最大的诈骗案制造者，其操作的"庞氏骗局"诈骗金额超过600亿美元。——译者注

生活，那格瑞恩完全有理由揪着他们不放，打破砂锅问到底。但海德不过是一个摇滚明星，她在描述一次性侵的时候，使用的方式不符合当代对性侵的定义，而且除了她书中已经写过的东西，她显然不想就此进行其他陈述。那为什么要执拗地抓住这个话题不放呢？她不过是个写了本摇滚明星的自传，那不是《卡拉马佐夫兄弟》。你不能强求一件事情成为另外的样子，也不能强求海德成为另一个人。格瑞恩在进行这次采访时需要一个更好的"为什么"。

第 2 章

现在开始行动起来

寻找并搜集你的信息源

采访不是自然而然发生的。你需要走出去，有目的地进行。一旦你对于采访谁和采访目的有了一些想法，紧接着就应该把想法付诸行动。首先有一点要注意：大部分人不会因为想帮你一个忙，就同意你的采访。你必须给他们一个接受采访的理由。

极少有人起床后会马上想："今天有谁采访我？"然后按照采访计划安排一天的行程。这种人一般是典型的政客、职业公关，或一些公司的CEO（首席执行官）。有时候你需要采访这些人，但大多数你要采访的人都不会把"接受采访"纳入自己的日常生活。我们的出现往往打扰了别人的日常生活，像一种入侵，人们需要重新安排事情来迁就我们。

记者雷·苏亚雷斯说过，要让别人对你开口，就需要在你们之间进行一场交易，这场交易能否进行，取决于你是否言而有信，"是否会试图欺骗他们，给他们设陷阱，或者不诚实地对待他们……你正在进行一种非常私密的交易……这些人不想和你交谈，于是你必须向他们介绍自己的情况，告诉他们你是谁，然后再促使他们做出自己死也不想做的事——接受你的采访"。①

作为采访者，你往往需要根据受访者的时间安排和承诺情况，调整

---

① 雷·苏亚雷斯（Ray Suarez），《问与答：雷·苏亚雷斯论如何追究当权者的责任》（"Q & A: Ray Suarez on holding the powerful accountable"），采访者：杰斯·索恩（Jess Thorn），《哥伦比亚新闻评论》，2017 年 8 月 4 日。网址：https://www.cjr.org/special_report/qa-ira-glass-turnaround-npr-jesse-thorn-tal.php。

自己的日程。让别人同意接受采访已经很不容易了，如果再给别人增加困难，那采访就几乎不可能实现了。一个电视台曾经联系过我好几次，想让我就新闻媒体这个话题接受一下采访。他们希望我能"顺路"到他们市中心或市里另一处的演播厅去，但是两个地方都离我的住处太远了。所以可想而知，每次我的回答都是"不"。我有一份日常工作，有我的责任，有我的个人生活。所以亲爱的电视记者，如果这个采访对你而言很重要，请你主动来找我。我会从我手头正在做的事情中挤出些时间给你。我不会丢下我手上的活儿，开一个小时的车，自付停车费，坐下来和你聊两句，再回去接着做我原本在做的事。

　　作为一名记者，我曾经凌晨4点钟起床，就为了在东部时间早晨7点时与某人进行电话采访。体育广播员霍华德·科赛尔（Howard Cosell）曾经带着录音器，穿着衣服进入运动员更衣室的浴室，就是为了让运动员继续接受采访。

　　如果你想让别人接受采访，就应该尽可能方便他人，哪怕淋湿自己也在所不惜。

　　有些人需要你提前预约采访。不要约1个小时（没有什么需要你花1个小时去聊，也没有人有那么长时间），约15到20分钟就够了。如果他们允许你采访更长时间，太棒了！按他们说的来，总有一些例外。但一般来说，你能得到的只有所需的最少时间。

有时这比你想象的简单

　　很多人错误地以为，只有性格外向且进取心十足的人才能获得信息源，他们的每个毛孔都散发着自信，可以毫不犹豫地上前与陌生人攀谈。而人们则会向他们吐露心声，说出那些在遭受过第4次水刑后仍然不愿招供的事实。这绝对不是真的。确实有一些人在与陌生人沟通时没有障碍，但我们大多数人并非如此。我们大多数人在采访陌生人时，都会感到一阵明显的不适。

有时我们为了走进事件的核心，必须走出自己的舒适区。圣方济各（St. Francis of Assisi）曾经说过："先从必须做的事情做起，然后做能做到的事，之后你突然发现自己可以做不可能完成的事了。"这句话可以作为采访的不二真言。

当我被指派报道一个在南加州逍遥法外的连环杀手时，我就奉行了这一原则。

在 80 年代，一个连环杀手令加利福尼亚州陷入恐慌。一个号称"恶夜狂魔"的凶徒，会在深夜闯入别人家中，对住户进行折磨、强暴甚至杀戮。有时他会在逃跑之前，在镜子上留下撒旦的五角星标志。

当"恶夜狂魔"袭击米逊维耶荷市的一对夫妇时，我正在圣迭戈城外进行一份自由撰稿的采访。事件发生的社区离我家只有两个小时车程，一家新闻台联系了我，让我前往那里进行采访。在这次袭击中，一名受害者遭到残忍的攻击和强暴，但是凶徒成功脱逃了。

"我们已经了解了事件的梗概，"编辑说，"我们想要做一期故事，关于被'恶夜狂魔'袭击后，社区的状况。那里现在的情况如何，特别是人们知道凶手还没有被绳之以法？"

不得不说，我对于能否完成这次采访心有疑虑。谁会愿意和我交谈，尤其是在他们知道凶手依然逍遥法外的情况下？然而这次经历让我学到了很多采访的技巧。

决定你要相信的 —— 是你的认知、不适还是直觉

我承认有一些优秀的采访源于直觉，但大多数情况并非如此。在你

（或你的编辑）认为自己应该做的和你本身不愿意做之间，往往有一些角力。比如你不愿意与某些人或某类人交谈，这种抗拒往往来自你的个人经历、预设、固有观念和不想打扰别人的想法。从我个人的经历来看，大多数情况下我的不适感并不可信。当然了，当一个人正在哀悼、咆哮，或试图安慰爱人的时候，我不会打扰他们。但根据我的观察——特别是我在做"恶夜狂魔"这个故事时——发现大多数人并不介意对一个寻求真相的体贴的记者敞开心扉。一开始你可能会觉得不舒服，但这并不应该阻碍你去接触你需要接触的人。你可以展现自己的不适。在这点上人性是共通的。

在开车前往米逊维耶荷市的时候，我怀疑编辑有没有意识到他给我的任务有多难。他住在东海岸，而受袭的社区在西海岸。这是两个完全不同的世界。他以为人们会轻易放下手头的事情和我交谈吗？他知不知道这片区域的居民现在被怎样的恐惧所钳制？一般来说我是信任编辑的，我认为他们更了解读者的兴趣点，可以看到我看不到的宏大背景。但这次，我怀疑一整天下来，除了甩在我脸上的大门，我什么都得不到。

根据新闻里的描述，我大概了解了袭击发生的位置。在那里我碰到一个邮差，向他表明了自己的身份，问他是否知道袭击发生的具体地点。他指了下远处的几栋房子。我快速地列出了这类故事涉及的利益相关者清单。我不需要官方观点——报纸已经登出来了。我需要当地人的观点：邻居们，特别是那些想让邻里成为避难所的人们。

我一开始认为，去敲别人家的门往好的方向说是浪费时间，往坏的方向说就是冒犯他人的隐私。这种冒犯不是法律上的，而是伦理上的。我是在偷窥或制造轰动效应吗？如果袭击发生在我家周围，我会乐意接受采访吗？但我的理性认为编辑是有道理的。恐惧是一种普遍的情感。有时候通过说出恐惧，描述它，拥抱它，通过一个故事去见证它，可以让读者与这种情绪产生共鸣。也许我可以通过这个故事让读者更了解自己。也许吧。

获取周围邻居的观点是我唯一可以通向故事真相的途径。这个社区究竟发生了什么？我不想听理论上的解释。我知道只有接触原料才能获得原材料。

你怎样才能让别人向你开口呢？一名治疗师也许会通过分享一则个人轶事，让客户敞开心扉。一名医生也许会通过承认自己不是全知全能，但愿意坚持探索，让患者敞开心扉。一名记者也许需要接受自己的不适，敲响一个陌生人的门，让门后的人敞开心扉。我假设别人不会想和我说话，越过先前的假设会让我处于风险之中。但我老板让我去问，我只能这么做。

最终，我选择相信我的编辑。

精心设计你的开场白

当有人敲我的门或者给我打电话时 —— 通常是为了向我兜售些什么，我会给这个人大约 5 秒钟时间，然后决定是否继续听他说下去。那 5 秒钟必须有说服力。因为他们几乎总是打断我正在做的事，并且试图向我贩卖我根本不想要的东西。通常我会表现得很礼貌，几乎总是对他们说"谢谢，但是不用了"。

有一次例外，一个大概 12 岁的小孩，在我打开门后局促不安地说："我现在要试着向你卖东西。"我被这句话吸引了，听完了他的整套说辞，我买下了他卖的东西。我并不想要也不需要那件东西，我甚至都不记得那东西是什么。我只记得那个孩子很真实，而这点起了作用。

正如伊拉·格拉斯说的："你最好亲自到场，站在对方面前时看上去像个正常人。"[1]

---

[1]　伊拉·格拉斯，《问与答：伊拉·格拉斯论如何构建故事，并提出棘手的问题》。

所以当你想让一个陌生人对你开口时，你应该怎么做呢？我想你可以模仿别人，装得自信些。但我建议你还是真实一些，当机立断地告诉对方你是谁，你想要什么。陌生人可以从一英里外闻到骗子的气味和伪装的友善。我建议你反复排练你的开场白，大声地说出来，你会立即发现它是否听上去很拙劣，是否太长了，或者根本就像在推销保险、传教或兜售糖果。

在做"恶夜狂魔"这篇报道时，我认为采访的开场白越简单越好，不要太明确，也不要太强势。要为他人着想，不要在对方拒绝时争辩。记住，没有人必须告诉你什么。而我遇到的情况是，当时人们感到很害怕。那我应该如何尊重他们的感受，同时又让他们向我 —— 这个彻头彻尾的陌生人 —— 开口倾诉呢？从某种意义上讲，他们这样做没有任何好处。

没有人真正训练过你如何进行这类采访。你其实不必扮演任何角色。你只要做到真实又体贴，同时追根究底，毕竟这是你的工作。

我最终决定：完全听任受采访者的发配，就像我门前的那个小孩。

我来到袭击发生地点旁边的一所房子，敲了敲前门，没人回应。内心的自我怀疑在这段时间不断蔓延。

我走到袭击发生地点另一边的一所房子前，敲了敲门，一个老妇人将门打开一条缝 —— 一道门链的宽度。透过厚重的纱门网我几乎看不清她的模样。我试着让自己显得友好，却又不过分夸张。

"您好，我是《波士顿环球报》的记者，不知道能否和您谈谈那天晚上的劫后余波？"

老妇人很快做出了答复。

"不能。"她准备关上门。

"我理解，对不起，打扰您了。"我说，"请问您知道有谁愿意聊聊这件事吗？"

老妇人停顿了一下，眼睛又出现在门缝里。"别以为你在谈的是《侏罗纪公园》。"我暗想。她指了指马路对面。

"他们也许愿意，"她说，"那个女人当时逃进了那所房子。"

然后门就被关上了。

我穿过马路，按下门铃，能感觉到有人在家。但我等了好一会儿，又按了按门铃，敲了敲门。是的，我肯定我听到里面有响动。又等了一阵，一个头上裹着毛巾、穿着浴袍的女人出现了。我又问了一遍同样的问题，并加上一些补充。

"您好，我是《波士顿环球报》的记者，不知道能否和您谈谈那天晚上的劫后余波？受害者当时来过您的房子？我不想过多地打扰，能否在您家的台阶上和您稍微聊聊？"

"《波士顿环球报》？"她说，"你从那么老远的地方过来？"

"我平时住在圣迭戈。"我说，"《波士顿环球报》想报道一下，遭遇这样的袭击后，街区会发生怎样的变化。在我看来，如果受害者在当时的情形下跑来找您，您一定是一名好邻居。"

那个女人没有犹豫。

"我不方便出来和您聊 —— 您也看到了，我刚冲过澡，正要准备晚上的朋友聚餐。如果您能进来在我的厨房里坐坐，我可以在准备晚餐的时候和您聊聊，没问题。"

准备好即兴发挥

坦白地讲，我很惊讶她会这样回答。"恶夜狂魔"还没有被抓捕，她怎么知道我不是他呢？

但采访往往是这样。你以为你知道接下来会发生什么，但受访者的回复会令你大吃一惊。这也是为什么采访就像写故事。你给故事开了个头，但故事却擅自向另一个方向发展。如果你希望故事充满活力和生机，你就应该顺应故事的发展趋势，将相关的信息表达清楚。但如果你执着于一开始的思路不放，故事不但不会变得有趣，读上去还会像照本宣科。采访很少会原原本本按照计划进行。这一点我之后会详加描述，但现在不如将进行采访想象成爵士音乐家的演奏：以热切的专注为基础，加上无限的灵活性。爵士音乐家会在演奏开始后，根据每个音乐人的发挥和现场观众的反应，随时进行调整，有时候甚至与开头大相径庭。

我只有 1 秒钟时间决定是否即兴开启这次采访。我认为待在室外的公共场所，对彼此都更安全。但是她却邀请我进屋去。

"我没问题，"我结结巴巴地说，"如果您没问题的话。"

她打开门，然后向厨房走去。我在她家里待了将近两个小时。她甚至为我做了午饭！很显然她很想谈论刚刚发生过的事件。她还没有完全接受所发生的一切——它带来的恐惧以及后果，而我很乐意倾听她所说的一切——事实、细节、情感、哲学。

我透过她的眼睛看到了整个过程。当我结束采访时，她对我表示感谢，还给了我一个拥抱。是的，这听上去很怪，但我真心感激她的诚实、信任和人性的温度。而且她的厨艺相当不错。

给受访者一个做见证的机会

让她开口比我想象的要容易得多。我观察到，在其他困难的局面下也一样，人们往往想要聊聊发生过的事情。他们想要为事件提供佐证。

雷·布雷德伯里 [①] 在一次采访中也提到了这一点。他说，我们欠宇宙一个"见证奇迹"的交代。优秀的采访者赋予别人一个契机，讲述自己所看到的、经历的、思索的、怀疑的事。优秀的采访者通过激发出上述

---

① 雷·布雷德伯里（Ray Bradbury），美国科幻、奇幻、恐怖小说作家。代表作品有《火星纪事》《华氏 451 度》。——译者注

层面的互动，帮助我们更好地理解自己和他人。在"恶夜狂魔"的故事中，我将他人正在经受的、难以描述的情感诉诸文字，来帮助他人。这样的工作是有价值的。

用诗人玛丽·奥利弗（Mary Oliver）的话说，有时我们作为人类能做的最重要的事，就是留心万事万物，并见证一切。

采访帮助我们实现这一点。

那天我还与其他的事件相关者进行了交谈：

街区图书馆的管理员为我介绍了当地的历史，并且帮我找到了有关该地区的材料。记得我之前说过的，图书管理员是金矿。

一个当地的五金店老板告诉我，门窗锁具和运动传感灯的销售额直线上升。

一个体育用品商店枪支柜台的柜员告诉我，枪支的销售额也大幅上升。

一个当地的路德教派教士正在准备他下一次的布道，因为他知道教区的信徒们在经受了毫无意义的残暴行径后，正面临着巨大的恐惧，并且这些宗教活动会更注重安保。

所有这些人都很高兴和我交谈。他们看出我是在求证所发生的事，而他们想为我提供他们的观点。

让成名和几近成名的人开口

关于采访最好的一部电影看上去并不是讲采访的。《几近成名》（Almost Famous）这部电影看上去讲的是摇滚乐，是向音乐和乐迷们的致敬。

但我在电影公映几年后重看了这部片子，片中 15 岁的主角威廉·米勒（William Miller）的采访风格令我印象颇深。

在影片一开始，威廉想为《克里姆杂志》（Creem Magazine）写一篇有关黑色安息日摇滚乐队（Black Sabbath）的文章，但他被后台的保安挡在门外，门卫丝毫没有要放他进去的意思。

在开场戏中，一个名叫"静水"（Still Water）的乐队到了场地门口，威廉试着说服他们。

"嘿，我是一名记者。我为《克里姆杂志》写稿。"他掏出一本杂志样本给他们瞧。

"是个敌人！"一个乐手喊道，"一个摇滚乐评人！"

"我想采访你或者乐队的其他人。"威廉说。

一个乐手用尖锐的言语辱骂这名年轻的记者。另一个乐手则用居高临下的语气说："我们是为粉丝不是为评论家演奏。"然后挥手让他滚蛋。

然而威廉早有准备，即使对方是静水。

"罗素，杰夫，艾德，拉里。"威廉一一报出乐队成员的名字，并且立即获得了信任。"我真的很喜欢你们的乐队。我认为《发烧狗》这首歌让你们向前迈进了一大步。我认为这首歌是你们自己制作的，而不是格林·约翰，这么做太对了。而且里面的吉他极有煽动性。"

威廉挥挥拳。

"加油！"他说，然后转身从门口走开了。

乐队成员们你看我，我看你。

"好吧，你站住！"其中一个人喊道。

"快回来！再说说！"另一个人嚷道，"我的演奏也很有煽动性！"①

随后后台的门打开了，他们把威廉一把拽了进去。

影片剩下的部分就像一本教科书，告诉你在采访名人时什么能做、什么不能做。我强烈推荐这部片子。威廉一开始是想采访黑色安息日的，但他随机应变最后采访到了静水。正如斯蒂芬·斯提尔斯（Stephen Stills）唱的，"如果你不能和你爱的人在一起，就去爱那个和你在一起的

---

① 派屈克·福吉特，《几近成名》。导演：卡梅伦·克罗。洛杉矶：梦工厂，2000 年。转述自 http://www.dailyscript.com/scripts/almostfamous.html。

人"。威廉了解这个乐队的音乐，这满足了他们的自尊心，同时他听任他们摆布。

让名人对你开口自有一番挑战，除非他们要推广一部电影、一本书、一套饮食、一款香水，或者想参加某次选举，呼吁某项事业，而想通过你为他们打广告，否则他们不需要你。但你需要他们。所以你必须巧妙布局，让他们的精力为你所用；你必须迎合他们的兴趣，而不是你的兴趣；而且在提出采访请求时要有新鲜的东西，让它与众不同。

这就要求你结合对方的个人兴趣，而这需要你提前做好准备。

为什么那个人要接受采访？你必须让他明白。你必须用你的"为什么"去说服他。而这个"为什么"不会突然从你脑子里冒出来。精心找到一个令人信服的论点，让他们知道你是经过深思熟虑才提问的，而不是人云亦云。

当我邀请卡里姆·阿布杜尔-贾巴尔[①]参加我们的作家座谈会时，我决定首先向他强调，我们不会探讨什么。我告诉他，我对篮球不感兴趣。事实上，我是告诉了他的经纪人（之后我会谈到如何对付门卫型的人）。这不是一个篮球座谈会，我说，是一个作家座谈会。我想和他探讨写作。更准确的是，探讨**他的**写作。我想和他探讨他在《华盛顿邮报》和《时代》杂志上的专栏，他在专栏中写到的种族、宗教、政治和警察枪击等问题；探讨他为青少年写的书，他的科幻作品，他写的有关黑人历史的著作，还有他的新书，他在书里讲述了他与加州大学洛杉矶分校的篮球教练约翰·伍登（John Wooden）之间的友谊。我想探讨阅读和写作，而他的观点至关重要。

我猜想已经有很多人向他约过采访，想请他讲讲自己载入史册的篮球生涯。或许也有记者约他谈谈自己在《空前绝后满天飞！》（*Airplane*）

---

① 卡里姆·阿布杜尔-贾巴尔（Kareem Abdul-Jabbar），美国职业篮球运动员，曾六次夺取 NBA（美国男子职业篮球联赛）总冠军，六次荣膺 NBA 常规赛 MVP（最有价值球员）。

中饰演的帅气副驾驶员的角色。我猜他一定厌倦了一遍遍谈论自己的过去，他退役之后的几十年来做过那么多别的事。

如今的阿布杜尔-贾巴尔不需要接受我的采访。他不需要外界的关注。而我的采访也不能给他的事业带来突破，我甚至不会付他很多钱。但我猜，他应该没有很多机会谈论阅读和写作，而他一定想谈谈。我猜对了。

这是一个我关注了很久的写作者，我认定和他一起做的采访一定很精彩。但我每次谈起这件事，人们都认为这绝对不可能。他们说，他几乎从来不做这种采访。当我终于得到机会直接联系他（能直接联系本人永远是最好的），我给了他一个无法回绝的理由。我们的作家座谈会总是在 2 月份举行，所以我问这位作家明年 2 月份是否有空。"对不起，"他回复说，"我一个月只能做一场活动，而我接下来的几年的 2 月都有安排了。"

他以为这样我就放弃了。

我立即回信对他说："那你下一个空着的 2 月是什么时候？"

"5 年后。"他说。现在他以为我肯定是要放弃了。

"好的，那就这么定了。"

于是他 5 年之后造访了我们的作家座谈会，他棒极了。我们现在都还有联系。

除了诉诸个人兴趣和锲而不舍地坚持，你的请求越个人化效果就越好。这种个人化不是针对作为采访者的你而言（虽然有时候也能起到作用，只要不太过就好），而是对你要采访的人而言。我总是做好充足的准备，让我的采访契合受访者各自的风格。我会提到那个作家的作品，他的影响以及他独一无二的地方。在向作家们发出邀请时，我会根据不同的作家情况进行调查。曾经有一名作家的妻子刚刚生下宝宝，我给他们寄了一份婴儿的礼物；我让我的一个同事写了一封亲笔信，因为他曾经是一家学院的教师，而这名作家的妻子曾是那所学院的学生，并让我和这名作家共同的一位朋友亲自将邀请函递上去 —— 我做了所有能做的，让我的请求个人化。这样一来，我就不再代表一个无名的机构，想要占用他们日程表中的一栏。他们知道有人有求于他们。

我在上一章提到的拉里·卢贝诺，就是那个采访了路易·阿姆斯特朗的年轻记者，说服了酒店职员，让自己代替酒店的客房服务为阿姆斯特朗的房间送去晚餐。等卢贝诺进到房间里，他才告诉阿姆斯特朗自己的身份，以及自己是否可以采访他。

我并不主张欺骗或冒充他人，但有时候这么做确实有用。也许珍妮特·马尔科姆在某些事上确实说对了。

通常在向一个作家发出采访邀请时，我会试图将这名作家的作品和当前的某个事件或者我的某种经历联系起来。这也是让邀请个人化的一种方式。

当我邀请比尔·莫耶斯[①]来作家座谈会的时候，我知道他住在纽约，要他从那么远的地方来圣迭戈（2 月的圣迭戈可不要太刺激！）有点儿勉为其难，而且我也付不起别的地方给他出的价。但我知道他是南方人，而且特别钟爱南方的作家。所以我反反复复思考怎样能让邀约对他有吸引力，我在阅读弗兰纳里·奥康纳（Flannery O'Connor）的《神秘与礼仪》（*Mystery and Manners*）时看到一句话：

"（一名基督教作家）不会决定什么对基督教团体有好处，然后再传播它。就像充满怀疑的雅各，他直面人生道路上的一切际遇，然后怀疑自己是否可以挺过来。"

我对莫耶斯说，这句话促使我思考新闻行业，思考他面向世界做的演讲和写的书。我如果没有为了邀请他做足准备，就不会了解所有他写

---

① 比尔·莫耶斯，新闻记者，在比尔·克林顿就任总统前夕，他曾被邀请作为特别嘉宾对其进行采访。

的故事、书和他做过的演讲。这就是所谓的准备工作。①

　　如果你想要寻找一个能撬动名人的支点，就要留心你周围发生的一切，你正在阅读的、听到的、观察的、体验的一切，以此为依据让对方知道你做了充分的准备。

　　优秀的体育记者和广播员迪克·恩伯格（Dick Enberg）是少数几个采访到棒球界传奇人物泰德·威廉姆斯（Ted Williams）的人之一。他是怎么做到的？他精心准备、锲而不舍且极有创意。泰德·威廉姆斯是恩伯格的偶像。1969 年，恩伯格为加州天使队做现场直播解说员的时候，威廉姆斯任华盛顿参议员队的经理。恩伯格的一部分工作，就是准备赛前和赛后节目。而他铁了心要让威廉姆斯上赛前节目。

　　但问题是，威廉姆斯痛恨媒体，几乎从来不接受采访。

　　恩伯格翻阅了威廉姆斯的自传，想看看是否有可以撬动他的支点，然后他翻阅了《棒球手册》②，找到了。1941 年，在与底特律队的比赛中，泰德·威廉姆斯在一局又三分之二的赛程中担任了投手。这就是恩伯格的诱饵。他对威廉姆斯提的问题是关于投球，而不是击球。

　　在击球练习中，恩伯格从威廉姆斯的身后走上前。在介绍过自己后，他告诉威廉姆斯他希望威廉姆斯能上他的节目。威廉姆斯没理他，只是继续盯着场上的球员。恩伯格接着说："我保证，我绝不向你提任何有关击球的问题。"

　　威廉姆斯看向恩伯格，恩伯格接着说："我想和你聊聊那次红袜队对老虎队的比赛，你当时用投球淘汰了鲁迪·约克（Rudy York）。"

　　威廉姆斯用手臂抱住恩伯格的肩膀，同意了接受采访。之后他们一直是朋友。

　　"我要是问他一些大家早就问过的问题，他是不会感兴趣的。"几年

---

① 随后莫耶斯回信说，他可以缩短在墨西哥的假期，前来参加座谈会。事后他告诉我，正是奥康纳的那段引言打动了他。

② 《棒球手册》（*Baseball Register*），一本关于棒球运动的杂志。——译者注

后恩伯格告诉我。

此外至少还有一种方式能让名人向你开口，但这种方式有些冒险，甚至有些违反直觉。如果你选择这种方式，你就得放长线钓大鱼。这一策略便是：无视那个人。

体育新闻记者杰基·麦克马伦（Jackie MacMullan）在谈到她如何采访篮球明星帕特里克·尤因（Patrick Ewing）时，讲述了她是如何运用这一策略的。麦克马伦在中学时代就是学校的篮球明星，之后为《体育画报》《波士顿环球报》和 ESPN（娱乐与体育节目电视网）进行 NBA 的赛事报道。她比大多数记者都更了解篮球比赛，而且她注意到，每次大家在报道纽约尼克斯队的比赛时，都会在赛后围着他们的著名中锋帕特里克·尤因采访，不管他是否真的在比赛中发挥了重要的作用。

麦克马伦选择反其道而行之。她来作家座谈会时，讲述了当时她是如何接近队里的所有人并采访他们的——除了尤因。而在那个赛季中，她有身孕已经很明显了。

当新的赛季开始时，她故伎重施，在一场比赛结束之后，在更衣室中与队里的几名成员交谈，突然她身后有什么出现把光线全部挡住了。她转过身，面前是 7 英尺① 高的尤因本人。

"你生了什么？"他说。

"什么？你在说什么？"麦克马伦说。

"上个赛季你来的时候是怀孕了吧。你生了个男孩儿还是女孩儿？"

据麦克马伦说，这个插曲开启了一段重要的关系。她后来为《波士顿环球报》做了一个尤因的专访，获得了美联社体育编辑全国大奖。

另外在采访名人时需要注意的一点是：降低难度。我要邀请著名作家时，我会让他们的座谈以采访的形式进行。由此一来，他们就不需要准备演讲或者提前阅读什么材料。如果他们希望进行演讲或提前准备，

---

① 1 英尺为 0.3048 米。

也是可以的。但我猜他们都很忙，不希望有额外的准备工作。如果他们可以直接过来回答问题，事情就变得简单多了。有时能不能获得采访的决定因素，就在于你能让事情变得多简单。这就是播客主克里斯塔·蒂贝特（Krista Tippett）接受我邀请的原因。她靠采访别人养活自己。而现在我邀请她来回答问题，而不是提出问题。这在她看来极具吸引力。

有时你会惊讶于别人想要帮助你的意愿。如果你以为别人不会搭理你，因为你太年轻，没名气或者你没有一套打动人的说辞，那你记清楚下面这个例子。我一直以来都很想邀请雷·布雷德伯里来我们的作家座谈会，但是一直没有勇气也没有途径联系他。在这件事上，我打破了自己在第1章立下的规矩：我没有一个明确的采访理由，除了我是他的书迷之外没有一个"为什么"，此外我还知道他热爱写作。对我来说，这就足够了。

我在一次作家会上听了他的演讲，和他同处一室让我的心怦怦直跳。"机不可失，时不再来。"我心想，"今天我必须问问看。"但如果他回答"凭什么"或者"从来没听过你们的座谈会"或者"不要浪费我时间"呢？我能在大庭广众下承受这样的羞辱吗？

到了图书签售环节，我排队等待了一个多小时，只为能用最好的方式邀请他参加座谈会。他在一张纸上写下自己的传真号码，递给我说："你问就好了！"然后，他转向下一个排队的人。我第二天给他发了传真，他立刻就接受了邀请。

但就算我精心设计我的采访理由，也不会有任何变化。传统的采访规范对他来说一概无效。在我们电视采访开始的最初几秒，他就主宰了整个座谈会，任由话题天马行空地展开。

他滔滔不绝，手舞足蹈，一会儿低语，一会儿高歌，一会儿惹人大笑，一会儿发人深省。

作为采访者，我俨然成了现场最无关紧要的人。

而那一次是有史以来最棒的采访。

如何应对不那么有名，
或者不愿接受采访、提问的人？

如果你采访别人，只是为了获得他们的目击陈述、专业知识或对某事的看法，你如何让普通市民向你开口呢？这正是我在做"恶夜狂魔"报道时遇到的。我需要采访的人并不是名人。这才是重点。因为我要勾画一个社区的面貌。

在尝试获取一个普通人的观点时，最好的方法是向他们指出，他们的立场是独一无二的。每个人都有自己的优势和独一无二的经历。你提出的问题越有针对性，越容易获得人性化的回复，从而也越有普适性。我们需要采访目击者、旁观者和参与者，因为他们能帮我们看到官方版本之外的事实。

当《战争见证者》（*Witness to War*）项目启动后，需要采访"二战"老兵，制作组联系到我的父亲，因为他曾经在北极圈的气象站工作过。他被指派到那个气象站，与其他四名士兵一起，在一年的时间里，向空军每小时提供一次天气预报，帮助他们安排欧洲的轰炸行动。我父亲已经 90 岁了，当节目组来到他家里进行采访时，他激动极了。他展示了自己军装上的补丁、当地土著送给他的象牙雕刻，还有许多许多照片。他喜欢谈论这段经历，但在过去的几年中并没有很多机会谈论它。他现在退休了，有的是时间。他当年既不是巴顿将军，也不是艾森豪威尔将军。他那时不过是一个与当地居民一起生活的孩子。这就是重点。他是一个能给出独特视角的平民。

但受访者并不总是乐意配合采访。

他们不是一直都有时间，他们看不出这对他们有什么好处，他们不善言谈，他们不想连累自己，或者他们只是不喜欢接受采访。那这时作为一名记者应该怎么办？

　　答案很简单：不要放弃。律师和法官可以送达传票，勒令你在法庭上开口说话。如果你对罚款或坐牢无所谓的话，不说也可以［好样的，朱迪思·米勒（Judith Miller）①］！但对于我们而言，让三缄其口的人开口还是要费一番周折的。也许是由于我的自尊心，遇到不配合的受访者，如果他们不给我一个理由我是不会放弃的。我会使出全力直到他们最终对我说"不"。但无视我是不能让我走开的。我需要你亲口说出"走开"，我才会走开。通常情况下是这样。

　　不情不愿的受访者也许会改变看法，如果你向他们解释为什么他们可以提供独一无二的观点，为什么这对于理解大局至关重要。我用过下面这些说法："在这个问题上您是最适合发表评论的……"，"在这个问题上没有人比您有更完备的知识，您的观点将令大众受益匪浅……"，"您是唯一可以帮助我们理解这个复杂问题的人……"这算恭维人吗？当然算了。这算过分恭维吗？如果是实情就不算。

　　我有一次在医院管理人员的办公室外面站了3个多小时，只得到一句"无可奉告"。我至少得到了一句话。他的助理告诉我，他总是要离开办公室去厕所的，所以我就坐在他办公室和厕所之间的候诊室里等，带足了阅读材料，并且希望他没插导尿管。我需要向我的读者（以及我的编辑）证明，我给过他一个机会，让他在我写的报道中发表自己的观点。当他走出办公室看到我时，他原本拥有这个机会，他直视着我的眼睛，说他不会与我交谈，但我已经满足了。这样的结果好过我告诉读者（和我的编辑），我无法联系到他。当我阅读一篇重要的报道却发现里面缺了重要的一环，而用"经过反复的努力，最终未能联系到某人"替代时，我通常会质疑他们在"某人"身上到底倾注了多少努力。你也许可以先给对方发一两封邮件，几个小时后再给他们打个电话，让他们明确地对

---

① 2004年10月1日，朱迪思·米勒因拒绝说出是谁泄露了瓦莱丽·普莱姆是中央情报局的秘密特工这一事实，而被认为藐视法庭，被判入狱18个月。

你说"不"。

有时你只需要单纯地坚持到底，加上实话实说，就能获得想要的采访，即使你想要采访的人视你为敌人。

调查记者史蒂夫·温伯格（Steve Weinberg）在写工业大亨阿曼德·哈默（Armand Hammer）的传记时，曾试图动员人们帮助他。但他发现哈默的合伙人不愿意参与，因为他们以为该书会批评他们的老板。哈默甚至跟他的合伙人说，不要和温伯格交谈。

"我向他们发信，并奉上我之前作品的片段，向他们解释了我想报道的内容，以及为何就算没有哈默的首肯，我也一定要完成。"温伯格事后写道。他说，当你想给对方留下深刻的印象时，可以与他分享一些你知道的信息，让他知道你正在做的工作。一些句子，比如"上周，当我查询了所有的土地记录……"这会让对方认为，你在调查准确性和严谨性上的态度是认真的。

在他写给哈默合伙人的信件中，温伯格解释道，哈默是商业历史上最重要的人物之一。所有的合伙人最终都对温伯格的写作提供了帮助。[①]

如果你是一个年轻人，你还可以运用自己年龄的优势。我见过有学生这么说："我是一名学生记者 —— 请问您能帮我一把吗？"甚至有人说："您一定还记得自己在事业开端时的样子吧？我现在真的非常需要您的帮助。"几乎没有人可以拒绝这样的请求。

门卫的法则（世界）

但有时候，我们无法和别人分享人性、信息或交换意见，因为我们

[①]《新闻报道与写作》（*News Reporting and Writing*），密苏里集团（Missouri Group），第 12 版，第 44 页，波士顿：贝德福德 / 圣马丁出版（Bedford/ St.Martin），2017。

中间被什么东西阻隔了——准确地说是什么人。这个人就是"门卫"。门卫的职责就是为消息人士防着你这一类的人。

门卫可能是消息人士的行政助理、公共关系专员、经纪人、保镖、保安、伴侣、律师或者其他代表。他们的工作就是确保客户的最佳利益，维护他们的形象，让损失降到最低，以及让他们的客户、老板或心爱的人不会遭到你这一类人的骚扰。

你绝对必须对他们友好。他们可以最终决定你是否可以和消息人士对话。当然了，你应该对每个人都友好（多谢了，罗杰斯先生！[①]），但你必须对下面这些人特别友好，这些人包括：助理、秘书、前台接待以及任何可以帮你搭线的人。如果他们可以帮你搭线，也意味着他们可以拆桥。

说到通过门卫的方式，绕过他们是最好的，但是有时候你不得不面对他们。这时你应当采取的方式和你直接联系消息人士是一样的。你要选择一个恰当的方式让你的采访请求符合受访者的最佳利益，指出受访者是谈论这一话题的最佳人选，他的观点可以完善世界对这个话题的理解。

很多时候，决定因素就在于门卫本人是否喜欢你，他是否认为你的采访对消息人士的形象有益。如何说服门卫为你"开门"，完全取决于你是否专业、准备万全、值得信赖、风雅大度，以及是否可以简洁地表达清楚你为什么要进行采访。

曾经有一家公司的 CEO 助理看到她的老板一直回避我，终于不忍心而出面帮我。我打过很多次电话，留了无数留言，但这位 CEO 明摆着是想让我多吃几次闭门羹之后铩羽而归（这个人显然不够了解记者，给我们吃闭门羹只能让我们斗志昂扬）。

在我带着礼貌的韧性一次又一次地尝试失败后，他的助理给了我这位

[①] 美国 20 世纪 60 年代的一个电视形象，此处大意是指"美国好邻居"的意思。——译者注

CEO 的手机号，告诉我下午 1 点到 3 点，他会被堵在新泽西的收费公路上。当他接起电话发现是我的时候，他说了句："老天啊！"他一点儿也不想和我讲话，但他还是讲了。这之后我给他的助理送去了鲜花。

还有另外一个门卫也曾经怜悯过我。我当时想邀请一个著名作家参加我们的作家座谈会。我知道我付不起他的出场费，因此向他的助理询问什么样的提议可以打动他。

"好吧，他很喜欢打高尔夫，但他还从来没去过圣迭戈的多利松球场。"她说。

她甚至不需要把话说完，我已经在多利松球场预约了下午茶，他不但来了，还带上了他的好友 ——《疯狂高尔夫》的编剧布莱恩·道尔-穆雷（Brian Doyle-Murray）。真是一杆进洞！

让别人向你开口，**需要你的坚持、耐心和善意**。也正是坚持、耐心和善意让门卫向你敞开大门。

但有时你也需要"羞辱"别人。

羞辱算不上好伎俩，但在新闻行业中有时管用。我很少使用，因为羞辱别人显得自己自大傲慢，居高临下，道德上也很成问题。如果一个人已经不想和你说话了，羞辱他并不见得能让他改变主意。而且这一招对门卫绝对没用，反倒是让他们更加坚定了自己的决心和想法：这家伙果然是个混蛋。基本上，当你想采访的人无视逻辑、自我利益、利他主义和"请帮帮我"的请求时，你会想要诉诸羞辱。

在我看来唯一能够合理使用这一策略的情形，是当你直面消息人士提出请求时指出，拒绝回答你的问题就是违背公共信任和责任。

某年夏天，《圣迭戈杂志》雇我调查到底是谁在掌管这座城市：那时的圣迭戈正陷入巨大的混乱之中，似乎没人知道这里到底谁说了算。市议会认为主事的是自己，并且一再谴责市长。市检察官野心勃勃，他察觉到一个权力真空的出现，并认定这空白理应由他来填补。市长曾经是一名警察局长，他不明白为什么人们就是不能照着他说的去做。他犯了几个大的错误，在外界看来，他就像是圣迭戈土地开发商手下的傀儡。市议会、市检察官和市长办公室经常在公共场合互相诋毁。所以这场闹剧中到底谁才是主导？

市议会的议员们都很乐意和我交谈。他们对一切事物都有强烈的观点，而且极其愤怒。他们乐于接受采访，因为通过采访他们可以捶胸顿足地批评所有人。他们对市长的看法不尽相同，但在一点上意见一致，就是他们讨厌市检察官。一名市议会议员曾经这样形容市长和市检察官之间的关系："如果你的后卫一直拦截你的四分卫，你很难触地得分。"

当我试图联系市检察官和他约采访时，事情就没那么愉快了。他完全不像市议会那么配合，但我从这位"拿破仑"身上学到一课：耐心。作为记者，我们总是希望马上获得所需的信息。但这位人物决定试炼一下我，他要看看我到底有多想做成这个选题。我为此付出了时间、耐心和我的谦逊，而这一切都是值得的。

他提议让我到他市中心的办公室来，这样我便可以观察他如何进行日常工作。他没有明确表示会接受我的采访，只是说我可以和他待在同一间屋子里。毫无疑问，这一招他走得很强势（他确实是个相当自负的人），但我妥协了。有时你必须把你的自负暂时搁到一边。[①]

我连续几个小时坐在他的办公室里，看着他处理事务，面见员工，接听电话，面向我发表阿尔·帕西诺式的，关于新闻媒体、圣迭戈市和他个人功绩的演讲。当我要问问题的时候，他就举起一只手说："我还没有决定是否接受你的采访。"我说了，这个人相当自负。

---

① 我会在第 11 章更详细地阐述这一点。

我本来可以撇下这堆狗屎直接走出门外的，但这能证明什么？证明我像他一样自负吗？证明我不允许自己被看轻？然后我给我的编辑打电话解释，说我做不了这篇报道，因为这个恶棍不尊重我？我决定耐心地等待。

一整天他都保持对我的单向沟通，在这漫长一天的末尾，他说我第二天可以再来，到时候我们可以做采访了。他说，他终于可以信任我了。而在我看来，短期的痛苦终于结出了长期的果实。

第二天的采访非常精彩。他简直是一个记者梦想中的采访者，妙语连珠、滔滔不绝。他有激情、有洞察力、有故事，就像为平民加油的啦啦队长。事实上，当我和他一起乘电梯下楼去吃午饭时，电梯门一打开，大厅里的人看到他时一同鼓起了掌。他是他们的英雄！

而且显而易见，他讨厌市长。

当我成功地采访了各行各业的成功人士后，只有一个人一直在无视我的电话：市长。但不是市长本人，我确信他根本都不知道我一直在试图联系他。他有一个"门卫"简直能让 J. D. 塞林格（J. D. Salinger）感到骄傲。我每天都打好几个电话，盼着他不在的时候，门卫的助理能让我溜进去。我试着亲自来到市长办公室，但毫无例外总是被请走。"他太忙了。"这就是驱赶我的咒语。"他祝您的写作一切顺利。"我还特意参加了市长会出席的活动，但他总是简短地露一下面就很快离开了。

一天，我正搭乘市政府的电梯，当时我刚刚采访完一名市议会议员，采访一如既往的激动人心。电梯停下来，一个年轻人进来了。我认得这个人。他是我执教的一所大学的校友。

而且他在市长办公室工作。

我们交换了几句笑话，他问我在市政府做什么。我告诉他之后，接着说道："很可惜，但是这个故事到时候看起来会对市长很不利。因为市议会对他怨声载道，而市检察官就更不用说了，但鉴于他不肯接受我的采访，我无法知晓他本人的意见，这个报道发表后看上去会很片面。我可以给你看我之前联系过他多少次，而你们的办公室拒绝了我多少次，你们就是不让我跟他说话。太遗憾了。到时他会显得像个孬种。"

电梯门打开了。

"祝你今天过得愉快！"我说。

"你的电话号码是多少？"他问。我给了他我的电话后向停车场走去。

我还没走到我的车跟前，我的电话响了，这名之前的学生说："你明天上午9点钟能来吗？市长想和你聊聊。"

当我来到市长办公室后，发现他是一个优雅友善的人，并且充满歉意。

"我完全不知道你曾经试图联系我，"他说，"在这之后我会跟我们的通讯主管谈谈。"

采访棒极了。他看上去诚实可信，乐于提供信息且提供了正确的信息。采访结束后，他对我说，他第二天要和家人一起去夏威夷度假，但他可以给我他的手机号码，如果有任何问题我随时可以联系他。

具体策略

从上面的例子可以看出，如何争取采访是一门艺术。之后我还会教给你进行采访的艺术。但现在，我们只关注如何让别人向你开口。

以下我用 SparkNotes[①] 的形式再总结一下如何让别人向你开口。

1. 迎合个人利益：记住，很少有人需要对你开口，甚至想要和你交谈。你的工作就是让人明白为什么他们有必要告诉你一些事，他们的发

---

① SparkNotes 是美国著名的文学指南网站，创建于1999年，提供了海量优质的文学指南学习资料。——译者注

声为何至关重要。记住我之前说的：世界的核心不是利他主义，而是利己主义。

2. 提前准备：为了使你的请求能够迎合个人利益，你必须做足功课才能找到哪种方式最有效。

3. 坚持不懈：坚持和骚扰的区别是什么？我也无法回答。也许当一个人开始不再回复你的邮件、你的电话、你的信件，而你还在不停地发邮件、打电话的时候，你已经是在骚扰别人了吧。

4. 找到共通的人性：在我看来，最好的采访都是从这一点出发的，无论你的采访对象是一名目击者、一名专家、一个搅局者，还是一个名人。当你的消息人士透露出哪怕只是一丝人性的光芒，他就不再是某个"类型"的人，而是一个简单的人。当这种情况发生时，其他人会立即与他产生共鸣。

我在做"恶夜狂魔"的选题时，便是通过诉诸人们共通的人性来让别人对我开口的。在做这个选题的时候，除了了解已经发生的事实本身，我没有什么好准备的。

这种方法需要你暴露自己柔软的部分，也确保你不是在利用人性去操纵别人。许多记者在提问的开始会说："我有一个难题，希望你能帮助我理解它。"然后他们再解释为什么他们想采访对方。采访变成了一种恩惠。受访者接受采访是在给你帮忙。我也这么做过，但仅限于我真的遇到一个难题，或者我真的无法理解一些事的时候。某些记者总是使用这种套路，尽管它确实诉诸了共通的人性——我们都想要互相帮助，不是吗？——但它也可能显得虚情假意或者颇有操纵性。这种方法很有效，你可以使用，但它的前提应该是真的。

除此之外，我说的共通的人性还有另外一个层面。

我很想告诉你下面这个例子，这是我教给这位学生的，但我不得不承认，这一切都是她自己的功劳。或许应该说，是她给我上了一课。当时的情形是，大学校报要做一篇很棘手的稿子，那是一个周末校友返校会，当时有一场大型的演奏会，一名校友的萨克斯风吹奏引来了台下众多观众的喝彩。他住在凤凰城，和他的父亲一起乘坐私人飞机在活动的前一天抵达。演出在周五的晚上进行，这名校友原本要和父亲于周六飞回凤凰城。

但悲剧发生了，飞机在回程时坠毁，这名校友和他的父亲双双丧生。

这是一个悲伤的故事，我和学生记者们探讨应该怎样报道这个故事。

"得有人给他们凤凰城的家人打电话，"我说，"我们需要一名死者的亲属告诉我们，他们是如何面对这一消息的。"

没有人愿意拨打这个电话。

最后，一个学生不带任何感情色彩地说："那就我来吧。"

"不要太强势，"我说，"就只是询问他们是否想和我们的读者说些什么。"

当我最后读到这篇故事时，简直无法相信它竟然写得那么好。故事里有一段校友姐姐的深度采访——她一夜之间失去了自己的父亲和兄弟。故事写得感人至深。

"你是怎么让她对你开口的？"我问这名记者。

"我把电话打到他们家的时候，紧张极了，希望谁也不要接电话，"她说，"当有人接起电话后，我自报家门，说我在做这一悲剧的相关报道，问她是否愿意和我谈谈。"

那个女孩儿理所当然地很生气，问："我为什么要和你谈谈？"

这名记者没有想过应该怎么回答这个问题，但是她说："我自己也有一个兄弟，我很爱他。我也非常爱我的父亲。我只知道，如果同样的事情发生在他们的身上，我会想让整个世界知道他们生前有多棒。"

这便是重点——这是一个分享人性、悲痛和回忆的邀请。邀请当事人做见证。

这篇报道从一开始聚焦坠机的细节，到后来描绘死者生前是怎样的人，带领读者更深入地体验什么是爱，失去心爱的人意味着什么，死亡如何成为人类体验的一部分。

在成为记者和受访者之前，我们首先是人类。这才是采访正确的起点。

能够让读者窥见人性的故事，是我最喜欢写的。我们都需要能描绘今天这个世界的故事，但我们同样需要有些故事提醒我们，我们有一些基本的人生体验是共通的，放眼全球，我们总有一些价值是相似的。这便是为什么难民营的故事可以帮助我们理解失败的经济、战争和瘟疫的蔓延如何给人类带来巨大的损失。而不同的故事向我们展示出——不管是在孟买的贫民窟、沃茨被规划的社区、蒙大拿州的牧场、明尼苏达的铁岭，抑或得克萨斯州的驱逐拘留中心——天下的父母都是一样地爱着自己的孩子，和你一模一样。这些故事让我们看到，是什么在束缚我们，是什么令我们分离，是什么激励了我们，是什么让我们心碎，又是什么赋予我们简单的快乐。

仅仅是一个瞬间，当我们在阅读关于人性的故事时，我们会卸下自己的防备，不再将他人看作"他者"，我们只看到自己被放进一个更大的故事里。

我踏进这样一个"更大的故事"是通过一次约稿，关于西海岸的自然灾害。一个夏日的清晨，《波士顿环球报》（又是他们！）的总部打电话给我，说他们想让我报道一个故事。北加州发生了森林大火，已经肆虐了好几周，看势头还要再持续几周甚至几个月时间。

他们想要一篇与"恶夜狂魔"类似的报道，他们不需要文章细数被烧毁的森林面积、有多少楼房被毁坏、到目前为止已造成多少美元的经济损失。这些数据他们都能从美联社那里得到。

这些"更大的"故事很重要。因为当我们在关注突发新闻的即时性时，有时会忽略这些事实造成的长远影响。我们能让这些故事和哪些更宽泛的主题产生联系呢？我们的故事能揭示出我们与其他人群，在个人和文化意义上的相似性吗？能向我们展示人类是如何同时经历灾难和天恩的吗？我们是否能更深刻地理解我们对世界和彼此的联结？

"找一群持续工作在一线的消防员聊聊，"编辑说，"让他们讲讲在面对眼前的大火时，看不到扑灭的希望是什么感觉。讲讲在灭火时所消耗的人力成本。但记得，这篇文章需要一个快速的转折。"

"好主意，"我说，"这文章你什么时候要？"

"今天结束之前。"她说。

"你清楚这可得花你们一大笔钱吧。"我说，"我得飞去北加州，租一辆车，找几名消防队员，写稿子，晚间再飞回家。我可不想在外面过夜。"

"你要是开车过去得多长时间？"她问。

我才意识到，住在新英格兰的人根本不知道加州有多大。

"大概8个小时。如果我从波士顿往北开8个小时，我就穿过4个州，开进加拿大了。"沉默了一阵之后她说，"好吧，你最好赶紧去机场。"

我马上开车到圣迭戈机场，买好去圣何塞的机票，几小时后抵达，我马上租了一辆车，开向浓烟滚滚的大山。我找到一个由国民警卫队管理的消防队员大本营。这里就像一个重要的军事前哨，容纳了美国各地赶来的消防队员和数百辆吉普车、卡车、推土机以及几架直升机。

我找到营地的负责人，告诉他我的报道任务。他用无线电联系了几个消防分队，幸运的是他找到一个由志愿消防队员组成的小分队，他们已经连续工作了几个星期，现在正奋战在一座山城中，那里是他们的家园，而他们的家园马上将要被大火吞没了。

他指着一条通向山里的路。

"你不会错过他们的。"他说。

我驾车走了30到40分钟，但愿指挥官没说错。终于，我遇到一群筋疲力尽、满身污浊的男人坐在一片空地上。我表明了自己的身份，询问对方我是否可以采访他们。他们累得没力气拒绝。

当我问到他们正在拯救的那些房屋时，他们突然变得很激动。他们说起自己是怎样和父母以及孩子一起建造了这些房屋，他们花了好多年去规划，并投入了一生的积蓄，他们讲到这些房屋带给了他们怎样的快乐，以及想到要失去它们，令他们多么悲伤。但从始至终贯穿采访的是一种主导情绪，那便是决心。这便是我的文章试图捕捉的内核。

我与他们一起度过了几小时的时光，看着他们工作，记下许多笔记，然后开车返回大本营。我坐在一张野餐桌边，写好这篇人类对抗自然的故事，发了出去。

当时黄昏刚好降临，尚有白日的些许余晖。我找到那名国民警卫队的警官，谢谢他为我提供帮助，他问我要不要从高空看看森林大火。然后他指向一架越战时期的直升机，飞机刚刚发动引擎。

我很想问"它难道不应该有个门吗"，它有一个顶部，带有旋翼，一个底部，带着轮子，一个机头，一个机尾，就是没有舱门。你能从一头直接看到另一头，就像一个带着螺旋桨的透明集装箱。

"我们要带一个县土地评估员和一个电视台的人上去，"他说，"愿意的话一起来吧。"他给了我一对耳塞就走开了。

我认为现在不是向他坦白的好时机，我那段时间特别容易晕机，特别是乘坐小型飞机的时候。几年前，我一气吐在一个朋友私人飞机的驾驶舱里——他当时正要我给他的新地产拍一些航空照片。我本来坐得好好的，突然他让飞机急速地蹿升和降落，想让我的视野不受拘束。我拍到了不错的照片，但吐光了我的午餐。

我的座位在土地评估员的正对面。我们升空后，飞到森林大火的上方，那名新闻摄像师给自己绑上几条带子，将自己悬挂在直升机外面以获取绝佳的视野。我感到胃里有东西与下面的浓烟一起滚滚上升。我没能欣赏整座山脉大火连绵的盛况，因为我忙着浇灭自己身体里将要喷发的火山。我一直盯着评估员看，琢磨怎么告诉他，他就直直地横在我火山的喷射线上。我又看看直升机外侧，琢磨如果我跳下去能不能生还。

晚上到家后，我把坐直升机以及我怎么差点儿吐在评估员身上的事告诉妻子。我还告诉了她一个我关于未来的洞见。

"如果有一天你听说我从一架直升机上掉下去的话，我只想让你知道真相。"我说，"我不是掉下去的。我是跳下去的。"

如果他们仍然不乐意

如果前期准备、坚持不懈和诉诸自我利益都不管用，你还可以恭维奉承，只要不太奇怪就好了。恭维消息人士和"吹彩虹屁"是有区别的。

当我试图说服一个人接受采访时，我会努力让他们相信自己拥有独特的观点，应该与全世界分享。如果他们能接受我的采访，我会很好地传达他们的意见。

但恭维仍然存在道德上的问题。怎么才不算过头？什么时候你会为得到想得到的，去刻意迎合？什么时候你逾越了真诚和私人的界限，化身为李尔王的女儿，一味奉承老父亲？

什么时候你恭维人的场面变成了《万世魔星：生命的意义》里面的祈祷场景？

我不推荐你使用这种极端的方式，即使在你绝望的时候，甚至在你想采访上帝本人的时候也不推荐。

你可以赞美别人，但你不能表现得像个马屁精。大多数人有很灵敏的雷达，知道你言不由衷。你应当表现出真实而严肃认真的态度。如果有些话说出来连你自己都不相信，别人就更不相信了。

如果别人有求于你，你会希望对方怎样提出他的请求呢？这个出发点就不错。

在不放弃和私人化的同时，你也需要遵守道德规范。

说到道德问题，有时你的消息人士会要求你为信息付钱。

如果我们是记者，我们就不应该给消息人士付钱。或者说，我们通常不这么做。在历史上，记者向线人付钱以获取真实情报，在道德上是不允许的。理由是，出于经济动机，线人也许会把事实故意夸大以证明自己值这笔酬劳。但《国家问询报》(*National Enquirer*) 给自己的线人付钱（他们以此掌握了辛普森杀妻案的最佳情报，并以同样的手法曝光了总统竞选人约翰·爱德华兹的私生子），而其他新闻机构在进行报道时，不得不违心地加上一句"根据早前《国家问询报》的报道……"，就因为他们不给知情人士付酬劳。但是《国家问询报》在付钱给线人时也引发了很多问题。他们不得不花很多钱平息各种诽谤指控。

你有没有想过为什么监狱告密者向警察提供的情报往往不被法庭采纳？因为通常告密者为了获得奖励或减刑，在压力下会认为自己提供的情报必须有价值，所以这样的情报往往不见得真实。为情报付费会令消息人士只说你想听的，而且让他们对这情报添油加醋。而这样的情况本来就很多了。

新闻从业者仍旧抱着一种合理的期待，期待别人为我们提供信息时是因为这一信息的确对公众有趣或重要，而且最好两者兼具。但这样的信息不是用来出售的。向线人付钱以获取新闻的做法，会引起公众对该新闻可信度的质疑。钱可以让人对你开口（毕竟钱符合利己主义），但如果你真的这么做了，你应该告诉公众这些信息是用钱买来的，然后让他们决定是否选择相信。你应该让自己的行为通透坦荡。

当我邀请作家参加我们的作家座谈会时，我会付给他们一定的酬劳，酬谢他们来我们学校出席活动，与学生见面，与学生和教职员工共进午餐，并且在一档被电视转播的节目中接受我的采访。有些作家愿意无偿出席，但这样的人并不多。除非他们是斯蒂芬·金或者 J. K. 罗琳，否则他们靠出书赚不到那么多钱。我付的这笔酬劳在我看来，用合法的方式补足了他们的收入。而且这一做法显示出，你真正地投入了，你在做这件事时是认真的。支付酬劳与用金钱交换情报是不一样的。

当迪克·恩伯格想要"拿下"里奥·杜罗切（Leo Durocher）的时候，十分犹豫是否要付钱给他。这名棒球经理比泰德·威廉姆斯更加执拗。恩伯格告诉他的制作人，他想请杜罗切上他的节目。他的制作人说，这事绝对做不成。

"杜罗切一定会让你为采访付钱的，"制作人说，"而我们不为采访付钱。就这样。"

恩伯格做了一些调查后，还是决定向杜罗切问问看。整个过程的一开始，有点像恩伯格接近威廉姆斯时那样。恩伯格在本垒后面的拦球网找到杜罗切，他当时正在观看球队的击球练习。

"杜罗切先生，"恩伯格开口说道，"我是迪克·恩伯格，加州天使队的现场直播解说员，我想对您进行一个赛前的采访。"

杜罗切的眼睛一直盯着棒球场。

"那得花你 1000 美元。"棒球经理咆哮道。

"好吧，鉴于我一年才挣 4500 美元，1000 美元我是付不起的。"恩伯格说，"但是我很乐意为您开一瓶威士忌，谢谢您能帮忙。"

杜罗切笑了笑，答应了这桩生意。

这才是我说的，诉诸受访者的个人利益！

你怎么才能让别人开口？做好你的功课。诉诸他人的个人利益。听凭对方的发配。坚持到底。不断尝试，不管你认为他们会怎么说。

这就是我在米逊维耶荷的住户台阶上学到的，雷·布雷德伯里那句话在大多数情况下都适用——"你问就好了"！

第 3 章

深度挖掘

无知会让你栽跟头

没有什么比事前准备更能决定采访的成败。就像我在上一章提到的，没有事前的准备你无法约到想要的采访。你必须说服受访者，你的采访符合他或她的利益，而你只有在充分了解了如何接近他们时才能做得到这一点。如果你做好了万全的准备，大部分人都会同意与你交谈。

同理，当你做好事前准备，消息人士会在采访时向你提供更有价值的信息。他们不但会向你开口，还会向你表达更多的洞见。如果你的受访者发现你做过准备，他们会更乐意深入话题，表达更多见解，用一些轶事来证明自己的观点。他们会展露自己的个性，而这正是你求之不得的。反之，如果受访者不得不停留在陈述基础事实的层面，不得不向你普及话题内容而你明明可以提前做好相关功课的话，你的采访将很难保证质量。这并不一定说明他们很粗鲁（尽管有些人确实不礼貌），只是因为他们没有时间。

我之前也提过，但这里有必要重复一遍：优秀的采访不是自然而然发生的。它们看似水到渠成，有时会有灵光一现的惊喜，但你的采访之所以优秀，主要还是因为你做好了引导的准备。你事先做过功课，演练过，准备过。

事前的准备在采访中至少会达到两个效果：一、让受访者感到自在，他们知道自己会得到妥善的对待时，会放松下来。二、受访者知道你提前做过功课的话，他们会明白自己最好说实话，因为你已经知道情况了。

在电影《无处可逃》中有一段精彩的对白，正好体现了这一点。由希亚·拉博夫（Shia LaBeouf）饰演的本·谢巴德（Ben Shepard）是一名记者。由苏珊·萨兰登（Susan Sarandon）饰演的莎伦·索拉兹（Sharon Solarz）经历几十年的逃亡生涯后终于接受逮捕。谢巴德为了报道这个案子，做了一些调查，发现案子与一个当地的农民有关系。他驱车来到由史蒂芬·鲁特（Stephen Root）饰演的比利·库西马诺（Billy Cusimano）的农场，采访这名显而易见的共犯。

> **谢巴德：**比利·库西马诺？我叫本·谢巴德，是《奥尔巴尼太阳时报》的记者。我想就莎伦·索拉兹被捕案向您提几个问题。
>
> **库西马诺：**你可以提问，但我为什么必须回答？
>
> **谢巴德：**您认识她，不是吗？
>
> **库西马诺：**我不认识。
>
> **谢巴德：**我查过警察局的记录，记录显示您和莎伦1971年曾一起出现在门多西诺。
>
> **库西马诺：**我从来没去过门多西诺。
>
> **谢巴德：**不是吧？你当时在为一个叫"永恒之爱兄弟会"的组织贩毒。话说，这名字真不错。[①]

这时比利·库西马诺发现不能再糊弄这名记者了，他只能选择说实话或者终结采访。他选择了终结采访。谢巴德并没有使用起诉的口吻，但他让库西马诺明白，他知道自己在说什么。

事前的准备让受访者知道你有备而来，而不是第一次上场厮杀（即

---

① 《无处可逃》，罗伯特·雷德福导演。纽约市：索尼经典影业，2012。

使这是你的第一次）。

如果你要采访的是身居高位的人，专家、知名人士，或者你要和一个客户、顾客、潜在的雇员面谈，你都应该知道足够多问题的答案。事实上，在与他们采访或面谈时，你也许根本不需要他们的答案或者某个特定的信息，你想要的是洞见、细节、复杂性、色彩、个人观点，并从这些元素引申出一些有趣的说法。如果你问的问题别人都问过，那你就是在浪费所有人的时间。但如果你让受访者知道，你已经了解过相关事实了，就可以跳过显而易见的那部分，直捣话题的核心。而受访者很可能会表现得更积极，甚至会感激你。至少在与本·谢巴德的这场交锋中，比利意识到他必须改变针对这名记者的策略。

你要尝试用新的形式写一些新的东西。就像你去爵士俱乐部，刚好当晚的爵士乐演奏方式你从未见过。采访可以给世界带来新的东西。

但前提是你得做好准备。

当我为采访特雷西·基德尔做准备的时候，我发现他非常讨厌自己出版的第一本书，讨厌到他要把这本书从亚马逊、谷歌和所有图书馆下架的程度。于是我给自己设定的任务，就是找到这本书然后读完它。这本书怎么就烂到他不仅拒绝了出版电子版，而且要把它从一切数据库中删除呢？难道大多数作家不都盼着自己的作品能永世留存吗？我一定要问问他这个问题。

我们大学有个一根筋的图书馆管理员，通晓图书馆际之间错综复杂的借阅程序。他成功地查到在蒙塔纳的一家小图书馆里还有《通往尤巴城之路》（*The Road To Yuba City*）这本书，于是把书寄给了我。这本书是基德尔对胡安·科罗纳（Juan Corona）案件的叙事报道，胡安·科罗纳被指控在北加州谋杀了数名外来移民工人。尽管我认为他的其他作品确实好很多（《越过一山，又有一山》是我最喜欢的一本），但我不明白他为什么要大费周章地抹去这本书的存在呢？他曾在一些随笔里提过这个问题，称这本书了无生趣，不过是他在《大西洋月刊》刊发的另一篇同题材文章的加长版。通过他的叙述，我对他的这一决定有了大体的认识，但这背后还有很多他没有言明的地方。我暗下决心一定要提及这个问题。我知道了他不喜欢这本书——这是事前的准备。但为什么？这里面有自由发挥的空间。

在准备采访一个大型国际公司的CEO时，我被告知一定要有备而来。上一次，这名CEO在接受新闻媒体采访的时候，5分钟不到，就叫停了采访。因为当CEO提到公司股票的时候，记者问了一个类似"我一直分不清股票和债券的区别，请您给我解释一下"的问题。CEO当时意识到这个采访他的人连最基本的知识都没有掌握。我对他的采访进行得很顺利，因为我在进门之前先对他的生意进行了调查了解。

我想让他有种采访开始时对话已经进行到一半的感觉，而不是让他觉得在教育我的路上任重道远。他的工作不是教给我一些最显而易见的东西，而是向我表达他独一无二的观点。所以初出茅庐的记者们请注意：如果你要采访一家大型国际公司的CEO，一定要在到达他办公室之前，弄清楚股票和债券的差别。我保证，他或她在采访中将很乐意谈论他们公司的股票。

不管你要进行什么对话，或与谁对话，事前的准备都至关重要。社会工作者必须熟悉他们要讨论的问题——什么样的环境对于某些有特殊障碍的人士最适合？律师与客户见面之前，必须弄清各种法律途径、判决影响以及判例法。在亚马逊Prime Video上有一部剧叫《律界巨人》，其中有一个场景是由比利·鲍勃·松顿（Billy Bob Thornton）饰演的男主，作为公共辩护人与一个入狱男孩的母亲对话。对话显示出松顿对案子一无所知，甚至连要代理的男孩的名字都不知道。而男孩的母亲意识到面前这位律师声称要给自己的孩子最好的法律咨询，实际上却空话连篇时，大发雷霆。她是有道理的。如果一个律师在面见要代理的客户时根本毫无准备，那是应该换一个律师了。

事前准备有点像开采金矿。你选定一块土地，预设在那些石块的下面埋藏着宝藏。在你不断挖掘的过程中，除了金矿，也许还能发现别的矿脉——甚至比你要找的金矿更宝贵。

对一个话题进行背景调查，就好像对一连串问询寻根究底。精明的探索者会对调查可能展示的信息持开放的态度。当你在做事前准备时，请睁大眼睛看看会不会在金矿中发现锌和砷。

比方说，你准备做一篇稿子，关于一栋公寓大楼通过征收高昂的房租来驱赶低收入的住户，那么你就应该阅读所有你能读到的，有关房地产、住房密度、当地经济、中产阶级化影响、租金控制的优缺点、社会服务的影响等文章——我只是举几个可以参考的话题。这是你的金矿。你还可以尽可能多地了解某个特定的房东、业主、房产的税收记录、已经居住很长时间的房客、刚刚入住的房客、邻居、当地的企业，而这只是个开始。

这些便是你要探索的其他矿脉。你将以此把握全景，并拥有局部的视野。幸运的话，你在做这项工作的时候，还可以遇到一些人，能向你要阐述的话题提供辅助性的个人视角。

从最显而易见的开始

在互联网时代，在做采访之前简直没有不做功课的借口。

在互联网上快速搜索任何话题或人物，你会发现各种各样的文章、视频、研究论文、照片、档案等。这些信息唾手可得，却又难辨真伪。因此就像所有其他事实，你必须甄别之后方知其是否准确。然而，互联网仍然是一个很好的起点。

　　我像很多人一样会查看维基百科，但我不会仅限于此。维基百科有很大一部分价值在它的脚注和网络链接的出处。这些链接通常会引向其他链接。鉴于维基百科上的信息是大众提供的，并且仰仗大众进行修改，因此依赖这个平台的信息并不总是明智的。但我会花很多时间去查看那些外部链接，而那些网站往往值得一看。

　　互联网搜索在很多层面上都是有用的。你可以找到小金块一般的细节（比如特雷西·基德尔不喜欢他的第一本书），也可以找到一些更明显的事实（比如他哪年获得了普利策奖）。如果我看到对相同信息的多次引用，我会略过它。重复每个人都提过的信息就没意思了。

　　有时我会上 YouTube 看我要采访的人的其他访谈，或者他的 TED 演讲。通过这样的准备，我也能发现大众的普遍观点，从而帮助我看清什么样的话题要规避：如果这个人已经在公众场合下讨论过这个话题了，而且该讨论在网上可以找到，那我何必再重复呢？况且，受访者本人也厌倦探讨同一个话题了吧。

　　此外，我观看这些视频还有另外一个目的，就是通过受访者记录在案的观点，挖掘可以拓展的角度。通过互联网做背景调查就像采矿，目的是寻找什么——如果是小金块那诚然很棒，但一块鹅卵石也很不错。

　　有时看看受访者其他的采访可能得到一些启示，因为你能看到别的记者在面对某个特定的人或者特定的话题时是怎样操作的。但我现在已经不这样了，因为我认为这么做会损害我自己的采访。当我看过别的采访，我就会对受访者有一个预判，他是有趣还是无趣，会不会回避尖锐的问题，会不会东拉西扯、闪烁其词，是惹人爱还是讨人嫌。我在采访开始之前不想把这些都记在脑子里。

　　而且这会让我对别的采访者非常挑剔。有时看到别人做得太好，我会心生畏惧，甚至会在我自己采访时试图模仿那个人。这样的情绪对我完全没有帮助，所以现在我不再看别人的采访了。

你在做事前的准备时，互联网是收集情报的好地方。在谷歌里键入一个人的名字，你能找到差不多所有写这个人的东西——从正式发表的文章到博客或帖子，再到他和某人发布的八卦视频。从疯狂的赞美到激烈的批评，应有尽有。如果你想要了解对方的细节，比如他被起诉过多少次，你只需要在搜索栏输入他的名字，加上"和诉讼"几个字。你搜索得越具体，就越不会被海量的信息淹没。

不只用网络搜索

你能快速在互联网上找到的信息，别人也一样能快速找到。因此超越搜索引擎显得至关重要。如果你只能报道别人用五分钟就可以从互联网上找到的东西，你的采访能有什么过人之处？你不希望听到观众说"这我已经知道了"，因此你需要突破互联网搜索的局限。你可以说这"老派"，但确实有许多行之有效的方式并不涉及互联网。下面是一些行之有效的方式。

你把那些东西叫什么来着？
哦，对了——书！

如果我准备采访一名作家，我会按照出版顺序尽可能多地阅读他的书。这样的阅读可以帮助我理解他的所思所想，以及他如何一步步成为今天的创作者。就像我之前提过的，阅读某人写的书，或者关于他的书，也可能挖掘到天然的小金块。当我采访卡里姆·阿布杜尔-贾巴尔的时候，我问他，他怎么发现自己其实是一个不错的作家的，他说他在大学的时候曾经在英文课堂上朗读过自己的论文。

"关于什么的论文?"我说。(其实我已经知道答案了,因为我读过他对于这篇论文的叙述,但我还是想听他亲口说出来。)

"关于一家纽约的爵士俱乐部,以及我在那里的经历。"

"是乡村先锋俱乐部(Village Vanguard)对不对?"

这个回答似乎令他感到惊讶。

"你怎么知道的?"他说。

"伙计——我做过研究呀!"

然后他放松下来,讲完了剩下的故事。

正是这枚小小的知识金币让他讲出了更多的内容,而且我相信,他也认为自己受到了尊重,因为我为他的到来做好了准备。

当我去一个不同的国家旅行时也会做同样的事。我会阅读那个地区跨越不同时代的文学作品。

当我准备去海地做一个图书项目的时候,事前读了许多佐拉·尼尔·赫斯顿(Zora Neale Hurston)的书。这些书在我进行一场临时采访时,几乎立刻就派上了用场。

我通过这次旅行,想写写当地某些地区是如何组织公民团体来解决社群问题的。当地的商界、政府、学校和宗教团体里都有来自不同社群的代表。而在每一个宗教团体中,都有一个当地的伏都教(voodoo)教士。天主教教区的教士和当地新教教会的本堂教士都在我的意料之中,我对伏都教的代表产生了强烈的兴趣。

我阅读了赫斯顿以及其他作家写的海地历史、文学和文化作品,伏都教是无法绕过的存在。

在一次社群领袖的大会之后,我走近了一位自称"布丽吉特女士"的妇人——当地的伏都教教士。我询问能否这周晚些时候和她谈一谈。她很大度地邀请我去她的神庙见面。

我对伏都教所知甚少,但我知道伏都教绝不仅仅与你在新奥尔良波旁大街的礼品店里买到的低俗工艺品有关。通过阅读，我知道采访中我们可以越过伏都教是什么、为什么人们害怕它这些话题。

几天后我来到布丽吉特女士的神庙，她已经在院子里一棵大树的树荫下安置了塑料座椅，这里也是举办很多仪式的地方。

我问她伏都教教士一职是否在她的家族里祖辈相传。她的父母是伏都教教士吗？她的祖父母呢？我猜测事情是这样的，因为我通过阅读了解到许多伏都教教士都是这样，将伏都教的传统一代又一代传承下来。她看上去很开心对话是这样开始的，而且能感觉到她如释重负，因为我显然对伏都教的历史和意义是有些许了解的。她说她的家族与伏都教有极深的渊源，可以一直追溯到他们的祖先在非洲时。我们的采访持续了几个小时。

采访结束后，我问她是否可以带我参观一下她的神庙，给我解释一下里面的艺术品、绘画以及符号，甚至向我解释一下那个在美国广为人知的刻板印象：伏都教教士会向人们施咒，会通过针刺伏都娃娃让对方痛苦。

有趣的是，我雇来的海地翻译一直待在神庙的门口，对我们大喊大叫。他坚决不跨进神庙半步。我在回程的车上问他为什么，他说那不过是他的教会严禁他这么做而已。

当布丽吉特女士与我拥抱道别的时候，她邀请我几个月后参加他们的一场仪式，甚至主动提出给我进行学徒培训（或许这将成为我们家族在圣迭戈的新产业？）我敢肯定她愿意向我敞开心扉是因为我拥有最基本的知识储备。如果我的第一个问题是"所以，伏都教到底是什么呢"，我敢说采访一定不会顺利进行。

总而言之，准备一场采访与准备一篇稿子非常相似。如果你要围绕任何一个主题写作，无论是关于开采金矿，还是烹饪或家装，你都需要对这一主题进行大量的研究，从中汲取有用且可信的材料，准备采访亦然。

图书管理员

几条我最喜欢的信息都来自图书管理员。当我告诉他们我要准备对某人的采访，需要他们帮忙找到这个人的背景材料时，我几乎能看到他们嘴角泛起的口水。如果巴普洛夫实验在图书管理员身上做的话，与铃声联系的将不再是食物，而是研究课题。我接下来将对图书管理员这一职业进行一般化归纳，下面的结论单纯基于我的个人经验。

一言以蔽之，图书管理员们太棒了。但是他们通常也很无聊。他们中有许多人都拥有高等学位——我把这一学位称作 MFS——找东西专业硕士学位（Masters in Finding Stuff），但是自从研究生院毕业之后，他们鲜有机会发挥他们的才能。因此，当你将一个研究课题拿到他们面前，在准备采访的过程中寻求他们帮助的时候，不要惊讶他会以何种热情投入其中。他们热爱这种类型的工作。

很多次，在我研究某个人的时候，一名图书管理员会找到此人一个鲜为人知的事实或引言，通过电邮发给我。而我在查看的时候会发现，邮件是在半夜发送的。邮件的开头通常是这么写的："昨天夜里我有点儿失眠，因此针对你的主题进行了一些搜索，于是发现这个……"然后他们会在附件里附上一份像澳大利亚堪培拉发行的小型日报之类的东西，简直就像一块天然的小金币。图书管理员睡不着的时候就爱干这样的事情。

如果你没有图书管理员，或者其他学者型的人为你提供参考，你也可以动用实习生。我知道，实习生在许多组织里都被当作"奴隶"使用，但是在局面改变之前，我觉得可以把类似这样的任务交给他们。不管你的职业是什么——总有一些年轻人需要某种经验。他们在电脑搜索的技巧上，比起你或许更加得心应手。这是一个让他们在你面前露一手的机会。

　　我在准备采访一名知名神学家时，利用一个图书管理员为我找到的小金块，顺藤摸瓜翻出一篇无人知晓的文章，了解到这名神学家的母亲是在他的父亲两次入狱之间怀上他的。这不是我采访的中心内容，但是我认为他来到这个世上的时间揭示出某种有趣的东西。在我对他的采访进行到一半的时候，我问他，他是否会带着更多同情去看待挣扎在泥沼中的人，鉴于他人生中的一个片段与许多挣扎中的人都颇为相似。我简略地描述了他的出生，包括提到他的母亲是如何怀上他的。当我说完后，他一脸震惊，然后他转向观众说："这个人是做过研究的！"

　　这是一个人可以赋予采访者的最高赞美。另一种了不起的赞美，是当你的受访者对你说"从来没有人问过我这个问题"。这意味着你突破了那些千篇一律的回答——前提是，你没有问出类似"你是不是拥有一颗行星"这种奇怪的问题。

采访于采访之前

　　向其他人提问，有助于你为主要的采访制定方案。因为你通常会得到互联网上找不到的信息。一些逸闻趣事、一些小金块、一些与受访者深入探索的话题。这就是背景采访（我之后会详细阐述），可以帮助你洞悉互联网之外的受访者。你会对受访者的个性有一个更加人性化且未经雕琢的认识。有了这些背景信息，你就能很快越过一个人的事实信息，进入他的内在性格。这种类型的背景采访，将帮你突破关于一个人的陈词滥调。

　　在我记者生涯的早期，《明尼阿波利斯圣保罗杂志》（*Mpls.St.Paul Magazine*）向我约稿，让我将这一方法付诸实践。杂志希望我为著名的大学美式足球教练卢·霍兹（Lou Holtz）做一篇人物专访。当时他刚刚离开阿肯色大学一个非常成功的球队，转而去明尼苏达大学一个非常失败的球队执教。他从红背野猪（Razorbacks，一种极富攻击性的野猪，生有足以致命的巨大獠牙）的世界离开，加入了地鼠（Gophers，一种身上有条纹的老鼠）的世界①。大家都知道霍兹对无知或懒惰的记者没有什么耐心，所以我希望充分利用和他在一起的时间。

而当他的秘书告诉我，我只有 20 分钟时，这一点就变得尤其重要。

"但这是一篇杂志封面采访呀，"我抱怨道，"20 分钟时间太短了。"

"任何人采访，他都最多只能给 20 分钟。"她说，"行就行，不行就拉倒。"

这就意味着我必须做好万全的准备，让这 20 分钟的每一分钟都用在刀刃上。

我从阿肯色大学的家乡费耶特维尔开始，通过一家报纸的体育编辑开始进行我的背景调查。

"关于这个人我需要知道些什么？"我向他打电话询问，"在他离开阿肯色时，有哪些问题没有回答过？如果是你，你现在想问他什么问题？"

他给了我一些扎实的信息，并推荐了几篇他们报纸关于霍兹的报道，还有其他可以向我提供信息的人。这些也是你从互联网中无法找到的。在这种类型的背景调查中，我最喜欢听到的就是别人对我说"你知道你应该和谁聊聊吗"，然后给你介绍一个通晓一切但默默无闻的人。一次背景调查采访总能引出更多的背景调查采访。

我还同阿肯色美式足球队的队员们聊过，他们之前为霍兹效力。我采访了他大学的体育主任、与他一起工作过的助理教练、明尼苏达大学的体育主任，还有即将为霍兹在下个赛季效力的球队队员。最后采访了他的妻子和孩子们。所有一切都是通过电话采访完成的。我并不打算将这些采访内容运用到我最终要完成的故事里，这些全部都是正式采访的

_____

① 阿肯色大学的球队叫红背野猪队，明尼苏达大学的球队叫黄金地鼠队。——译者注

前期准备。

在我的准备过程当中，我碰巧了解到他最喜欢的书是《大思想的神奇》（*The Magic of Thinking Big*），于是我买下这本书，快速浏览了它。我还了解到当他面对一大群人发言时，喜欢玩一些小魔术。我得知他会在明尼苏达市的扶轮社 [①] 演讲，于是特意去旁听了那次演讲。

面对这样一次采访，我需要在见到受访者之前就对他了如指掌。采访进行得很顺利，因为我为他做好了准备。我做足了功课。

避免老调重弹

我在进行背景调查采访的时候，通常会问别人，如果由他们来进行采访，他们会问什么问题。如果好几个人都提到同样的问题，我会从两个角度进行考虑。这说明这个人物对生活中的一些事情一直没有做出回应，因此公众想要知道答案，抑或他对此做出过回应，但答案并不令人满意。

而另一个角度也可能说明，这个人物大概已经回答过很多遍这个问题，感到相当厌倦了。已经有多少人问过乔治·普林顿（George Plimpton），作为唯一采访过欧内斯特·海明威的记者是怎样的感受？这样的问题又能为讨论增加什么内容呢？一个优秀的采访者会避免重复显而易见的问题。我会很乐意问一个棘手的问题，[②] 但我绝对不会问一个大家都问过的问题。没有必要问贾巴尔，长得那么高是一种怎样的感受。

当我在为迪兹·吉莱斯皮的采访进行背景调查时，我读到很多参考

---

① 扶轮社是依循国际扶轮的规章所成立的地区性社会团体，以增进职业交流及提供社会服务为宗旨。其特色是每个扶轮社的成员须来自不同的职业，并且在固定的时间及地点每周召开一次例行聚会。每个扶轮社都是独立运作的社团。——译者注

② 详细内容请见第 7 章。

资料都提到，他在演奏的时候脖子会胀起来。我看过他演奏会的视频，他看上去就像一个快被吹破的皮球。但向他询问这件事没有任何新意。另外，这个采访的主旨不是他的身体形态，而是他如何将他的智慧传承下去。

提出显而易见的问题，就像写作时使用陈词滥调一样。体育记者里克·莱利（Rick Reilly）曾告诉我，他会在写作中试图避免使用第一个想到的类比或比喻。如果他要描述一个跑垒员在盗二垒时的速度，他也许首先会想要使用"他跑起来像一道闪电"。但这个比喻已经烂大街了，那就得换一种更好的说法，比如"他跑得比房租涨得还快"。

在准备采访问题时也一样。第一个想到的问题很可能是最无趣的问题，也许已经问过受访者很多很多遍了。如果你想在采访中看到互动、思想、复杂性、色彩以及人性，那就不要问一个大家都问过的问题。如果你问了一个问题，而受访者说，"别人总是问我这个问题"，那简直是双重诅咒。一来，他们是在暗示你，显然你没有做功课；二来，他们已经回答过太多遍同样的问题，厌倦透了，所以也不会给你一个太有趣的答案。而更糟的是，你让受访者对之后的采访问题降低了期待。他们已经在思考，还有多久才能完事，以及采访结束后他们要干什么。他们已经开始幻想下个月的垂钓之旅了。

如果你确定要问一个大家已经问过的问题，至少确保你是有意为之，而不是出于懒惰。如此一来，你或许能一劳永逸地获得一个直截了当的答案。

1984年芭芭拉·沃尔特斯（Barbara Walters）有效地运用了这个方法，在《60分钟》中她采访了迈克·华莱士（Mike Wallace）。她在采访开始时说，当她告诉别人自己要采访无所畏惧又令人生畏的华莱士时，所有人都叮嘱她一定要问一个问题。

"他为什么要染头发？"华莱士猜对了。于是他通过国家电视台向大众声明，所有人都以为他染了头发，他今年 66 岁了，但还像一个年轻小伙子般有一头乌黑的头发，但那不是染的，是天然的。

而沃尔特斯提这个问题还有另外一个策略性的原因，这样可以让华莱士放松下来，并且引申出接下来要探讨的话题，华莱士的父亲以及他的成长。[①]

当我采访作家盖伊·特立斯（Gay Talese）的时候，发现似乎大家对他的采访，都集中在一篇他于 1966 年为《时尚先生》写的报道上，这篇报道就是《弗兰克·辛纳屈感冒了》（"Frank Sinatra Has a Cold"）。这篇文章写得精彩绝伦，《时尚先生》称一直到今天，这都是他们发表过的最优秀的稿件之一。但我在 2008 年采访他的时候，距离这篇稿件发表已经过去 40 多年了。我怀疑关于这个故事，他还能说些什么别的。

我的采访是在晚上进行的，在一个礼堂里，下面有一群观众，这一天刚好是他的生日，而且这次采访通过电视直播。为了宣传这次活动，他还专门在前一天接受了广播电台的采访。你能猜出电台节目的主持人把采访的重心放在什么上面吗？对，就是《弗兰克·辛纳屈感冒了》。特立斯在采访中似乎一直无精打采，而我完全理解他。我在收听节目的时候也感觉无聊死了。他已经回答过几百次同样的问题了。我发誓轮到我的时候，一定要让他振奋起来。如果恰巧聊到弗兰克·辛纳屈的故事——好吧，我不会回避的，但特立斯在完成这篇报道之后又写过那么多好文章，我相信我们就此一定可以聊出很多东西。我甚至在他的一篇文章中找到一句话，这或许是我读过的最长的一句话。我绘制了一张图表，发现这句话构造完美，甚至非常精致。就像爱因斯坦 "$E = mc^2$" 的加长版本。我想特立斯一定很乐意谈谈这个，而不是去谈那篇被问过无数次的文章。于是我对特立斯朗读了那个由 426 个词组成的长句，描述

① 有关问题的策略性顺序，详见第 4 章。

了他自己坐在餐厅里的场景。①

　　我对于这句话为何这么长感到纳闷这件事，把他逗乐了。当我大声朗读完这句话，他伸出手同我握了握。之后，我们一起探讨了写作的艺术。

　　或许《弗兰克·辛纳屈感冒了》这篇文章确实还有探讨的余地，但我很怀疑。

不要轻信留言

　　如果你确定要涉猎受访者熟悉的领域，那就要确保自己手上的信息是正确的。如果你重复了某个你觉得很有趣但事实上是假的情报，或者引用了某个报道过但后来又被推翻了的信息的话，你很容易暴露自己的懒惰或自己是新手的事实。事前准备意味着你不但要做功课，还要确保你功课的内容囊括了所有现有的正确信息。如果受访者说了像"事实上，事情后来并不是这样的"，或者"在这件事上你的情报没有及时更新啊"这样的话，你采访的可信度也会大大降低。

　　及时更新信息没有那么难，而鉴别都市传说、流言和假说也没有那么难。更何况，身处网络时代，不反复核查所谓的事实，确实不负责任而且不可原谅。

　　2009 年在锡拉丘兹大学的一个论坛上，杰出的作家肯·奥莱塔（Ken Auletta）对著名记者芭芭拉·沃尔特斯和史蒂夫·克罗夫特（Steve Kroft）进行了采访，这个采访表明，即使是杰出的记者，在准备工作做得马虎

---

① 我不打算在这里引用全句，但如果你感到好奇，可以在他的书《作家的一生》（*A Writer's Life*）[纽约：亚飞诺普出版社（Alfred A. Knopf），2006]第 71 页开头找到这句话。这句话令人印象深刻。

的情况下也会碰壁：

> **奥莱塔**：你问过的最蠢的问题是什么，那种你想撤回的问题？
> **沃尔特斯**：（一脸迷茫）我问过的最蠢的问题？
> **奥莱塔**：比如说"树"？

奥莱塔指的是一个广泛流传的故事，说的是，芭芭拉·沃尔特斯在一次电视访谈中问凯瑟琳·赫本（Katharine Hepburn）："如果你是一棵树，你会是哪种树呢？"这个故事让沃尔特斯成为众人的笑柄，而她也确实被嘲笑了很多年。

但问题是，她从来没有问过赫本那个问题，于是她抓住锡拉丘兹论坛的这次机会，纠正了奥莱塔的错误，并且澄清了这件事。她解释道，她只是对赫本说，你是一个传奇，而赫本回答说："我只是一棵垂垂老矣的树。"沃尔特斯就像任何一个优秀的采访者那样，发挥即兴的才能接话道："那是哪一种树呢？"之后赫本解释了为什么她像一棵老橡树。

在流言传播的过程中，赫本的原话被省略了，故事变成了对沃尔特斯单纯的取笑，因为她问了一个傻问题："那你是哪一种树呢？"

当沃尔特斯解释完这个被误传的轶事，奥莱塔的回应值得称赞，他说："这么一来，这便成了我问过的最蠢的问题。"

这也许算不上他问过的最蠢的问题，但好好进行事前准备可以让他避免现场的尴尬。

一件事被人说过很多次，不见得这事就是准确的。

你怎么才能知道你的准备已经充分了？对我而言，一个很好的标志就是，从不同的信息来源那里得到同样的信息——图书、视频、图书管理员的资料、采访。你也许永远不会彻底满足于自己的准备，总有一个更低调的人要采访，一份更无名的报纸要查阅。你的网撒得再广，也总有一天要收回来。有时我会因为时间不够而停止背景调查，但请牢记，只做一部分背景调查也好过不做背景调查。你为了充分了解一些素材，需要适当地偏离主题，但不能偏离太多。

　　你的采访也许将始于突尼斯，然后途经贝尔法斯特、迪比克、波哥大、哈瓦那、那不勒斯、阿鲁沙以及雷克雅未克，但首先你必须知道突尼斯，以及知道如何找到回来的路。

第 4 章

撰写采访大纲

选择一个框架，但准备好抛弃它

和故事一样，采访的结构也至关重要。有人告诉我，所有的生命形式都渴望某种程度的秩序，包括采访对象。你需要向受访者传达一个讯息（就像你想向读者传达的一样）——你提出的问题是有方向的，你是经过深思熟虑，背后有一套方案。如果你是面对一群观众进行采访，那你也需要向电视机前的观众传达同样的讯息。

　　我想我们应该都听过有些人讲故事，他自己讲得兴高采烈，觉得那个故事含义深刻耐人寻味，但在座的听众围着晚餐的饭桌，觉得故事毫无内涵、兴味索然。从语法层面来说，那就像不具备任何修饰作用的修饰语。当故事讲完时，席间鸦雀无声，直到有个人说："兄弟，故事不错。"

　　你可不希望同样的事情发生在你的采访中。你的采访需要发生在一个情境、一个空间、一段时间中，它有一个方向，而每个人都应该清楚它的走向。

　　即使在你采访的时候只有你和受访者两个人，你也应当完好地向对方传达你的意思，你对这次采访是用了心思的，你所提及的每一条信息都是有意安排用来引出下一条信息的。如果受访者发现这次采访不过是一个杂乱无章的杂烩式对谈，他或者她将对接下来的采访心存疑虑，而我敢说，他们会给你更简短的答案，好让这次采访尽快结束。

　　如果你的职业要求你每天都与他人交谈，你就能明白提条理清晰的问题为什么那么重要。一个医生在为病人看诊时，先是评估病人眼前的症状，然后回溯一下病人的病史、家族病史，了解病人周围的环境，然后进入治疗阶段。人力资源专家在面试时，通常会从面试者的个人经历开始，然后到好员工的特征，再到对公司文化的理解，最后是面试者如何定位自己在公司中的位置。甚至手机或电脑的技术支持客服，如果业务熟练，也会通过一系列提问帮我最终解决问题。

你的故事从这里开始

采访应该从有趣的地方开始，然后向某个方向发展，随后抛出一个分水岭式的问题或话题，迫使受访者严肃认真地思考后回答，接着用一套"冷却型"的问题，最终引向一个结论。

通过这种方式进行采访与讲故事有异曲同工之妙，因为一个故事的发展通常从一个有趣的地方开始，经历跌宕起伏的情节，到达一个危机或转折点，然后铺开后续情节，直到抵达最终的结局。优秀的采访往往也遵循这套规律，而你需要通过问题的组织方式来体现这种规律。你不能在故事的一开始就全是高潮，那样的话你几分钟后就无话可说了。你必须构建你的采访，通过采访的问题让受访者和观众逐渐产生一种期待。运用故事性的结构去设计采访，可以让受访者通过最初的问题，逐渐对采访者产生信赖的感觉，从而在交谈的过程中逐渐加强双方的舒适和亲密程度。好的对话（记住，对话本来就应该有这种感觉）通常有一个重点。结构能帮助你聚焦重点，而不至于让你和你的受访者在谈话时就像猫咪见到毛线球一样随意，因为你的头脑中有一个目的地。

很多我写作课上的学生，在写故事或论文的时候，明明什么事情都没有发生，就先花大量的时间铺垫开篇。他们用好几个段落描写背景、历史，以及自己的经历，却迟迟没有写任何情节。有无数次，我在他们的前几段（有时是前几页！）画上大大的叉，然后在一个真的有情节发生的段落旁边标注了箭头，在页边空白处写"你的故事从这里开始"。

除非你是肯·福莱特[①]，你正在写的是场景设置在三世纪，一本一千页的小说，否则你不需要在故事发生之前做那么多铺垫。你的故事需要从一开始就让人产生兴趣。

类似的，在这些年中我看过很多采访，采访者就像被开头的介绍语缠住了，完全不知道如何停下来让受访者加入对话。他们的开头介绍居然有那么多层次，采访者陶醉在自己的机智和诙谐中无法自拔。我发自内心地想喊一声："你闭嘴吧！"相信我，我也看过一些我自己的采访，我直接冲自己大吼："你闭嘴吧！"我的头顶盘旋着一副套索，它一直绕啊绕，绕啊绕，我忘了我是要用套索去套小牛。

所以，闭上嘴，赶紧套小牛吧。

例外情况

有些采访必须直截了当——比如，问一个目击者"你看到了什么""流星是从哪个方向来的""事件发生时你在哪儿""你在社区疏散的时候会从房子里拿走什么""你发现自己得了'天才大奖'后做的第一件事是什么"……我问过最后一个问题，答案美妙极了——"我把我的沃尔沃给修了。"他说。你想提一些更有质量的问题，但是你并不总是有时间去思考和组织你的问题。如果你和别的记者一起群采，更是无法组织问题，你只能争夺发言的位置，问唯一的问题。有时候你真的就只能问："到底发生了什么？"

但对于安排好的采访，采访的目的就不仅限于获得目击者的描述，你必须对提出的问题深思熟虑，并且按照一定的顺序提问。

---

① 肯·福莱特（Ken Follett），著有《巨人的陨落》等大部头史诗型长篇小说。——译者注

结构很重要

　　一次精心设计的采访会让你和你的受访者更有自信。你知道你会将采访带向哪个方向，你的受访者在感知到这一点后，会感到更加安心，从而在回答问题时更加缜密。

　　如果我接下来要做一个深度采访，这个采访涉及一个人的过去、成败、动机、人生经验、影响力和其他开放式的话题，我将在组织问题时更加讲求方法。我不希望我的问题过于私人化或哲学化，也不希望问题提得太拖沓或太着急。作为一名采访者，你必须在某种程度上依赖你的直觉，决定什么时候进入相对深刻的话题，但大多数时候，我希望首先让受访者感到舒适安心。你越这样去做，就越能更好地运用直觉去安排你的提问。

　　约翰·麦克菲（John McPhee）是我最敬仰的一名作家。他能将世上最晦涩的话题（地理、艺术、独木舟、橘子）写得令人着迷。他尤其擅长描绘事物，捕捉具体且重要的细节。但我最喜欢他的一点，是他对故事结构的痴迷。《纽约时报》有一篇描写麦克菲的人物概述，其中提到："麦克菲对结构异常痴迷。在他动笔之前，他就为行文编排而大汗淋漓，困扰不堪。他似乎把整部小说的创造能量都倾注于哪片瓦到底应该落在哪片砖上。而这一劳作的回报是巨大的。"[1]

　　我完全同意您，麦克菲先生。

　　对于那些话题宏大、影响深远的采访，我会检阅每一条笔记、每一个从书本或文章中摘抄的重点段落、每一个别人叮嘱我要提的问题，然后把它们全都写在便签簿上。有些人喜欢使用电脑或手机，但我不行，我更

---

[1]　山姆·安德森（Sam Anderson）:《约翰·麦克菲的思想：当极度私密的作家揭示他的痴迷进程》，《纽约时报》，2017 年 9 月 28 日，网址：https://www.nytimes.com/2017/09/28/magazine/the-mind-of-john-mcphee.html。

喜欢翻阅纸张而不是切换屏幕。但如果你更喜欢电子屏幕，也请自便。

当我收集完所有的笔记，会收获许多记录在纸张上的问题、评论和篇章段落，都是我想和我的受访者一起讨论的。我会将这些问题分组。如果有些问题和其他问题相关，我会把这些问题的前面都标注一个 A。然后在另一组相关的问题前面标个 B。我见别人也用过类似的方法，不是用字母而是用不同颜色的荧光笔。

然后我会重新检查标有 A 的问题或陈述，从而决定这一组问题的排列顺序，按照 A–1、A–2、B–1、B–2 来排列，以此类推。我按照逻辑，排列出哪一个问题应该先提，哪一个问题能很好地衔接，后续的问题是哪个。

我会按照新添的顺序重新誊写这些问题，就好像将拼图拼回去。有趣的是，这些问题几乎从来不按时间顺序排列。

通过这种方法，我至少写了两遍问题——第一遍我将问题记录下来，第二遍我把问题按顺序排列。通过两遍书写，这些问题可以深深地刻入我的记忆，我很可能在问完一个问题后马上想到下一个问题，而不需要一直查看笔记。这样采访会显得更像是一次对话，而这正是你追求的目标之一。

小小计划，大有裨益

特瑞·格罗斯（Terry Gross）有一档采访类节目《新鲜空气》（*Fresh Air*），通过美国国家公共电台播出，格罗斯就非常精于结构设计。她与受访者探讨的话题会按照合理的顺序推进，似乎是自然而然就过渡到了下一个话题。她会先从这个人手头上的项目谈起，然后深入这个人的背景，再回到当下，然后又把高度拨到海拔一万英尺，讨论种族、性别、宗教或者时政，最后再拉回当下。她的采访有一个大方向，所有的话题都向着那个方向展开。

但是你如何决定正确的顺序呢？好吧，这取决于你采访的目的。如果你的采访旨在了解一个人的个人历史，类似"你是怎么有了今天的"这类采访，按照时间顺序提问是情理之中的。如果你希望通过采访展现某种观点——任何抽象的、不可量化的东西——那么"从易到难再到更难"的顺序似乎是最合理的。

无论如何，当我在为我的问题选择顺序的时候，我会通过三个问题来理清思路：1. 我需要知道什么？2. 我的听众需要知道什么？3. 我如何才能有效地让受访者回答 1 和 2 ?

按照时间的顺序

大多数令人记忆犹新的故事，都不是从主人公的出生开始讲起，一直讲到他或她的死亡的（超人的故事除外）。许多精巧的故事都是先有情节，然后一个闪回或一段背景描述，紧接着回到当下的叙事，然后插入一段人物动机的披露，最后再次返回叙事。这不是一条公式，但是能牢牢抓住观众的注意力。作家可以（而且有时会）直接按照时间顺序书写，但不是必须这么做。除非你是加夫列尔·加西亚·马尔克斯（Gabriel García Márquez），写了一部《百年孤独》，完全不介意故事的结构会把读者弄得头昏脑涨，否则你就应该让自己每一个部分的故事都与上一个部分有逻辑地联系起来。

在采访中你也有同样的选择，你可以选从受访者的出生讲起，也可以不选。我在采访乔伊斯·卡罗尔·欧茨 ① 的时候，认为按照时间顺序来

---

① 乔伊斯·卡罗尔·欧茨（Joyce Carol Oates），美国当代著名的多产女作家，著有《表姐妹》《他们》《人间乐园》《漆黑的水》《大瀑布》等 40 余部长篇小说。——译者注

提问是最好的方式，因为我认为她在孤立中长大的经历，对于观众理解她的作家身份非常重要。

按照主题的顺序

当我为玛丽·卡尔（Mary Karr）的采访做准备时，我发现一个事实很有趣。她真正热爱的是诗歌，自己也写了很多诗歌，但她并不是因为诗歌出名的，让她名声大噪的是她的回忆录。她如何成为一名作家的经历也引起了我的注意，但我认为对于她而言，如果我的问题从探讨她如何看待自己以及世界如何看待自己这个潜在的冲突开始，会更有意思。这个主题在我看来，远比一上来就问起她还是小女孩时写的第一首诗更加巧妙。

但是从冲突入手绝非易事，所谓的冲突不能是一旦提起就导致采访中止的那种冲突。

与玛丽·卡尔以这种半冲突的话题开始对谈，在我看来不算是一种风险，事实上这是一种恭维。她因为某种特定的写作类型而被人熟知，尽管她深爱的是另一种写作类型。这个话题可以促使她更多地表述，自己为什么会写那些回忆录，从而展开有关故事叙述的热烈讨论。换句话说，这是一种良性的冲突，更多的是一种矛盾而不是真正的冲突。

然而在采访中，我们往往会涉及一些具有潜在争议性的问题，在这种情况下你不要将这种问题放在采访的开头。先问一些其他的重要问题，然后再问这个尖锐的问题。

如果我就边境枪击案采访美国边境巡逻队的一名主管，一上来就提一个带有严重争议的问题，我的采访不会超过一分钟。他还很有可能从办公桌的另一头扑过来抓住我，但那就成了我们的采访花絮了。事实上我在他血脉偾张之前也问出了点儿有用的东西。

当我在准备采访作家戴夫·艾格斯（Dave Eggers）的时候，我了解到他不怎么接受采访，也不愿意接受我的采访。我感觉出他不信任采访者们。他后来同意在作家座谈会上接受我的采访，但前提是不能录像。我们采访时面前可以有观众，仅此而已。

鉴于他疑心很重，我决定从他的一位高中老师谈起。这位老师对他的启蒙让他日后成了一名作家。我希望以这段美好的回忆开始采访，让他感到安心。

在这种情况下，我认为遵循他写作生涯的时间顺序是最合理的，这样可以帮助他放松下来。他确实放松下来了，虽然只是一小会儿。

其他的顺序选择

我确实认为，一名采访者需要制订计划，为采访创建框架。但有时候框架结构并不一定需要通过写出问题这样的方式来实现。

几年前，一名专栏作家对我进行采访时，带来一叠提示卡片。她就坐在我对面，把那叠卡片放在我的桌子上。每张卡片上她都写了一个问题。她会拿着卡片向我提问，然后再把卡片翻转过去，把我的答案写在笔记本上。好几次，我还没有回答完问题（至少我认为我还没有回答完），她就已经拿起下一张卡片来看了。她那边已经翻篇了。她的行为极大地分散了我的注意力，而且她完全没有把采访当作一种对话。我本打算跟她坦白说我是某个未侦破凶杀案的主犯，就想看看她有没有在认真听，但我没有那么做。

所有的问题不是非要写下来的，但如果你写了下来，就要确保你在采访中认真地倾听对方的回答，然后进行补充提问。让自己束缚于所写的问题，很可能会错过一些好东西。

纪录片导演埃罗尔·莫里斯（Errol Morris），有能耐让杀人犯、政客、警官和普通民众告诉他很了不起的事。而他从来不写出自己的问题。

"我才不信问题清单那种东西呢，"他对一名采访者说，"事实上，我认为那是一个非常、非常坏的主意……如果你有一个问题清单，就意味着你根本没在认真听别人说话。如果他们提到一些事，激发出一个没在你清单上的问题时，你怎么办？拔掉拉环扑到你的手榴弹上吗？"①

但不是每个采访者都能像纪录片导演，花好几个小时的时间去采访。

最近我接到哥伦比亚巴兰基利亚市的一个大型公共论坛的采访，就新闻媒体和民主发表言论。采访者是波哥大的一名杂志编辑，他就没有携带任何笔记。这一点引起了我的好奇，所以当我们准备登台之际，我问他是否准备了问题，还是打算现场即兴发挥。他是一个经验丰富并受人尊重的记者，我并不担心，只是单纯的好奇。

"我的采访风格就是我知道我要提的第一个问题是什么，"他说，"接下来取决于你对那个问题的回答。"

我感到很受用，而采访也非常精彩。他懂得如何倾听、如何跟进、如何挑战受访者的回答，如果我没有给出一个足够好的答案，他知道如何绕回这个问题。

不是每个人都能像他一样反应敏锐。他精通世界政治、新闻媒体权益及其滥用、当下时政以及大局观。他看上去有 50 多岁，经验丰富。因此这种方式对于他而言反而是最安全的。我猜他在事业的起步阶段，为了了解这个世界的运行法则，曾经使用过更有条理的方法。像他那样进行采访需要满满的自信。这样做的风险在于，受访者也许在采访的一

① 埃罗尔·莫里斯，《问与答：埃罗尔·莫里斯论采访的缺陷》，采访者：杰斯·索恩，《哥伦比亚新闻评论》，2017 年 7 月 14 日。网址：http://www.cjr.org/special_report/qa-errol-morris-on-catching-the-interview-bug.php。

开始三缄其口。万一受访者回答"我不知道"时该怎么办？到时候你要怎么接下去？我猜这名编辑应该对我做过充分的背景调查，知道我比较了解哪些话题，确认了我们有一个良好的对话基础。令人称赞的是，这次采访毫不刻意，就像一次自然发展的对话。我之后对他表达了钦佩之情。

他的这种方式能奏效，还因为采访的目的在于探讨一个话题，而不是呈现人物的个性或他的某一特定经历。他想探讨的是新闻自由在一个自由社会中担当的角色。此时哥伦比亚刚刚结束几十年的内战，美国总统唐纳德·特朗普宣布新闻媒体是"美国人民的敌人"。这名杂志编辑熟悉两国时事，而且对于以上话题比任何事都感兴趣。当你的话题是完全开放式的，那第一个问题就像一把发令枪，宣布了长跑比赛的开始，而之后你只需要追随长跑队员就好了。

如果这次采访的目的在于了解我在新闻事业和民主体制方面的个人经历，那这名编辑的采访模式就不能很好地发挥作用，因为他将无法用一种有意义的方式引导我谈论上述话题。因此，当涉及一场天马行空的思想角力时，他的方法就非常适合，反之，当我们想要追寻某种更具体的东西时，这一方法就捉襟见肘了。

我很少像那名编辑一样完全即兴发挥，但我也并不总是把问题都写出来。有时你只需要列出你想问的话题范围就可以了。这种情况下，我会把话题写在笔记本的顶部，以确保我会最终全部提到。

即使如此，我列出的话题仍然需要遵循一定的顺序。每一个话题之间都应该有逻辑关系。

一本杂志曾经向我约稿，要我报道在圣迭戈发生的一场颇具争议的地方检察官选举。在采访争取连任的地方检察官之前，我做好了准备，但没有写下所有问题，而是做了一个需要探讨的话题清单。清单是这样的：

> ➢ 成功之处

> ➢ 需要改进的地方

> ➢ 为何圣迭戈需要他

> ➢ 批评

> ➢ 地方检察官办公室失职的案例

> ➢ 竞选对手

> ➢ 在办公室员工看来，与他一起工作的困难是什么

　　只要讨论在范围内进行，就不需要写出具体的问题。但你可以看出这份清单是有结构的。前 3 个问题是关于采访对象作为地方检察官的积极面，而后 4 个问题是关于为什么大家认为他应该被取而代之。如果我从批评开始聊起，我觉得采访不会持续太长时间。

　　事实上，在采访中他确实大发雷霆（也许这也是为什么他需要被取代的理由之一？），但我不能将这点写进采访里（更多关于"不供发表"的章节内容，请参见第 261 页）。

　　理查德·本·克莱默（Richard Ben Cramer）就采取了完全不同的方式，他的办法适用于有大量准备时间的书籍创作。他从来不问任何问题，他只是一直出现，观察别人，直到对方完全接受了他的存在，开始与他交谈 —— 甚至吐露心声。

　　"从那一刻起，我从桌子的这一边移到了他的那一边，"他说，"这就好像柔道技巧，我要让他用他的力量，把他带到我想让他去的地方。我一直想到桌子那一边去，但如果我一进门，就带着我的笔记本和问题清单，那我就只是另一个拿着笔记本和问题清单的蠢蛋，被所谓的'每日通报'或流行的官方口径打发走。"

　　"但我如果不提任何问题，就只问一个最基本的问题 —— **这里到底发生了什么？** —— 接下来我很乐意无限期地待下去，就为了看看他那边

的世界是怎样的，如此一来我便拥有了完全不同的身份。"①

　　理查德·普雷斯顿也是这样做的。但要记得，他们都是书籍作者，他们有大把的时间。

　　"我一般不会提前写下问题，"普雷斯顿说，"我尽量不对对方要说的内容或者对话发展的方向抱有先入为主的想法。采访是一个随机的过程，我会让受访者主导采访，并且决定应该问什么问题。这是一件非常耗时的事情，有时会让1小时就能完成的采访延长为6个小时。人们总是喜欢东拉西扯。这就有点儿像钓鱼，我把鱼竿垂入水中，时不时拉上来什么东西。要过很长时间才能钓到一条大鱼。"②

　　有些采访者在提问的时候，从一个话题一下子跳到另一个，就像在制作爆米花。有些人是故意这么做的，好让受访者没有机会放松下来，但十有八九，其实是因为采访者没有花时间考虑采访的结构问题。

刀光剑影

　　采访有可能无法像计划的那样顺利进行。当一切风平浪静的时候，记者很少想采访什么人。就像在一个所有飞机都安全着陆的日子里，没有人会想采访机场方面的负责人。但一旦有飞机出事，所有人都想听机场负责人说两句。采访不是邀请人们登上和平列车。

　　我之前提过，一个边境巡逻队的主管曾经因为我的问题感觉受到了冒犯。事情的背景是这样的：我当时在他设在拖车的办公室里，和他谈论几天前发生在边境上的一次事故。一名边境巡逻队的长官当时站在边

---

① 罗伯特·博因顿，《新新新闻主义》(*The New New Journalism*)，纽约：古典书局（Vintage Books），2005年，39页。

② 同上，308页。

境线的美国一侧，被一个 11 岁位于墨西哥境内的小男孩用石头打中了。这名长官拔出武器，进入战斗的蹲伏姿态，一枪击中了那个男孩，打破了他的肚皮。这次事件发生后，边境上立起了一道墙。而在这之前，美国和墨西哥的边境，是一条在沙漠中想象出来的线。石头和子弹可以毫无障碍地在两个国家间飞舞。

幸运的是，这个男孩的伙伴们马上找到了他，他们把他抬进美国境内后，又退回到墨西哥境内。这个男孩的血染红了美国的土地。这名边境巡逻队官员马上呼叫支援，一架急救直升机将男孩带到圣迭戈的儿童医院，拯救了男孩的生命。

"听说你们那里有子弹在边境上飞？"我的编辑在电话里一副难以置信的口气，"去看看到底发生了什么。"

于是我带上了一名摄影师，与边境巡逻队一起去事件发生的那片区域进行巡逻。我们填好表格，声称如果有任何情况发生，边境巡逻队概无责任。然后我们爬进一辆绿色的越野车开始在边境上巡逻。派给我们的那名军官给我的第一印象是人很好，回答问题似乎很诚实。一开始我们都没怎么说话，但是随着时间的流逝，他变得话多起来。他的卡车拦截了一群想非法偷渡到美国的墨西哥人。这群人由一个男性领导，其中有 5 到 6 名妇女和儿童。我问对方是否可以采访他们。

他们正在爬一座小山丘，看到越野车停在他们面前的时候，并没打算逃跑，而只是把手举了起来。

军官迈出越野车，对他们讲了几句西班牙语。

"我不打算逮捕你们，"他说，"我车上有一名记者，他想问你们几个问题。"

他们点点头。

我有点震惊，赶紧掏出我的笔记本，问那群人他们是从哪里来的，要到哪里去，为什么要用非法的方式进入另一个国家，知不知道脱水、沙漠和强盗的危险性，还有被逮捕的风险。他们对我畅所欲言，但一直在观察军官的表情。我们告别之后就坐车离开了。

我不清楚这群人之后有没有被逮捕，但我以为从这件事上看到了这名军官富有同情心的一面。

在这之后不久，他的无线电接收器里发出噼噼啪啪的声响，一场追捕行动开始了。我们颠簸地驶过尘土和沙漠，直到看到前方有一队人。他们在狂奔，看到身后逼近的越野车时，做鸟兽状四散开去。但边境巡逻队已经派出了直升机，从我们上方呼啸而过，飞到那群人前面。

然后直升机做了一系列我从来没见过的动作：在偷渡者面前，它突然降落到离地面 50 英尺的地方，转向一侧，螺旋桨一上一下掀起一阵尘土和沙子的巨浪。偷渡者停下脚步，捂住脸。我们的越野车就停在他们身后，那名军官跳下车——指着我和第一排座位的下面喊道："躲到那儿去！"我已经开始向那里爬了，但我内心的记者突然冒出来。"等一下。我应该目睹这一切。我就是为了这个而来的！"于是我下车目睹了接下来的事情。又有几辆车围上来，巡逻队的各位军官都从车上下来，手里握着警棍。一些偷渡者把双手举起来，很快就被铐上了手铐。其他人还在跑或者抵抗，但在警棍的鞭笞下也都戴上了手铐。然后他们就被推进卡车的后面拉走了。此时直升机早就不见了。

陪我一起巡逻的军官发现我目睹了整个过程。在回到越野车上后，掸了掸衣服上的尘土，吞了几大口水说："你也发现了吧，这里有些事还挺难办的。"

我点点头。

"之所以这样，是因为他们不守规矩。"他说。

我在想"规矩"究竟应该怎么定义，但我还是决定迟些再和他们的老大详细讨论。

而我们的边境导游从一个富有同情心的灵魂眨眼就变成了一个殴打

罗德尼·金的"条子","简直比租金涨得还快"。给记者同伴们的小贴士：同情心不是无底洞。

在巡逻队换班的时候，我向这名军官致谢，并且答应他文章发表后一定寄给他看。（我也确实寄了——这是另一个给记者们的小贴士，你们也一定要这么做。即使消息人士后来并不喜欢你的文章，他们仍然会欣赏你的做法，你也因此获得了一个可以合作一生的消息人士。）这之后，我便前往巡逻队主管的办公室继续我的采访。

我并不需要从主管那里得到很多信息。我采访的关键点，在于了解巡逻队军官所接受的训练，和训练中如何教他们处理压力、焦虑、愤怒等问题，以及被准头很好的小孩子用石头砸到时应该怎么做。

这名主管说不上和蔼可亲，但是举止文明。我能感觉到他压制了对我的轻蔑态度，因为我居然有胆量来质疑一名勇武的军官在感受生命受到威胁时的所作所为。

我为这次采访设定了一个特定的轨迹，当我问一个问题时，我觉得采访应该就要收尾了，我的预感是正确的，因为这名主管突然扑向我，我还以为他要一拳打爆我的头。我可没料到这样的事情会发生，但正如我之前说过的，也不是所有采访都能按计划展开。

一次采访的高潮点并不一定是冲突的顶点。因为不是所有的采访都具有冲突的性质。但所有的采访都应该像一个故事一样，有一条可循的轨迹，沿着这条轨迹提出的问题是有指向性的。

分崩离析

尽管这个世界——还有我们的采访，都渴求某种秩序，但有时候我们不得不即兴发挥。你也许可以在采访一开始的时候，就相对迅速地察觉到，采访没有开好头，或者你的准备不够充分，受访者和你不来电。当我采访卡里姆·阿布杜尔-贾巴尔的时候，整场都在琢磨，他到底为什么一直紧绷着，回答为什么那么简短，为什么在我的催促下仍然不愿意多讲讲那件轶事。

尽管之前已经有很多人给我打过预防针，说他的采访很"难搞"，但这已经超出了难搞的范围，让他多吐几个词出来就已经是一场苦战了。

我事后听说，他在前来采访的路上，得知了一位好友去世的消息。而按照他一贯的作风，没有取消采访——上帝知道，换成我们大多数人都会取消这次采访。当你和一个人交谈的时候，你并不一定知道他的生活中究竟发生了什么，有时候你辛辛苦苦制订的计划，到头来根本无法实施。

采访是一个有机体。你会对别人产生影响，而你在那个特定时刻所在的环境也会发生作用。认为事情会按照你的计划进行是新手常犯的错误。你必须灵活地处理你搭起来的框架，即使在你为自己的问题进行了合理的排序，并且用"麦克菲式"的执着让这一排序趋向完美，你仍然要做好在某一时刻放弃计划的准备。

我在采访乔治·普林顿的时候就放弃了先前的计划。乔治·普林顿是《巴黎评论》的创始编辑之一，也是我最喜欢的体育记者。我迫不及待地想和他进行对谈，花了几个星期时间反复研究我的问题，并且优化提问的顺序来确保对话能够以最流畅的方式进行。但当我和普林顿吃完晚饭一起走向大礼堂的时候，事情突然急转直下。我正要和他预演采访形式，他突然直愣愣地停在人行道的中间。

"采访？什么采访？"

"我现在要和你去大礼堂做采访呀。"我一边说，一边试图继续向礼堂的方向前进。

"我第一次听说这个采访，"他开始变得焦虑不安，"我从来没答应过任何采访。我以为我们是要做一场朗读会。"他举起自己的新书说道。

"你也会做一段朗读，没错。"我说，"但是在采访之后。"

他仍然僵在原地。

"你从来没提过有任何采访。"他现在震怒了，"你打算问我什么？你打算当众羞辱我吗？"

"我在一开始发邀请的时候就提过呀。"尽管我内心充满绝望，但希望声音听上去是冷静的，"我希望问你一些问题，关于你的事业、你的写作技艺以及海明威。我不是迈克·华莱士，不会有任何陷阱式的问题。"

他还是愤怒地瞪着我。我们沉默了片刻。

"看到那个队伍了吗？"我指指正在等待进入大礼堂的人群，"他们都是来看你，并且看我采访你的。我们最好现在就进去吧。"

他和我一起向礼堂走去。

"我从来没同意过接受采访。"我们走进礼堂后，他仍然在说。

我知道我必须要重新组织我的问题了。我之前的问题安排，是为两个彼此相处很愉快的人准备的，就像我们在一起吃晚餐时的状态。但现在我们处在临时的敌对状态。我需要找到一个问题让他冷静下来。

我们坐在礼堂的第一排，等待观众就座。他直勾勾地盯着台上的两把椅子，火冒三丈。我也慌了手脚。我翻看我写了好几页的问题，但就是想不起来我原先第一个要问的问题是什么，但我知道，我必须换掉它。我找到一个问题，觉得可能会让他马上放松下来，于是我圈起这个问题，在空白处写了一句"**从这里开始**"。

普林顿的很多体育报道，都是按照一种叫"参与式新闻"的方式完成的，也就是说他不像大多数体育新闻记者那样，观察赛事，然后报道赛事。底特律雄狮队就允许他与队员一起参加训练营、一起进行橄榄球集训、一起住宿舍、一起在餐桌上吃饭，然后训练自己成为一名四分卫。他们甚至让他参加了季前赛的一场比赛。他之后写成的《纸狮子》

（*Paper Lion*）一书精彩绝伦，我以此事为灵感，也曾想在毕业十年之后，为母校的橄榄球队做一次类似的报道。但我缩短了时间。我没有与球队在整个季前赛期间一起运动和训练，只在一周之内为返校季的比赛做准备（一年中最大的比赛）。当时，我每天训练都被人揍。

普林顿还在波士顿棕熊冰球队当过守门员，用一周时间参与 PGA 巡回赛（职业高尔夫巡回赛），与重量级冠军阿奇·穆尔（Archie Moore）打过拳击（阿奇揍断了普林顿的鼻子），然后他将每一次经历都写了下来，以这些题材写成的伟大文章后来造就了他的名声。

他还做过一件事，与纽约爱乐乐团合作——在传奇指挥家伦纳德·伯恩斯坦（Leonard Bernstein）的指导下，他在交响乐团的最后排与打击乐手一起演奏三角铁。关于这段经历，他写过一篇非常有趣的文章，所以我猜想他会乐意讲述这件事，而观众的兴趣也会被迅速抓住，在这之后，我们再循序渐进地推进采访，就好像我们两个从一开始就很乐意坐在这里聊天。

事情正如我想象的那样发生了。观众们听了关于三角铁，以及由于他的失误导致伯恩斯坦大怒的故事后，忍不住哈哈大笑。接下来的采访顺风顺水，原来设计的采访框架也派上了用场。普林顿后来再也没有提起过这次误会。

弄清楚你要进行的**采访类型**（正式的、非正式的、以人物为中心的、以话题为中心的），将决定你是否要写出所有问题，还是先有一个大致想法，然后随机应变，或者只是在采访开始时打响发令枪，然后任其发展。

如果在采访的过程中，你发现自己需要即兴发挥（我希望你能遇到这样的机会，因为那就意味着你在认真倾听，并且可能会有新的发现），那就暂时随着激流前进一段时间，但千万不要让海岸迷失在视野里。你仍然需要满足采访的初衷。也需要做好准备，随时放弃一些问题或者话题，或重新校准原先计划的重要性，但不要忘记你当初想要采访这个人的初衷。这也是我们之前提过的，大卫·格瑞恩在采访克里希·海德时应该做的事。格瑞恩最大的问题就是，他想探讨海德在书里描述的一段性侵行为，海德不愿意说，但他咬着这个话题不放。

我亲眼看见过一次别人是如何放走一个即兴采访的良机的。有一次我带诗人罗伯特·平斯基（Robert Pinsky）去一家公共广播电台接受采访，届时他将先朗诵一段他的诗歌。但平斯基不打算以传统的方式朗诵他的诗歌，他带了三名大学生爵士乐手一起来，他们将在他朗诵的时候为他伴奏。他们之前和他一起彩排，创造出一种诗歌与爵士相交的酷炫氛围。但是在广播录制之前，他们还想最后再彩排一次——这次是在演播室里。正当他们要开始的时候，主播进来了，说她现在就可以录制采访。她已经将问题都写在笔记本上，摊在面前了，而且她看上去很赶时间。

但平斯基对待记者很有一套。他已经接受过上千次的采访了。

"你为什么不听一下我们的彩排呢，然后我就可以回答你的问题了。"他说。

"我更想现在就开始采访。"她回答道。

"我觉得你听完之后，会更清楚一会儿应该聊些什么。"他说。

然后他转向乐手们，他们开始排练之前的编曲。

主播生气地转身面向我说："不管他们排不排练，我都会问一样的问题。那我们为什么不能现在采访呢？"

"因为他觉得，你能在彩排中看到些什么，然后就此向他提问吧。"我说。背景中的音乐和诗歌太神奇了。令人心醉。超凡脱俗。激荡人心。光是诗歌和音乐，就构成了一整个属于它们的问题世界。

"好吧，那他错了。"她说。她转回身子面对艺术家们，在剩余的时间里只是盯着自己的手机看。她没有听到一个字眼，或一个音符。

当乐手和诗人彩排完毕，平斯基带着期待的微笑面向主播。

她开始发问，完全没有意识到有什么新的东西刚刚被创造了出来。从平斯基的举止和回答中就能发现，他用同样的套路又回答了一遍他已经回答过一千遍的问题。本来这次采访中应该有些新的东西的——那么美妙的事情刚刚发生了。然而她用十分钟就草草了事，然后愤然离开了演播厅。

浪费了一个机会真是可惜。明明有一件神奇的事刚刚在演播室发生了，她却视而不见。她走进演播室的那一刻带着一种平庸的采访思维，最终也只得到一个平庸的采访结果。本来这次采访可以富含艺术性，却因为她没有认真聆听就放跑了这个机会。

事前做好计划至关重要。但也要随时准备好在行动中做出调整。

采访并不只是向一群随机的人提出一堆随机的问题。采访是一次被引导的对话。有时即使是一个经验丰富的河流向导也不得不说"哦，天哪——让我们看看河水会怎么流"，每一条河流都有曲折的转弯、隐藏的石头、湍急的河水和倒塌的树干，有经验的向导对此会有个大致的把握。但这并不意味着漂流就一定会平稳又简单。好的向导知道怎么让漂流者做好准备，他们知道哪里是最佳的出发地点，有信心应对意外状况，并且知道如何让船只平安靠岸。

你就是那名向导。

第 5 章

就在采访开始前

提问前的几点注意事项

知道你要采访的是谁，为什么，列出问题，并将问题按照连贯的顺序排列起来，这些都是进行一次有价值的对话不可缺少的组成部分。但还有一些更加微妙的因素，也会对你得到的答案质量产生非常直接的影响。

就拿我对墨西哥前总统比森特·福克斯（Vicente Fox）的采访为例。剧透警报：我犯了一个战术性的错误。

我曾经在圣迭戈一个酒店的休息室中采访过他一次。当时我们在那里进行了很棒的非正式讨论，发现我们有许多相似的兴趣爱好，特别是我们都敬仰 16 世纪创立了天主教耶稣会的依纳爵·罗耀拉（Ignatius of Loyola）神父。我知道，这一点作为彼此之间的联系看似不起眼，却令我们的对话变得异常丰富。

当我们轻松愉快地结束了采访后，他建议我们去他的家乡，位于墨西哥瓜纳华托的圣克里斯托巴尔坐一坐，那里有他的总统图书馆和家庭农场。

"去我家，咱们可以尝尝地道的玉米卷饼。"他说。

几个月后，我接到《圣迭戈杂志》的约稿去了他的家乡，我们一起坐在福克斯中心他办公室的一张会议桌前，开始采访。我以为我为这次采访做好了准备。我有一个明确的目的，我对他的个人历史了如指掌，我还将自己的问题做了精心的排序。

但他在采访中似乎显得很不舒服，很尴尬，不情不愿——完全不像我们上次在圣迭戈见面时那么友好。我甚至没有从他那里得到任何清晰明确的回答。他是在有意回避吗？他感到无聊甚至生气了吗？我有点说不准。

我费了九牛二虎之力，好不容易才带起一点采访的节奏。我指着我们身处的房间即兴地问，他在这间办公室里都做过哪些重要的决策。

"我们现在待的这间办公室吗？"他说。

我点点头。

"我从来不在这间办公室做任何决策，"他说，"我根本就不喜欢这间办公室。我来这里接受采访，仅仅因为这是你提议的。"

这就是我的失误。

记得吗，我说过采访往往是对别人日常生活的入侵，我只是假设，采访那一天他会在办公室里办公，于是便建议我们在这里见面。此外，办公室也比较适合录像，因为视觉或听觉上的干扰会少一些，录像出来的质量会好一些。

但我没有考虑到，这一点影响了福克斯的行为举止以及采访本身的质量。

地点，地点，地点

进行采访的地点直接关系到采访是否成功，因此在选择地点时，需要你用战略性的思维，以确保获得最佳的结果——而不仅仅是最佳的技术结果。

房地产行业那句老生常谈是怎么说的来着？哦，对了——"地点，地点，地点。"

"那你想在哪里进行采访？"我问。

"哪里都行！我很喜欢四处走动。这里太局促了。"

我起身问我们的摄像师卡洛斯·索罗里奥，能不能拔掉插头和我们一起移动。他点点头。

"那我们就到处走走吧！"

我们走过图书馆的书架，走过他华丽的马鞍藏品，走过他喜欢的英雄们——莱赫·瓦文萨、特蕾莎修女、圣雄甘地、纳尔逊·曼德拉、玛丽·居里和马丁·路德·金的名言。我们在每一段名言下面停留一下，他会告诉我为什么这些名言影响了他。在这个过程中，他还戏剧性地模仿了走钢丝的样子，形容现在的年轻人为了赚钱，面临着贩毒集团的诱惑。之后我们走到屋外，他向我展示了家族祖辈相传的花椰菜农场。我们从他童年的家里，穿过大街一路走到教堂，还在他小时候吃饭的餐厅享用了地道的玉米卷饼。

摄像师和我都发挥了随机应变的能力，最终采访效果很不错。

知道你要采访的是谁，为什么要采访他们，以及你要问他们什么，也许会让你觉得已经做好了准备，但你事实上还没有准备好。采访地点总是会对采访质量产生影响。你必须考虑将采访放到哪里才能呈现出最好的采访效果。在我准备对福克斯的采访时，我机关算尽却忽视了最重要的这一点。

如果你是一名心理治疗师，你没办法选择地点。你必须与客户在办公室见面，让他或她远离干扰。但即使是在办公室的场景下，治疗师仍然会营造一个空间，让客户感到安全，让他们感到可以做真正的自我。

这就是所有采访都追求的——一个让真相自由展露的地方。

有些作家喜欢在消息人士的家中向对方提问，有些喜欢在餐厅里，有些喜欢一边开车一边问问题，杰瑞·宋飞（Jerry Seinfeld）在《谐星乘车买咖啡》那部剧中，大部分的采访都是这样进行的。有些人喜欢在露天做采访，在相对不那么正式的场合下，你可以从消息人士那里获取更棒的观点，与此同时这些地方会有交通和食物分散注意力。和消息人士一起出门办事就像挖掘金矿。如果只有你和消息人士"大眼瞪小眼"的话，情绪难免有点儿紧张。但如果你们能一起去什么地方，而且在你们聊天的时候还能看看其他的东西，那你们谈话的质量也往往可以得到提升。沉默的间隙也不会觉得太尴尬。

作家泰德·科诺瓦（Ted Conover）说过，采访一个人最差的地点，就是让对方觉得不自然的地方，比如毫无生气的办公室或是会议室。[①] 作家理查德·本·克莱默不喜欢在别人家的起居室进行采访。

"起居室不是给人聊天的地方，"他说，"在起居室里，人们只会坐着，把手叠着放在膝盖上。"如果他发现自己坐在消息人士的卧室里，他会说："你介意我们去餐桌上聊吗？……在厨房聊天会好很多。"[②]

对克莱默而言，他想让受访者在正式开始采访之前彻底放松下来。他可能会带消息人士去吃几次晚饭，但不会记下任何东西。直到最后，他们会选择一家餐厅，然后他会将聊天内容记下来。

"在某个时刻，你必须要把内容记录下来，但只能是在我们都决定把力气往一处使的那个时刻。我会说，前六次一起吃晚餐的时候，你告诉我的东西精彩极了，但我对故事的来龙去脉还是了解得不够清楚。所以现在请你帮我更好地理解并讲出这个故事吧。"[③]

有时有别人来家里吃饭，我和妻子会提议大家从餐厅挪到客厅继续聊天，这样子大家可能会更舒服。但每次我们这么提议，谈话似乎都难以为继。在饭桌上大家吵吵闹闹，到客厅后却显得很无聊。于是后来我们都留在杯盘狼藉的餐桌边，在杂乱的环境中让话题愉快地进行下去。

采访的地点应当让消息人士感到安心。但此外，有些地点还能起到全然不同的作用，比如唤醒受访者沉睡的记忆。我曾经写过一本书，关

---

① 罗伯特·博因顿：《新新新闻主义》，纽约：古典书局，2005年，20页。

② 同上，49页。

③ 同上，48页。

于世界级物理学大师约翰·波金霍尔（John Polkinghorne）。他在 40 多岁的时候，突然从英国剑桥大学的高等物理学竞技场中抽身，决定离开学术界成为一名英格兰圣公会的教士。之后的几年中，他写了 30 多本书，主题都是关于信仰与科学之间的关系。他最终被英国女王封为骑士，成为英国皇家学会院士，并被任命为剑桥大学王后学院院长。

我有一次在他家对他进行了几个小时的采访，但我感觉到只是坐着聊天的话，他渐渐有些厌倦，而且他似乎无法在起居室里自由思考。因为之前我在美国第一次见到他时，是在咖啡厅或者酒吧里，他的状态明显好很多。于是之后的每一天，我都建议我们去一个有不同象征意义的地方进行我们的采访。一开始他不太明白为什么要这么做，但他信任我（或者说他至少希望我知道自己在干什么）。我们去现任王后学院院长的起居室里坐了坐（院长当时不在学院，管理员让我们进去了），然后去了王后学院的教职员工休息区和高级学员餐厅，那里有很多饮料和小吃，而且墙上挂着历任院长的肖像（在波金霍尔的肖像下面采访波金霍尔还是挺酷的），还去了他还在神学院时参加圣餐礼的小教堂以及镇上各处的酒吧。然后我们去了布林，一个离坎特伯雷不远的社区，他曾经在那里做了三年教区教士。

我们一边聊一边走在他熟悉的路上，从他先前的住所走到教堂，走到一些可以让他回想起教区工作的地方，走向他曾经祈祷过的神坛。

每一个地方都能唤起他的一些记忆。坐在剑桥的小教堂时，我们探讨了他成为教士的过程。坐在布林的大教堂时，我们谈论了他如何主持教徒们的受洗、结婚和丧葬仪式。他回忆起一次很特别的受洗仪式，当时是一个寒冷的周日早晨，他要给一个新生儿受洗，他们掀开洗礼池的石头盖子，倒进一些温水，当水碰到石质池子时，腾起一股蒸汽。

"那对父母吓坏了，赶紧背向受洗池，"波金霍尔笑着说，"就好像在心里说，'上帝呀，他们要烫伤我们的宝宝了！'"

如果我们一直坐在他位于剑桥的起居室里，我还能听到这样的轶事吗？应该是不可能的。

我们还从三一学院的建筑背后走过，波金霍尔也曾在三一学院学习和教书。他谈起了历史上三一学院的著名校友，比如伊拉斯谟、约翰·克里斯（John Cleese），以及阿尔伯特·爱因斯坦和 C. S. 刘易斯对学院的访问。第一次我们走到一个写着"普通大众禁止入内"的指示牌前时，他视若无睹地走了过去，他看到我犹豫片刻后才跟上他时说："我不是普通大众。"

在每一个我们停留过、交谈过的地方，他都会说一句话："我已经好几年没想起这些事了。"

完全正确。

在几个月的时间跨度里，我采访了波金霍尔好几次，并且与他逐渐培养出一种我很少体验到的舒适感。如果你为杂志撰稿，通常只有一次采访机会，最多再加一次跟进采访。但一本书的创作，可以给你很多深入钻研各种主题的机会，某种羁绊会就此形成——甚至会出现那种可以开玩笑的情境。

就在这本书出版面世之前，波金霍尔到美国做了一系列演讲。我觉得对波金霍尔造成一些认知失调应该会很有趣，于是带他去参观了桑蒂（圣迭戈市外的小镇）的创世博物馆（Creation Museum）。这个博物馆旨在向世人证明，世界是在每天 24 小时、一共 6 天的时间里被创造出来的，而地球一共只有 6000 年的历史，生物进化论是一场骗局，达尔文离希特勒也不过一步之遥。波金霍尔对以上观点都持有强有力的不同看法。

他在举止上是如此克制和矜持，我认为有必要煽风点火地激怒他一下。于是当我们来到一个展示了人类与恐龙和平相处的展厅，我善意地问道："您难道没有感到一丝惭愧吗，先生？"我们当时正肩并肩站在这个陈设前，而面前所展示的内容与波金霍尔的信仰大相径庭。"您难道不认为自己误导了成千上万的人吗？答案不应当就在眼前吗？您干吗非要把事情弄得那么复杂，事实不是明摆着的吗？"我是在开玩笑的，但是确实想刺激他一下。

这是第三类可以进行采访的地点——这样的地点也许会引起受访者稍稍的不适感。当你选择这么做的时候，你必须是有策略地故意为之。你不能让受访者处于一个令他们感到恐惧或愤怒的地方，也不能引起他们的创伤记忆。但如果是为了制造一点小小的紧张感呢？我认为是没问题的，如果你有一个很好的理由这么做的话。你绝对意想不到会得到怎样的回答。

在一个让受访者产生紧张感的地方采访——即使是非正式采访，也要运用一定的策略。一个像创世博物馆这样，其主张的学说与波金霍尔、爱因斯坦、牛顿以及其他科学家实践的科学产生直接冲突的地方，可以引导采访内容直捣科学与信仰之间冲突的核心。如果我在波金霍尔的客厅里询问这个问题，得到的很可能是理论性的回答。但在这里，相互矛盾的意见太明显了。尽管我是出于善意想要刺激他，但我想地点和问题本身就能引发出更深层次的探讨。

如果你带受访者来到一个充满紧张感的地方，你便不需要在提问之前进行预热准备。因为如果你们已经在野兽的肚子里了，就可以省掉谈论天气的废话了。

头几次我旁敲侧击，指出波金霍尔引人误入歧途时，他都佯装没听到。但最后他从耻辱之墙转过身子面对我（墙上有达尔文、波尔布特、戈培尔、门格勒、希特勒，还有其他人）。

"恐怕我英国式的谨慎不大会咬上你美国式的饵。"他说。如果在其他地方，我绝对听不到这样的引言！

在我写作另一本书的时候，对我大学母校的一位前教士进行了一系列采访。他被认为是母校历史上最深刻也最令人难忘的思想家之一，当时他已经退休在圣迭戈养老。一个出版商想让我重温一下他最著名的几本书中的主要论题，然后看看在十几年后他的思想有没有改变。

我们在他写作的书房里开始采访，后来又挪到他的起居室，但事后证明理查德·本·克莱默是正确的，起居室里最终无事发生，只有他的妻子不断地打断我们。

我们后来又约了好几个早晨在他家附近的丹尼斯餐厅，但即使在那里我们依然毫无进展。我得到的所有答案貌似都是他精心思考过的。但我想要捕捉他更深层次的真实感，想要他发自内心的答案。于是我们一起开车去了帕萨迪纳，一起坐在他曾经面对学生们发表布道的讲台上。

在那个地方，他关闭了这么多年的记忆闸门一下子打开了。他回想起很多细节、对话、情感。他记起那些曾经的历史瞬间，他说某些内容应当在他的布道中被提及，比如学生们对越南战争的抗议。

地点真的很重要。

没有条件，创造条件

如果你的截稿日期非常近，或者你从事其他职业，你也许不一定有选择地点的权利。医生和护士在问诊病人的时候，只能在医院狭小的房间里，里面还有诊疗台，头顶明亮的照灯，装满手套、针头和缝线的柜子。当一个病人坐在诊疗台上，穿着轻薄的长袍，周围全是令人痛苦的工具，很难说得上这环境让人放松。但如果你问一些友好又体贴的问题，你就可以帮助病人忽略周围的环境。

律师们通常只能在枯燥乏味的会议室里录取证词，而这样的地方往往不适合进行有意义的对话。我有一位律师朋友的专长是调解，尽管他也通常不得不在会议室进行调解，但他会把妻子当天为他做的饭菜也一起带去。所以尽管会议室的墙上没有窗户,光秃秃的,但闻起来却充满自制的热汤、馅饼或南瓜面包的气味。这种气味可以让所有人感到放松。

很少有作家有时间和机会造访很多采访地点,但即使是一篇杂志文章、短篇报道或小说背景,采访地点都会对采访的质量产生不可忽视的影响。

不管你在工作中遇到怎样的限制,都应当下意识地关注采访的地点。多花些时间,好好想清楚。你需要一个空间,让受访者和彼此间的讨论尽量做到真实可信。哪里可以让受访者感到安心、真实又不会太分心,那这个地方就是你要找的。

我找到的最好的采访地点包括:图书馆的自习室、咖啡厅、公园、行车途中、散步途中、医院的候诊室或某人的厨房。

尽管有时候在哪里进行采访并不是你说了算,而且你很可能只是一群采访者中的一个。我们都见过新闻发布会,混乱占据了上风,每个人都只能吼出自己的问题。我并不太相信这种方式能问出什么有用的东西,但如果一个人刻意回避或者根本不接受采访,那这种方式也算是有效的最后一招了。

谢天谢地,大多数群采并不像电视或者电影上看到的,乱成一锅粥。大部分群采还是比较有秩序的。但群采的缺点在于,你无法占据受访者全部的注意力,你只能问一些问题,甚至只能问一个问题。这种情况下,你要对自己的位置有个策略性的把握,从而让自己与受访者可以进行直接的眼神交流。让自己离得足够近,近到可以感觉到你们之间真正的沟通。如果你是白宫记者团的一员,谁离发言人最近要论资排辈。除此之外的采访,你只需要比别人早一些到场地,准备好精心思考过的问题,然后有意地让自己坐在无法被回避的位置上。

如果你希望采访能达到最佳效果,除了地点的问题,还有一些其他的无形的因素。

早到

　　不管采访在哪里进行，都要尽量提前到达。如果采访在咖啡厅进行，那就提前选一个相对私密的桌子，至少不要挨着卡布奇诺的奶泡机；如果选择了在户外的桌子，要确保你们的座位不在当地飞机场的飞行路线下面，或者旁边人行道上没有打钻的建筑工人。如果采访在公园里进行，找一个既没有小孩乱跑，也没有乐队排练，更没有示威队伍经过的地方。如果旁边有普拉提或者瑜伽课堂的话，没有问题，呻吟没有那么分散人的注意力。

　　如果采访在别人的办公室进行，你可以提前到达，感受一下办公室的氛围。你会无意中听到一些事情，看到一些互动，还能与秘书或实习生攀谈（这两类人都能在你想要跟进采访或者获取补充信息时帮得上忙）。这一切都能让你和你的受访者更加安心。

　　如果受访者的办公室在市中心，有时我会在前一天夜里特意跑一趟，以确认办公室到底在哪里，哪里可以停车，多久可以到达。

　　如果你在采访当天迟到了，你就为自己制造了一个大难题——你想让对方在与你交谈时感到轻松而且自信——但如果别人当你是白痴的时候，这点就很难实现了。迟到不可原谅。

关注细节

　　关注你周围环境的细节。在采访开始的时候，你可以运用这些细节来迅速拉近与受访者之间的关系，但请尽量简洁。

　　正式采访开始的最初几秒钟（对，是几秒钟，不是几分钟）通常会对你接下来的对话产生重要的影响。尽管有时你的采访时间很短，但你希望表现得训练有素，让你的受访者感到舒适安心。舍弃你的社交技能，做真实的自己，可以让双方不拘于"采访者"和"受访者"的生硬角色。你不想让采访变得尴尬。

我通常会对墙上的装饰进行评论——一个保龄球奖杯，一张小孩子画的画，受访者抱着大鱼的照片，等等。通过这样的评论，你可以尝试找到某种共通的人性（记下这些细节，加入你的文章）。当我看到卢·霍兹的桌上有一本《圣经》时，我问他里面有没有一段翻译是他比较喜欢的，以及他最喜欢的圣诗是什么。这些问题与我的文章八竿子打不着，我完全不记得霍兹是怎么回答的，但这些问题为我们之间的对话建立了一个共同的基础。

录音还是做笔记？两者都要

你应当如何记录消息人士说的话？是录音还是做笔记？有一些采访你必须录音。这部分内容我会在第 9 章详细讨论。除此之外，还有一些基本的规则是你现在就应该思考的。这些规则很简单：①你必须做笔记；②你必须做笔记；③你必须做笔记。还记得《几近成名》那部电影吗？在片中，威廉一直在和自己那台老式的磁带录音机较劲。磁带总是不够长，而且时不时还会卷带，于是他最后只能全部记录在一片片碎纸上，但最后当乐队否认报道真实性的时候，这些碎纸片并不能为他正名。

如果你要对采访进行录音，那请千万确保你的录音设备运转正常。同时你必须准备一支能用的笔。事实上，最好准备几支笔。想想看，如果受访者正对你掏心掏肺，但你的笔写不出来了，问对方"呃，请问能借我支笔吗"，那场面得多尴尬呀。事实上，最好是准备一两支削好的铅笔。为什么是铅笔呢？现在谁还用铅笔？但如果你在室外，一边与人进行交谈一边做笔记，这时候下雨了、下雪了或者起雾了，你的钢笔是不能在湿纸上写字的，但铅笔能。做好准备也是采访进程中的重要部分。

再说一次，就算你要为采访录音，但你还是**必须**要做笔记。

我见过太多"被录音"的采访，事后证明没有录上，不是不小心被删除了，就是电池没电了。这就是因为完全依赖于磁带、录音机或是其他移动设备。而且录音无法记录肢体语言、面部表情和行为举止。这些内容你也要记录到你的笔记里。

但你做笔记的方式不应当扰乱正常的对话节奏。你应当学会一种技能，就是只需简短地低头看一眼笔记本就能保持书写。这种技能仿佛一种舞蹈，你低头、抬头并迎上对方的视线，低头书写、再次抬头、点头，如此反复。

你可以通过练习习得这种本领。我就曾经让学生们两两一组，互相采访，体会如何一边看着对方的眼睛一边做笔记。只是偶尔低头看一下笔记本，在对方看来无足轻重，但如果受访者不得不长时间盯着你的后脑勺看就是另外一回事了。在做笔记的时候，你没必要把字写得工工整整，只需要写得够快够准确就可以了。字迹丑不丑无所谓。最后只要你能认出来自己写的是什么就行了。

当我自己接受采访的时候，总是对不怎么做笔记的记者心存疑虑，而如果对方完全不在意我们是在对话，只是一味地低头写字，我又会觉得非常无聊。

理查德·本·克莱默在这件事情上的看法和我差不多。

"我在各地做图书签售会的时候接受过很多采访，我发现新闻记者尤其有这个习惯。他们抛出一个问题，你刚开始回答，他们就低头对着自己的笔记本，一字一句地写下我说的每句话。在接下来的 45 分钟，他们几乎都没再看你一眼。不管你试图了解谁，这种方式是**绝对错误的!**"①

作家劳伦斯·魏施勒（Lawrence Weschler）从来不允许自己的采访被录音。

"磁带录音机会从两个方面**伪造**事实，"他说，"首先……所有的作家都知道，在你关掉录音机的那一刻，你才开始得知真正的好东西。其次……由录音誊抄出的文本，只是记者与受访者之间一份完全不实的记录。因为在采访中真正发生的是一系列的交流……这其中包括你的表达，我对你表达的回应（是感到无聊、好奇还是兴奋），我的声音会提高或降低……所有这一切都无法体现在平淡无味的誊抄文本中。"②

魏施勒说得对。你也许原封不动地记下了所说的内容，但采访远不止这些。至于他提到的，关掉录音机后会发生什么？你在放下录音机和笔记本后得到的信息还能用吗？是的，你仍然在现场，你仍然是一名采访者，他仍然是一名受访者。这是一个公平的游戏，除非别人告诉你它不是。③

在我做地方检察官选举那篇报道的时候，我是在检察官的办公室里对他进行的采访。当我们结束后，我向他表示了感谢，然后关掉了录音机，收起了笔记本。这时他突然就像变了一个人，开始谩骂我先前问起的某个人。他在描述她的时候，越说越愤怒。我慢慢地想要重新打开我的笔记本，他看到之后大吼道："给我收回去!"

由于他的话既刻薄又有煽动性，我觉得我应该写进我的报道里。但是他既不让我做笔记也不允许我录音，所以我知道如果我写出来他一定会予以否认。那到时候法庭会相信谁？是我还是镇上最高级别的执法人

---

① 罗伯特·博因顿：《新新新闻主义》，纽约：古典书局，2005 年，39 页。

② 同上，422 页。

③ 我们会在第 9 章详细叙述这部分内容。

员？因此当我回到自己的车上，总结了一下他说的话，把注意力集中在他那化身博士般的双重人格上——明明是谈论同一个人，在录音机开着的时候，他就像个唱诗班的成员，但当他以为采访已经结束的时候，他马上就变成一个疯子。

亚历克斯·克罗威兹（Alex Kotlowitz）同样反对在采访中录音，他声称这种做法会让他变成一名"懒惰的采访者"。他是这么说的："当你做笔记的时候，你会迫使自己将精力集中在听到的内容上，然后思考下一个问题。从实用的角度讲，誊写录音文本实在太耗时间了。"[①]

除了上面提到的所有反对意见，如果你仍然决定使用录音设备，那请确保：

➤ 你给设备更换了新电池（并且带了一些备用的）或者最近刚给设备充过电。

➤ 你随身携带了电源线，并且坐在可以插电的位置上。

➤ 你一而再、再而三地试过设备，知道怎么使用。我见过太多记者在采访时拿出借来的录音设备，却浪费大把的时间试图弄清楚如何使用。

➤ 你知道如何在不删除文件的情况下成功提取文件——我也就是说说而已。

穿戴得体

至此，你已经考虑过了采访的硬性条件，比如地点和设备。但就在你

---

① 罗伯特·博因顿：《新新新闻主义》，纽约：古典书局，2005 年，147 页。

踏出门槛准备进行那场期待已久的对谈时，还有几件事物要考察。

采访时你应该穿什么衣服？要想知道答案，首先要回答这个问题：怎样才能让受访者认真对待我？

如果你穿得太随意，你传达的信息是，你不怎么看重这次采访。如果你穿得太正式，你传达的信息是，你还从来没做过这样的采访，或者你不擅长交际。商务休闲装几乎永远是最好的选择，即使你要采访的是一个冲浪商品店的收银员。你希望自己看上去够专业。

我就是这样建议我的学生们的，他们当时要接受著名广播员迪克·恩伯格的面试，面试他在圣迭戈教士队棒球比赛期间的实习生。他总是在自己家旁边不远的咖啡厅面试实习生。我告诉过他们，迪克·恩伯格可能会穿着运动衣出现，因为他是在晨间散步后直接去咖啡厅的，但这并不意味着他们也可以像他一样穿休闲装。事后恩伯格跟我说，他一直对我的学生穿得如此职业印象深刻。

如果你要采访显贵要人或者政府官员，你就必须从商务休闲一档升级，以显示你的敬意，同时让自己看上去不像外人。你甚至可以提前去观察一下受访者办公室的人都是怎么穿戴的，然后照着那个标准穿。

我有一次就因为穿戴栽了跟头。当时我和圣迭戈的一个当地权贵约了早餐采访。我知道他是个大人物，而且我们吃早餐的地方还聚集了法官、律师、总裁等其他大人物。但我知道他是个狂热的棒球迷，所以为了我们这次见面，我特意套上了明尼苏达双城队老旧的条纹棒球夹克，我以为这样可以迅速拉近我们彼此的距离。

当我走到他坐的餐桌前时，他上下扫了我一眼，然后我确定，他脸上露出一丝冷笑说："我没想到一名大学新闻学课程的导师会穿成这样。"

我失误了。

清空你的膀胱

这点听上去很奇怪，但请先听我说完。每次到达采访地点前，我都会确保已经去过厕所了。在要做重大采访的日子里，我通常会喝很多咖啡，让自己兴奋起来，因为不管接下来的采访是鼓舞人心的，还是好斗、敌对、丑陋、优美的，一场优秀的采访一定是高强度的。我知道我必须保持警觉，反应灵敏，必须像点球大战中的守门员一样。如果你只有 20 分钟的采访时间，你可不想半途中断对话去厕所。而且，这样也太逊了。之后谁也不想和你握手了。

一定、一定要在采访之前去厕所。下面是我的亲身经历：不久前，我刚采访过一个你们大部分人都知道的名人。就在采访结束前差不多 5 分钟的时候，我的膀胱突然提醒我，我之前喝掉的所有咖啡和水现在急需出去放个风。膀胱警告我，最多还能撑 6 分钟。我一边竭尽所能地将注意力集中在采访上，一边晃动膝盖，用拉玛泽呼吸法呼吸（呼，呼，吸，吸），然后克制住想要抓住裤裆的冲动，就像不愿离开生日派对的小孩子在出事前那样。

受访者滔滔不绝，充满活力，对自己所说的一切感到兴奋不已——我深深地被他触动了。我太幸运了！但是我却难以继续听他说话或者做笔记。我的血液都冲进了我的肾，而不是大脑里。

当我站起来感谢对方接受采访时，他也站起来，我们握了握手，然后我就失控了，直接尿了自己一裤子，一路流到鞋里。幸亏我穿了黑裤子，然后我小心翼翼地走出他的办公室，希望我没在身后留下一串湿脚印。我又小心翼翼地从楼梯一直走到停车场，在回家的路上一直在谴责自己。我不知道受访者有没有发现。在这之后，我又和他见过几次面，他从来没有提起过那天的事。但是，像这种事，别人怎么能随随便便提起呢？

当你们不是面对面

至此，这一章所有的内容都是关于面对面采访中应当注意的问题。但如果采访不是面对面进行的呢？

当你和受访者在不是同处一室的情况下，采访仍然可以顺利进行。Skype、FaceTime 和其他视频呼叫服务可以在某种程度上呈现面部表情和肢体语言，但很难有与人互动的感觉。但作为替代方式，这种方式值得一试。

那电话采访呢？还是那句话，有总比没有强，但电话采访有它的局限，比如很难对受访者进行追问、防止他们跑题或者让对方在和你讲电话时不做其他的事情。当你正和一个人聊天，突然听到背景里有敲键盘的声音，会让你觉得很不快。尽管这么说可能显得我对撒尿的问题有些执着，但我敢肯定之前在一次电话采访时，听到了有人冲厕所。

无论如何，这表明受访者没有在认真回答你的问题。如果一个人用功放接受你的采访，那记得问他屋里还有谁在。有一次我采访的一个人正在开车，于是使用了功放功能，后来发现他们全家人都坐在车里收听了采访。这种感觉太奇怪了。

邮件采访也是，有它自身的优缺点。优点是，你能从受访者那里得到确切的引言，而表达的方式就是他自己的。如果对方的话就明明白白地显示在屏幕上，那谁也不能指责你错误地引用了他人的言论。

而邮件采访的缺点是，人们说话和写作的方式通常是不一样的，所以你会在对方的回答中损失掉一部分人性。写出来的回答会更生硬，更正式。对于一些采访来说，这不是问题，但对于其他一些采访，会缺少互动的化学反应。你无法迅速做出反应后追问："等等 —— 什么？你真的在警察没注意的时候给警车的车胎放了气？你到底在想什么？"我不知道我为什么要举这个例子，但有一次当一个警察来我们大学的校园时我干过这种事。看到没？你现在不就不能追问我嘛。

邮件采访的另外一个缺点就是，最好的引言通常是最自然的表达，而通过邮件得到的回答，通常是经过深思熟虑的。同样，这样的表达从技术上讲更精确，但所有的情感都不见了，而情感是你故事中最有趣的部分。

最后，你并不知道到底是谁回复了你的邮件。是受访者的公关代表吗？行政助理吗？爱德华·斯诺登吗？任何人都可能回复你的邮件。如果你为一家新闻机构进行了邮件采访，那几乎所有提到采访内容的地方，都要加上一句"在一次邮件采访中，史密斯说……"这种透明度让读者知道，为什么答案看上去被精心修饰过。

我在20世纪90年代做过一次采访，我当时为《少年生活》这本美国童子军官方杂志做一个专栏。我的专栏内容是写各种有趣职业的人（棒球裁判、宇航员等）。有一个月，我的编辑道格让我做一期关于乡村音乐歌手的人物专访。于是我就和加斯·布鲁克斯（Garth Brooks）约好了采访。算是吧。

他的经纪公司说他没办法通电话，因为他正在加拿大巡演，电话信号断断续续，但我可以把问题用传真的方式发到他的巡演大巴上，然后他把回复用传真发回给我。别忘了，那时候是20世纪90年代。不过确实，即使在那时候做这件事也和现在写这件事一样，感觉很奇怪，就像电影《惊爆内幕》里阿尔·帕西诺和罗素·克劳来回发传真的那一幕。这不光怪异，而且相当耗时间，但我等到了不错的回复。然而我一直暗自怀疑，不知道这些回复是否真的出自加斯·布鲁克斯之手。我怎么知道我的传真是不是发给了他的公关，而他正坐在纳什维尔的泳池边，懒洋洋地享用他的第四杯鸡尾酒？一句话，我真不知道。

所以，道格，如果你还活着而且读到这一段，我只能说我不确定我对加斯·布鲁克斯的采访真的是和加斯·布鲁克斯做的。对不住了。但我已经兑换了那张支票。

　　做好一次采访（面试、面谈），需要的不仅仅是你出面然后讲话。无论你的职业是什么，对话进行的地点都是对话的一部分。地点的选择可以造成积极或消极的影响。无论采访（面试、面谈）在哪里进行，地点本身就是一种主张。

　　当你想好了最能让受访者放松下来的地点，要确保你预留出足够的时间，提前到达那里。然后想清楚如何开始采访、如何记录受访者说的话。这些简单的因素将决定你的采访是合格还是优秀。

第 6 章

好了，上吧！

开始对话并让它进行下去

尽管说起来显而易见，但最好的问题是开放式的问题，这种问题让受访者有机会进行解释，甚至可以通过轶事进行描绘。如果你准备得当，你就不会问出诸如"您'二战'期间是在哪里服役"或者"什么是伏都教"这种封闭式的问题。另一方面，你也不能问太过开放的问题，让受访者不知所云，尽说些没意义的话。你也许是在向着某个方向前行，但你必须清楚地知道要抵达哪里，而不单单是知道你在赤道的北边还是南边。

问题的质量将直接影响到采访的质量。

我在第 2 章提到过，"二战"期间，我父亲曾有一年时间在北极圈内的气象站工作。如果你问他："在北极圈内待了一年是什么感觉？"你只能看到他哼哼唧唧，笨拙地咳嗽，然后皱着眉头冲窗外看。这种模糊的问题只能得到像"很冷"这种同样模糊的答案。为什么？因为在北极圈待了一年的感觉其实很难形容。要获得你想要的答案，你需要换一种方法提问题。比如说"你们在那里都吃些什么""在那里，生活中最困难的是什么""那边最好玩的是什么""你有没有和当地的土著妇女约会"——我真的问过他这个问题。他给了我一个政治上不正确的回答，所以我没办法在这里跟大家分享，但简而言之，他的答案是"没有"。这种问题可以延伸出其他话题，比如孤独、目击北极熊、用卷烟交换象牙雕刻——这样的话题可以提供一种观点，而不是明显的事实。

这当然就要求你做好充足的准备，用问题引导受访者说出有趣的事情。比方说，如果你采访我父亲，你就应该事先得知他战争期间在哪里服役，你也读过一些资料，知道北极圈内的环境是怎样的，困难是什么，那个区域的居民都是谁。如果你已经了解了上述事实，你就可以在准备充分的情况下，询问他的观点、理解和轶事。

让身体前倾，在做笔记时和他保持眼神接触，给一些非语言的暗示让对话继续，在某些事情不甚明了时露出困惑的表情——所有这些都是采访的一部分。卓有成效的采访者知道如何让对话进行下去。而真正理想的采访就是一场对话。

疑问词之道

要想做好采访，需要在开始采访前了解关于采访主题的大量内容。当采访真正开始的时候，你才能更有意识地引导对话，得到有用的信息，而不是重复模糊的老生常谈。

奥运会之后的采访就是绝佳的例子。不管是一名跑步运动员、滑雪运动员、滑冰运动员还是体操运动员，假如他们刚刚完成了只有自然界的怪物才能完成的运动竞技，达成了过去四年全部生命所痴迷的追求，而记者问的却是："刚才在赛场上是什么感觉？"

我很少冲我的电视机大喊大叫，但是奥运会期间我几乎嗓子都喊哑了。我提醒一下采访奥运会运动员的记者们：什么也不如在赛场上的感觉！换个好点的问题吧。问问"你是如何在抢跑之后还能集中精神的"；问问在这名运动员的生涯中，这次得胜或失利能否与之前的成败相提并论；问问生小孩是否对她过去的两年训练产生了影响，成为母亲的事实是否让她成为一名不同的竞技者。用具体的细节去引导对话。你的问题越模糊不清，得到的答案越云里雾里。

事前做好功课能让你在问问题时，用"为什么"或者"如何"开头，这样的疑问词比"何时""什么""谁""哪里"可以更好地引导对话的进行。

对话仍然难以为继？下面是一些其他实践过且切实有效的提问方法，能促使你的受访者侃侃而谈。

反差并列

"假如你……"是一个能开启有趣对话的引子，你会借此提出一些奇特或不相关的话题，而对方会解释他或她对此有何看法。这也是一个很好的采访问题。

一个播客节目曾经问伊拉·格拉斯，当他对采访收到的答案不满意时，他会怎么办。他回答说，他常用的一种方法就是给别人一个即兴阐释的机会。比方说，他提出一套理论，要求受访者阐述自己的想法并做出回应。"我发现自己在很多采访中都问过，'那事情是更像这个样子，还是那个样子？我觉得会是这样或者那样的，但实际是怎样的呢'……如此一来，受访者就被迫发声——不是为了反驳你的理论，就是为了提出新理论。"他如是说。①

我曾经问过一个离谱的问题，采访的对象是一名美国橄榄球联盟的前球员，如今是一所大教堂的教士。我问他："打职业橄榄球难，还是当教士难？"他用奇怪的眼神看着我，因为这两件事根本无法相提并论。但最后他说道："你是认真的？"我点点头。他想了几秒钟，给了我一个完

---

① 伊拉·格拉斯，《问与答：伊拉·格拉斯论如何构建故事，并提出棘手的问题》，采访者：杰斯·索恩，《哥伦比亚新闻评论》（*Columbia Journalism Review*），2017 年 6 月 22 日。网址：https://www.cjr.org/special_report/qa-ira-glass-turnaround-npr-jesse-thorn-tal.php。

美的答案，分析了一个尝试把人"挤扁"的职业和职业橄榄球之间的相似和不同之处——开玩笑啦。不过他确实给了我一个经过缜密思考的回答，就因为我提出将两件事情进行反差对比。之后我又追问了一个问题："那这两份工作之间的相似和不同之处呢？"这样一来，他便可以扩充他之前所说的内容。

诺亚·亚当斯（Noah Adams）提问法

伊拉·格拉斯在一次采访中提到，如果他觉得采访停滞不前，他就会想想公共电台记者诺亚·亚当斯会怎么做。他记得诺亚·亚当斯问过的问题中，有一个你永远、永远都能用得上的："你本来以为事情会如何发生？实际上又是怎样发生的？"这个问题是如此好用，格拉斯说，因为它可以带出两个故事。"你会得知'原本以为事情会如何发生'，这是一个故事。然后'实际又是怎样发生的'是另一个故事。故事之间的跳跃部分很是有趣。"[①]

"最先让您感兴趣的是……"

我曾经问过狄巴克·乔布拉（Deepak Chopra），他当初是怎么对医学产生兴趣的。鉴于我已经知道答案了——《阿罗史密斯》（*Arrowsmith*）这本小说对他产生了巨大的影响。但通过这个问题，我们可以讨论阅读与文学的力量，以及对人物角色的认同。我相当确定，空中铁匠乐队（Aerosmith）[②]对乔布拉的影响微乎其微。

---

① 格拉斯：《哥伦比亚新闻评论》。
② Aerosmith 和 Arrowsmith 在英文中发音相同。——译者注

遗产

通过向受访者提问，他们想被世人如何铭记，可以了解到对于他们而言真正重要的东西是什么。这个问题直接关系到他们的价值观，并且可以帮助受访者梳理在他们看来自己最重大的贡献是什么。

"您如何看待……"

通过这种方式，可以抛出一个话题让受访者展开分析。但这个问题不能过于狭隘，以至于无从分析。比较好的提问方式有"很多人认为大气变暖是一场骗局，对此你如何看待"。同样的问题，我问过环境主义作家和活动家比尔·麦克基本（Bill McKibben），他当时做出了深刻而清晰的回应。但如果我问他"你如何看待大气变暖"，他也许会用无语的眼神看着我，就像我父亲在回答"在北极待一年是怎样的感受"这样的问题时一样。

"如果你……你会……"

这个问题有很多种衍生形式，最俗套的就是"如果你被困在荒岛上，你会想要什么东西？"或者"如果你的家园被紧急疏散，你会想带走什么？"由于森林火灾，我们曾经两次面临这个问题，当时连逃跑的时间都不够。这样的问题富有揭示性；另一个例子是我去面试一个真人秀，这个真人秀会在瑞典录制并播放。是的，一个瑞典的真人秀，但我就是想参加！我一路杀到第二轮面试，多亏了我儿子为我录制的介绍视频。接下来我需要通过 Skype 和瑞典制作人进行面试，我们聊得很愉快，但我发现她问完下面这个问题后就对我失去了兴趣。她问："如果你来瑞典参加这个节目，会在行李箱里装什么?"这个问题合情合理，而且提得非常好。因为它可以揭示出我的个性。而就是在这个问题上我失误了。我说，我会装很多书和一本日记。回想起来，我的答案简直是在我身上贴了大大的标签，写着"无聊!!!"（更准确地说，瑞典语应该写作"*tråkigt*"）这个答案恰恰证明了我不适合真人秀。那我应该说什么呢? 宜家的礼品卡吗?

《危险边缘》^①式的问题

我曾经问过几次，也见过用人单位在入职面试时问过这个问题:"如果您是《危险边缘》的竞赛者，您觉得自己能在哪个问题类别中获胜?"这是一个了解对方兴趣、爱好和专长的绝佳方式。

"请帮我理解一下……"

这种提问方式可以让受访者进入专家的角色，通常会卓有成效。如果你问"请帮我理解一下，虚拟货币是如何运作的"，肯定比"比特币是什么"这样的问题能帮你得到更详尽的答案。

"什么意思?"

当你真的没明白对方在说什么，或者对方抛出了什么惊人的言论时，你可以用这个问题让对方重新解释一下。这个问题非常适合用在一个复杂的、具有攻击性的、令人困惑的回答之后，就像一封邀请函，请对方接着说下去。

---

① 《危险边缘》（*Jeopardy!*）是美国的一档电视智力竞赛节目，参赛者需根据以答案形式提供的各种线索，以问题的形式做出正确的回答。——译者注

"如果……你的生活会和现在不同吗？"

我很喜欢问这个问题，因为它促使受访者思考他或她生活的其他可能性。同时也可以揭示出受访者本人的个性和兴趣。我只是开玩笑似的问过卡里姆·阿布杜尔-贾巴尔这个问题，当时我们正在谈论他对写作的热爱。"如果你当时立志做一名记者而不是篮球运动员，你的生活会和现在不同吗？"我问他，"你可能早就出名了！"他很明显看出我在开玩笑，于是说："是啊，谁知道呢。"

"你之前说过……"

提出这个问题之前，需要你做前期准备，意味着你要读过这个人写的东西，或者听过相关的评论。但提起某人在过去说过的某件事，可以让受访者表达他如今对这个话题的看法是否依旧强烈，或者他是否已经改变了观点。

"有什么无关紧要的事，是你最喜欢做的？"

这个问题可以促使受访者快速评价自己做的一系列事情，而且通常可以创造出一些个人化且具有启发性的东西。采访者杰斯·索恩就问过纪录片导演沃纳·赫尔佐格（Werner Herzog）这个问题。赫尔佐格的答案是"看足球赛"。这一回答得以让索恩进一步了解到，是什么让赫尔佐格对体育感兴趣。

你妈妈说得对

但只是提出好问题还远远不够。你如何提出问题也会直接影响到最终的答案。你妈妈说得对 —— 这不只是你**说什么**的问题，而是你**如何说**的问题。

别忘了，优秀的采访是一场对话，不是一次拷问。

肢体语言很重要

当你问问题时，应该让受访者知道，你是在用全身心倾听他或她的回答。眼神交流很重要。试着与受访者保持眼神接触，只需偶尔低头看一下笔记。这一技能需要反复练习。当受访者说话时，让身体稍稍前倾，用你的面部表情表示出你很同意，你很困惑，或者你不赞同。偶尔用"嗯嗯"和"啊哈"来鼓励对方继续说下去。特别要注意，不要打断别人的话。多听几次你自己的采访，你会很清楚自己是否在打断、打扰或者主导对话。这么做既谦逊又富有指导意义，因此你更应该多听听。

在做笔记时与受访者保持眼神接触是一个可以习得的技能。就像一边发短信一边开车 —— 这个例子糟透了。总而言之，你不是生来就有这种能力，但如果你勤加练习，一定可以做得更好。

"嗯""呀""啊"这样的语气助词，可以让受访者继续说下去。当你放松的时候，受访者也会放松。如果你采访的目的不只是了解一两个事实，那你所提的问题类型和你提问的方式将对你能否收获有用的答案产生巨大的影响。

这点对于任何职业都一样。如果你负责人力资源，在对求职者进行面试时，你可以从简历中了解到这个人曾经骑自行车穿越美国，攀登过马丘比丘，或是荣获过叠杯运动①的金奖（这运动确实存在 —— 我认识的一个人就参加了这个运动），那就上面几点提问，好过你问"你的第一

---

① 就是把纸杯或者茶杯摞起来，看谁堆叠得最高。——译者注

份工作是什么"。在我进行年度体检的时候，医生问（他在我走进体检室之前一定看过我的病历）："所以你现在还教新闻学呀！为什么？我以为新闻早就死了。"他说的时候没有攻击或是嘲讽，他这么说，更多的是为了让我们对彼此敞开心扉。

你说了算（至少，你应该说了算）

任何采访，都应当有人进行把控。我认为在采访开始之前，你就应该下定决心，这次采访由你来把控。

"把控"这个词用得有点儿重，请先听我解释一下。我并不认为你是领导。你更应当像一名导游——一个有好主意的向导，有明确的目的地和方向，知道要参观的景点是什么，旅程在哪里结束，尽管路上可能会绕远路或者需要中途休息。你需要巧妙地引导受访者，在他跑题的时候，拉他回到讨论的话题上；当他忽略你的问题时，坚持要他进行回答；当你对采访的把控权受到挑战时，你要在保持平静和专注的同时对其进行反击。这些都需要你的实际锻炼和经验。

把控采访意味着，你明白如何鼓励受访者，让他敞开心扉，但同时也足够坚定，让他不要离题。当你提出类似"为什么"和"怎么样"这样的开放式问题时，你就为采访设定了一个方向，但你不需要决定采访中的每一个转弯和每一次变道。这就是把控的关键。

把控权是几乎所有采访中的一种动力，你应当随时都清楚地知道谁在对采访进行把控。

一个好的向导不会把大巴的方向盘交给鲁莽的游客们。他知道自己要去哪里，也有很多种方式提醒游客们车上谁做主。

对于如何看待这一问题，还有另外一种方式。采访也可以像击剑一样。我这里说的击剑，不是挡住对方的进攻。我见过很多采访，都像剑斗一样剑拔弩张，但我并不认为它们卓有成效。击剑比剑斗更有艺术感。它涉及防守、反击、触碰、撤退、进攻。作为一名采访者，大部分进攻都是由你完成的。

如果你要采访的人已经接受过很多采访，是被我称作"媒体通"的人，那这个人很可能会试着与你争夺控制权。你要做的，就是时刻留意战略战术，绝不让他得逞。同样的情况也可能发生在性格强势的受访者身上——这类人习惯了掌控大局。而你要做的，就是一旦形势发生变化，保持冷静，不要以攻击性的方式回应对方，随后将局势逆转过来。记住，这是你的采访。

要做到这一点，你必须积极聆听，清楚你采访的目的是什么，明白采访的途中只有一个方向盘。

我看过一个很棒的采访（是从 VHS 录像带上。读者当中肯定有人不知道 VHS 录像带是什么），是芭芭拉·沃尔特斯在 20 世纪 80 年代对迈克·华莱士的采访。当时越南战争美军总司令威廉·威斯特摩兰（William Westmoreland）起诉华莱士和 CBS 新闻（美国哥伦比亚广播公司）诽谤，而华莱士即将上庭作证。我之前就提过这次采访，当时沃尔特斯问华莱士有没有染头发。

在采访中间，沃尔特斯向华莱士问了一个关于他性格的棘手问题，华莱士回答道："你认为是这样吗？"

华莱士想做什么一目了然。他没有直接回答沃尔特斯的问题，而是反客为主，由他来提问，让她来回答。但沃尔特斯很聪明，没有上钩，她很快地回应说："那你认为是这样吗，迈克？"接着他回答了这个问题，采访者与受访者各归其位。

之后在采访中，还出现过一次这样的角色互换：

　　沃尔特斯：有人谴责你是 ——

　　华莱士：一个自我厌恶的犹太人。是吗？

　　沃尔特斯：是的。

　　华莱士：所以呢？

　　沃尔特斯：所以呢？

　　在这一简短的对话中，有很多事情发生。华莱士因为太习惯作为提问的一方了，出于纯粹的本能试图"劫持"采访。他不光替沃尔特斯问完了问题，还追加一个"所以呢"，现在他成了问问题的采访者。沃尔特斯马上意识到了这一点，以一个"所以呢"快速进行反击，夺回了采访的掌控权。就好像华莱士从她手里抢过了发言棒①，而她最后又抢了回来。

　　沃尔特斯的做法是在清楚地告诉华莱士，就算他试图把控采访，把控权还是被她牢牢地掌握在手里。

　　如果你不去把控采访，受访者就会偏题，甚至不间断地说话，直到采访时间耗尽。你必须温柔地将对方拉回所提的问题上，这就要求你认真地聆听，并且充满自信地告诉对方，采访由你主持，而不是他们。

　　如果你发现他们的思路跑偏了，或者没有理解你的问题，又或者极度紧张，你必须负责让他们冷静下来，并且重新将采访带上正确的轨道。

　　你如何能将采访带回正确的轨道呢？下面有几种方式。

使用你的双手

　　向前伸出手。我见过一名记者有效地使用过这种方式。她当时正在就企业相关的问题采访一名 CEO，但是对方却好像关掉了大脑的开关，开

---

① 发言棒是源于印第安部落的一种工具，持有者有权利发言，其他人不得插嘴打断，结束发言后，持有者需将发言棒传给下一个人。——译者注

始"口播"公司简介的录音带。她任由他讲了一会儿，然后以既不冒犯也没有性意味的方式，将手伸出来，轻碰了一下他的手臂，打断了他。

"我看过你公司的网站，"她轻轻地说，"但我想听听你是怎么认为的。"

为了将采访带回正轨，伸手去触碰受访者的手臂是完全可以被接受的。在这之后，不妨以平和的语气再追问一次他刚才回避的问题。

将手抬起来。如果你不明白刚才受访者的回答，或者你认为对方绕得太远了，可以举手示意。不用举得太高，好像你在课堂上举手提问那样，也不要举在胸前，好像是在路边拦车。手指向上，举到齐肩的位置。用不带威胁性的口吻说："稍等一下——这好像不是我刚才的问题。我刚才问的是棒球，这也是为什么我们今天要做采访。而且采访的时间有限，如果可以的话，我们可以聊回棒球吗？如果之后还有时间，我很乐意听你聊完那次迪士尼乐园的旅行。"通过这种方式，十有八九可以让你的采访回到正题上。

使用面部表情

点头，示意受访者继续说下去。如果你不明白或者不相信你听到的答案，就摆出困惑的表情。如果你感到惊讶或是怀疑，就抬抬你的眉毛。如果你不相信或者感到难以置信，就摇摇头。

使用肢体语言

当你要向受访者强调某件事，或要挑战他的某个观点时，就将身子前倾。如果你对他的回复照单全收，就把身子后靠。别一副无精打采的样子（好像又听到你妈妈的声音了）。

在电影《对话尼克松》一片中，你可以清楚地看到这一肢体语言的示范。大卫·福斯特［迈克尔·辛（Michael Sheen）饰］和他的团队准备了很多优秀的问题，与理查德·尼克松［弗兰克·兰格拉（Frank Langella）饰］约定在几天内进行一系列采访。尼克松和他的团队认为福斯特是个无足轻重的小人物，很容易就能操控。

当采访开始后，福斯特似乎被尼克松镇住了，由着他东拉西扯、夸夸其谈，把任期内所做的事说得毫无瑕疵。福斯特坐在自己的椅子上，眼睛瞪得大大的，假笑凝固在他的脸上，整个采访都被尼克松掌控了。看这部电影的时候，我心中一直在喊："哥们儿，振作呀！打断他呀！难道你看不出来他在干什么吗？你得把控采访啊！"他的团队从另一间房间里观看着采访，同样忧心忡忡。到最后一天的时候，福斯特终于坐在椅子边上，身体前倾，当尼克松撒谎时正面挑战了他，并且与对方唇枪舌剑地辩论。导演在拍这一段时，拍得就像一场重量级的拳击赛——出拳、反击、头部假动作、刺拳、"KO"（击倒获胜）。

在他们采访的最后，尼克松显然已经不打算再为自己辩护，此时福斯特巧妙地运用了另一个重要的采访技巧。他不去打破问题与答案之间的沉默。他没有试图填满空白，让沉默成为采访的一部分。这时毫无疑问，大家都明白是谁在把控采访。

"嘘——"

沉默也是采访问法的一部分。尽管这点听上去很反常，但沉默确实是一种保持控制权的方式。我们对沉默本能地感觉到不舒服，但经过训练，它就可以成为你互动中至关重要的一部分。克制住你想要打破沉默的本能。你的受访者也许正在思考，他也许正希望你介入后转换话题。

也许沉默会让人觉得尴尬，但让它再延续一会儿。数到 10。再数到 20。

最终你将学会信任沉默。

1973 年，迈克·华莱士采访了约翰·埃利希曼（John Ehrlichman），当时尼克松刚刚因为水门事件的丑闻和其他恶劣行径将他清理出白宫。采访中，华莱士念了一长串指控埃利希曼的违法行径：

"试图通过审计报税进行政治报复、盗窃精神病历、从事秘密特工的间谍行动、伪造民意调查记录、密谋用燃烧弹炸毁某建筑、阴谋阻挠司法公正。所有这些都是尼克松的治安管理部门列出来的。"

说完后华莱士只是看着埃利希曼。两人僵持了 8 秒之久。然后埃利希曼假笑了一下说："请问有问题吗？"

这是采访的高光时刻，无声中透露出海量的信息，而沉默在当中起到了非常重要的作用。

《滚石》杂志的比尔·泽姆（Bill Zehme）在 1990 年采访沃伦·比蒂（Warren Beatty）的时候，就熟练地运用了沉默这一技巧。演员比蒂面对采访时一向吞吞吐吐、闪烁其词，与泽姆一起的时候也一样。杂志最后在刊登这篇采访时，使用的是 "Q&A" 的问答体，一个《滚石》的问题接着一个比蒂的回答，以及用了多长时间比蒂才给出答案——"（停顿27 秒）。"在一个比蒂的回答中，《滚石》写道："（思考，停顿 57 秒）。"采访从头到尾都是这样的停顿。通过这种方式，读者一眼就能看出采访的节奏，显然比蒂和泽姆在很多问题上都做了长时间的停顿。

允许沉默出现在采访中，意味着你在告诉自己的受访者，你可以等。同时也告诉他，沉默不是一个答案，他逃不了的——你要一直等到他开口说话为止。这一招在电视采访中就不好用了（几秒钟的沉默还是可以的），但对于其他场景下的采访非常管用。

在美国参与中东的一场战争期间，一名军事调查员联系我，说他了解一项事实，认为应当将其向公众披露。他的军种在某个问题上进展不够迅速，他认为士兵会因此受到潜在的伤害，而媒体披露也许可以加快事情的进程。他说自己有证据，证明一个武器承包商为了获得美国国防部的订单，伪造了武器的试验结果，而这批武器现在正投入到中东战争的使用中。问题就在于，这批武器在日常使用中频频出现故障，令美国军事人员处境危险，并且浪费了纳税人百万级的巨额税收。

我意识到这是一个大新闻，但我也知道这样的新闻要做好，必须在五角大楼里有线人。所以我打电话给一位在大型新闻机构供职的朋友，我告诉他这件事，约他出来，我们三人一起见个面。我把见面地点约在一家公共图书馆的自习室里。当我们全部到齐后，我给记者和军事调查员互相做了介绍，期待两人会展开一场激烈的讨论。事实上，事情是这样发生的：

记者和调查员分别坐在桌子的两边。记者拿出他的笔记本和笔，一手扶着自己的下巴，只是看着调查员。而调查员显然在等他发问，但等来等去都没有人说话，他紧张地来回看着我和那名记者。但记者只是沉默不语。我能听到他从鼻子里呼吸的声音。

最后，调查员从公文包里拿出一个记事本和一支笔，开始描画那件武器。

"武器本来应该是这么发射的，"他解释道，"但在战场上却是这么发射的。"

在接下来的 30 分钟里，都是调查员在说，记者一句话都没有说。渐渐地，他提出几个问题，随后两人之间才出现某种程度的对话。

当会面结束、调查员离开后，我问我的记者朋友，他为什么这么做。我从没见过他对别人使用这种方法。

"我一眼就看出来他很紧张，"记者说，"我不想惊吓到他，所以我想他准备好之后自然会说的。"

对于像调查员这样没有什么被采访经验的人，你要敏锐地体察到什么样的方式可以鼓励他敞开心扉。

　　当然，说到沉默利于保持控制权这点上，自然是有例外的。当我采访雷·布雷德伯里的时候，每个问题抛出去都是一次历险，因为我根本不知道他会怎么回答。他说起话来简直天马行空，不着边际。但对方是布雷德伯里呀，这些全都无关紧要了。他就像梅尔·布鲁克斯[①]和爱因斯坦的结合体，所以我根本不在意他有没有回答我的问题。我只想听他说下去。不管他说什么都生动幽默，发人深省。他经常在一番激烈的长篇大论后，用余光瞟我一眼，似乎在说："你刚才到底问我什么来着？"这些都不重要。重要的是讲话的人是雷·布雷德伯里。人们来是听他演讲的，讲什么都好，不是来听我一遍遍坚持他回答我提问的。

　　作家理查德·普雷斯顿故意不使用上述的任何采访策略。他的风格是让受访者做主。有人问过他，如果由他掌控采访，会不会更有效率。"也许吧，但是我从别人身上学到的东西很可能就变少了。"他说。"如果他们真的对什么事情感兴趣，那一定有一个原因。为此我便开始产生兴趣，想知道为什么他们会感兴趣。我的采访一般都是这么做的。"[②]

保持专注

　　在第 4 章我提过，任何一个好采访都有即兴发挥的因素在，即兴发挥如何真正得到良好的运用呢？一方面，你需要准备想问的问题，至少要准备你希望受访者谈论的话题。另一方面，你不需要完完全全按照准备的问题来提，但要留意受访者所说的内容。受访者也许说到什么事情时，很期待你能追问一些问题，比如"你说的是什么意思呢"，或者

---

① 　梅尔·布鲁克斯（Mel Brooks），美国导演、编剧、制作人、演员。代表作品有《糊涂侦探》《金牌制作人》等。——译者注

② 　罗伯特·博因顿：《新新新闻主义》，纽约：古典书局，2005 年，308 页。

"比如说呢"或者"我好像没有听懂"。你只有在认真聆听过对方的言论，才能问出这样的问题。只有足够警觉才能发现这些意料之外的展开，但你要有足够的把控力才能让采访回到主线上。

我之前提过，一个社会工作者没有想到，新生儿的母亲会将自己的孩子一出生就进重症监护室这件事归咎到自己头上，认为是自己在青少年时犯下了错误，受到了上帝的惩罚。尽管出乎意料，但这名社会工作者认真地聆听了对方的倾诉，通过她充分的阐述，了解到深植在她意识中的宗教信仰是家庭环境的一部分。这一点非常重要，得以让社会工作者顺利展开工作。

我曾经为一家宗教杂志撰稿，有一次他们将几份约稿打包派给我。他们不想分三次支付我去东海岸的差旅费用，这点我可以理解，所以将采访任务汇总起来，让我一次去待几天时间。其中一篇稿件，要求我报道在华盛顿举行的、有多家宗教团体聚集的宗教大会，大会结尾的主讲人被确定为东尼·坎波楼（Tony Campolo），他是一名充满激情、有煽动性、有争议性，同时又风趣和有深度的作家兼演讲家。他的脸出现在大会所有的宣传材料上——海报、媒体广告及其他所有物料中，他是大会上最受期待的人之一。

我前往该大会，对主要的活动进行了报道，并且非常期待坎波楼在闭幕大会上的精彩演讲。但最后出来发言的并不是坎波楼，而且现场也没有人解释为什么坎波楼无法到场。组织者看上去好像一切正常，当我就此询问他们时，他们一致宣称不知道到底发生了什么。所有人都在装傻。

任何一个优秀的记者都能嗅出中间有猫腻，所以我决定之后对此加以跟进——等我把跟我约好的稿件都完成后。

巧的是，我下一个指派任务，恰恰是采访东尼·坎波楼本人。他在宾夕法尼亚州的东部大学执教，并且参与针对海地人民的人道主义工作。

这项工作最新的进展，就是收集美国人民用过的眼镜，捐赠分发给海地人民使用。我的杂志希望我写一篇稿件，讲讲关于眼镜捐赠这一新项目。

我乘火车从华盛顿来到宾夕法尼亚的圣戴维斯，从火车站一路走到大学。我按照自己一贯的做法，提前来到他的办公室门外，四处看看。然后坐下来思考关于海地眼镜项目的问题。

到了约定时间，坎波楼走出办公室，请我进屋后他关上门。我还没来得及开口说话、拉近距离，让他放下武装明白我只是个普通人不是"敌人"时，他就说："我猜你肯定是来问我，为什么我被踢出了华盛顿的那个大型大会。"

等一下。什么?!

"我说得对不对?"我能看出他正要火力全开。

"我来是为了两件事，"我的大脑正在高速运转，"是的，我确实想知道华盛顿那边发生了什么……"

来，请允许我像《纸牌屋》里的弗兰克·安德伍德（Frank Underwood）一样，让剧情暂停一下，看着镜头解释一下我脑子里正在想的事情。这就是我所说的即兴发挥：我确实很好奇发生了什么，但这不是我来的目的，我并不清楚坎波楼会说些什么。但他显然很想谈谈这件事，之前在大会上没有看到他，他现在又说自己是被踢出去的，我的本能告诉我这后面有个巨大的秘密要揭露，而我也许是全世界唯一一个有机会从坎波楼身上了解到此事的人。这件事涉及宗教世界中的冲突和声望，简直太诱人了。然而，我也有杂志社给我派定的具体任务，我的编辑不会对这场丑闻感兴趣——他只想了解眼镜和海地。所以我接下来是这么做的：

镜头回到现实剧情中。

"我确实很想和你聊聊华盛顿那件事。"我说，"我不敢相信他们居然会那么做！但我必须先满足编辑部的要求，与你谈谈海地的眼镜项目，不如我们先用几分钟把这件事了结，然后就可以回到大会相关的疯狂事件上了。好吗？"

"很好。"他说。

约定的采访时间是 1 个小时（在这种情况下，1 个小时恰如其分，但通常你得不到这么长的时间），所以我们花了大概 15 分钟的时间谈论海地的项目，但我完全无法集中精神。这次采访，我实在是太依赖录音材料了。我希望我的录音设备完全记录下有关海地的内容，我回家之后就可以边听边整理了。与此同时，我一直在笔记本上拟写与华盛顿有关的问题。

最后我说："好了，我想海地这边的问题问够了。现在我们聊聊在华盛顿到底发生了什么吧？"

他解释了大会的组织者如何在确定他为主讲人后，收到来自内部许多不满的反馈，因为他们认为坎波楼的思想太过自由主义。他们不希望一个左倾的发言人污染了年轻人的头脑。坎波楼想要传递的是关于爱、怜悯和宽恕的信息，但组织者想要表达愤怒、审判和排他性。一些财大气粗的金主威胁说，如果坎波楼上台讲话，他们就撤资，而且不再赞助大会和其宗教团体。

大会的组织者们被迫做出选择：是选择让坎波楼拿起话筒挑战台下的观众，并且冒着失去金主的风险，还是换一个"更安全"的发言人，让他延续金主们的信念。显然他们选择了钱。于是他们要求坎波楼主动退出，当他拒绝后，他们不但踢走了他，还称他是异教徒。（竟然还能用这种方式，转移对真正问题的注意力？）这一切都发生在大会召开前的几天时间里，他们没来得及撤掉所有宣传物料上坎波楼的脸。

关于这件事，我有 100 万个问题要问，但我也知道我的采访时间规定了 1 个小时。到点后，我问他："我约的 1 个小时用完了，但咱们还能再聊聊这事儿吗？"（我在第 2 章说过，在约采访的时候，请务必明确你需要的时长。这次采访，我要了 1 个小时，然后就得到了整 1 个小时！）

他随后打了几个电话，清空了当天的日程表。我们后来在他的办公室又聊了 1 个小时，随后一起去餐厅吃了午饭，之后又在校园里走了走，他一边走一边发泄，显然很想就这个问题继续聊下去。

为了完成杂志社派的任务，我先是做了宗教大会的报道，当中只是粗略提及坎波楼引发的争议，随后报道了眼镜项目，最后把坎波楼被大会除名的故事发给了另一家杂志出版。

我之前说过，当初杂志社派我去东海岸时给了我三个采访任务。最后一个是采访前 NBA 球星"J 博士"朱利叶斯·欧文（Julius Erving），他在 ESPN 电视频道上开了一档新节目。所以我在结束与坎波楼的采访之后，在黄昏（还记得吗，我约了早上的 1 个小时采访，但最后获得了一整天的采访时间）搭上了去费城的火车。第二天早上，我与史上最伟大的篮球运动员之一，一同坐在电视演播室里。当我们结束采访后，我注意到演播室的角落里有一个篮球筐。

"要不要玩儿个一对一？"我冲篮球筐点点头，问他道。

他笑了。然后发现我看着他后，又收回了笑容。

"你是认真的？"他说。

"难不成你怕我？"我们俩此时都穿着夹克，配着领带。我脱下身上的夹克。

他摇摇头，和我一起走向篮球筐。

你有没有看过一个《周六夜现场》的小品，歌手保罗·西蒙（Paul Simon）和 NBA 的伟大球员康尼·霍金斯（Connie Hawkins）一起打篮球。西蒙身高 5 英尺 3 英寸[①]，霍金斯足有 6 英尺 8 英寸。他们一边打，背景乐一边放着《我和胡里奥逛学校》[②]。

我们那场对抗与这个小品毫无可比性。

---

① 1 英寸为 2.54 厘米。

② 保罗·西蒙的一首歌。——译者注

在坎波楼和欧文的采访中，即兴发挥是采访成功的关键。在坎波楼那里，当他提起一些让他感受强烈的事情时，我顺应他的意思，鼓励他更多地倾诉。我纯粹凭借本能去推进采访，希望他激动的情绪背后有更多值得报道的东西。事实证明，确实有。

在欧文那里，我注意到在价值几百万的灯光、摄像机和其他设备中间，有一个格格不入的篮球筐出现在电视演播厅里。当你与一个 NBA 的明星聊天时，不能假装没看见那个篮球筐。这就是关键。留意你周围的事物，表现出你的好奇，对不协调的事物进行跟进，冒着被羞辱的风险，你就能收获意想不到的精彩对话。你一边被人当"马"骑，还能一边深化采访。

出于某种原因，我完全不记得当时到底谁赢了比赛。

中立性和亲密性

有些采访，从头到尾都只有一个话题，你只需要对话题进行一个大概的介绍，便可以静观采访的走势。我做过的最重要的采访中，有一个是我完全没有准备问题的。我只有一段陈述，然后希望可以从那里开始进行自由发挥。

我当时在科索沃，为一本书的章节写关于梅丽塔·沙碧乌（Merita Shabiu）的内容。梅丽塔·沙碧乌是一名年仅 11 岁的阿尔巴尼亚族女孩，在北约针对该地区的行动中，被一名美国士兵强奸、谋杀，随后抛尸在雪堆里。这名士兵目前正在联邦监狱服无期徒刑。我并不打算书写罪行本身（已经有很多人写过了），也不打算写她遇害后发生的事情。一名美国军医事后造访了她的家人，为他们提供了医疗服务。这名医生甚至按照梅丽塔家人的要求为她设计了墓碑。北约基地的其他士兵为遗属捐赠了钱款，让他们的女儿得以体面地下葬。剩下的钱还够他们买两头奶牛。

梅丽塔的家人生活在大山里，我陪同军医又一次拜访了他们。经过一个多小时的山路，我们抵达了梅丽塔家人生活的村庄。他们看到医生大喜过望，医生则把我介绍给这家人认识。尽管他们非常贫穷，却非常好客——他们甚至拿出不多的饼干和手卷烟招待我们。他们的家简单而空旷。梅丽塔的书包还挂在墙上，似乎他们还在期盼着她可以背起书包去学校，就像惨剧发生的那一天一样。

我们来到房子的大厅里——梅丽塔的爸爸、妈妈、医生、阿尔巴尼亚语翻译和我。

我说的唯一一句话就是："跟我讲讲梅丽塔吧。"

他们告诉我的事情集美丽、糟糕、令人心碎又积极向上于一身。他们与其说是告诉我，不如说是向我展示了她的照片，分享了她想成为一名医生的梦想，描述了她是如何跑到村庄的山坡上，向北约呼啸而过的喷气式飞机挥手致意——这些飞机是来应对塞尔维亚人的屠杀的。他们告诉我，她消失的那一天，他们是如何去验尸，如何看到她额头上的那个子弹孔，如何将她埋葬在当地的墓地里。然后又讲了医生的造访，其他士兵的捐赠，那些奶牛以及终于得以进行的体面葬礼。

我们一起聊了4个多小时。而我只提出了一个请求，然后针对他们的叙述追加了几个问题。当我们终于结束这次充满感情的对话后，医生说他有一个问题想问他们。他问起杀害梅丽塔的凶手。

"等我回到美国后，你们有口信需要我带给他吗？"医生问。

梅丽塔的父母与翻译讨论了很长时间，最后说，这个问题问得有些太早了。于是医生又问了一个问题。

"他对你们的女儿做出那样的事情，你们认为他该死吗？"

又是更多我们无法理解的讨论。最后梅丽塔的父亲说："他已经为自己的行为付出了代价。没有必要让两位母亲都哭泣。一位已经足够了。"

当我们离开时，我问是否可以让我看看她埋葬的地方。我们出城之前去墓园里做了短暂的停留，那里还埋葬着其他在最近的战争中丧生的阿尔巴尼亚人。在墓园的角落里，看到一个像向日葵一样的墓碑，是梅丽塔的。大理石上刻画出她的脸，下面是她的名字和短暂一生的生卒年。再下面有一句话：

"她教我们彼此相爱。"

在这样的采访中保持中立是不可能的。那名行凶的士兵让我感到愤怒。梅丽塔的家人让我感到悲伤。想到为受害者家庭进行捐赠的士兵，其善意和慷慨，以及为他们服务的医生又让我十分感动。

在这件事上我是有私心的。我的女儿当时也正好 11 岁。这样的惨剧感觉离我太近了。也许这是为什么我与梅丽塔家人的对话显得那么深刻又亲密的原因。

在采访开始后，有好几次我都在思考，我在这件事上是不是离得太近了。因为我总是把梅丽塔想象成自己的女儿。由于我个人的利益冲突，是不是应该放弃任务？

不。

正因为我个人的感情牵绊，才能够让我问出更好的问题，一个家长对另一个家长的问题。我知道应该将采访引向何方，因为我知道如果是我的孩子，我会考虑些什么。此外我只想同这对伤心欲绝的夫妇一同悲伤。我写的那一章书，不想为所有声音找一个平衡，也不想将凶手和梅丽塔的观点虚假地并列起来看待。我想通过写作为读者找到一个共通点，这一共通点就是如何处理生命的逝去、如何面对恩典和宽恕。

播客主持人杰斯·索恩问过伊拉·格拉斯，如何看待采访中的亲密性，我认为他的回答正好可以说明我的情况，特别是我在采访梅丽塔家人时的表现。以下是格拉斯的回答，我对其稍微进行了编辑调整：

　　如果采访进行得很顺利，受访者会发自内心地谈论对于他们而言真正重要的事情，而我也会对此做出回应，我们可以互相理解，这时我就会与他们产生亲密的感觉。他们会真正与我分享他们的情感，而我会以自己真实的情感回应他们的遭遇。我们就这样你一言我一语，反反复复，就像是真的已经理解，并且在分享一件真实的事情……

　　当你与某人进行了一场精彩的对话，不管对方是男人、女人、小孩或老人——他们是什么样的人根本不重要——我都会真的开始爱上他们。这就是描述这一切的准确词语……这样的情况并不会每天都发生。但采访的目标正是拥有这样一个特殊的时刻。[①]

　　记住，采访是一场对话，不是填写问卷调查。去听，听，听。问开放式的问题，准备好绕一些弯路，拥抱沉默，不要去支配对话——但要确保你握有把控权，随时准备好迎接出乎意料的结果。

---

① 格拉斯：《哥伦比亚新闻评论》。

案例分析

一次顺利开始、中途脱轨又重回正轨的采访

《福克斯新闻》的克里斯·华莱士采访美国前总统比尔·克林顿

2006 年 9 月 24 日播出

我知道，生活中不是所有事情都像冰球运动一样，但对我而言很幸运的是（也许你和我一样，要看你对冰球运动是什么态度了）有很多事都很像。我喜欢看冰球比赛，因为我喜欢看到运动员们在那么困难的情况下取得成就。他们在极其危险的高速运动中，让身体在一片冰刀上保持平衡。他们会冲撞、旋转、前后移动，在长时间内不间断地活动身体的各个部位。观看他们完美地完成上述动作，着实令人赏心悦目。在我看来，这简直就是多人合作的冰上芭蕾。他们虽然各自独立行动，却有一个共同的目标。所有人看上去既同步，又自发而随意。一个人的行动每分每秒都在影响其他所有人。

然而一些人看冰球，只是喜欢看球员们打架，他们觉得这更有趣。就像很多人看纳斯卡车赛，就是为了看撞车一样。个人而言，我不认为打架能比一场技艺娴熟的比赛更能提升人的修养，但这是我的个人观点。

我觉得采访也一样：一些人喜欢看采访中的双方相互激怒，就像这篇采访要说的比尔·克林顿和克里斯·华莱士一样，他们觉得这样很有趣。他们觉得这次采访棒极了，因为克林顿对着华莱士的脸摇指头。

然而这次采访中体现出的不仅仅是冲突。我喜欢这个采访的结构，也喜欢当中智力的角力。我喜欢华莱士提出开放式问题的方式，喜欢他

如何迫使克林顿给出标准答案以外的回答。华莱士的问题，让克林顿阐述了自己历史性的洞见以及个人的成败。

从他们的对话中，我们可以看出很多采访技巧，并且能看出很多层次。采访的出发点就很有趣，因为这次采访是通过《福克斯新闻》频道播出的，《福克斯新闻》在过去的几年里一直无情地批判克林顿夫妇。如果你看一下采访的引子，会发现另一个有趣的地方，《福克斯新闻》明确表示，他们邀请克林顿来，是为了谈论他在总统任期内在人道主义方面做出的努力，但他们也可以问他别的事情。所以你马上就能看出，这次采访对双方而言都有风险。对于克林顿而言，他必须在采访中宣传"克林顿全球计划"（CGI）在改善贫穷和疾病方面做出的成绩，另一方面，毫无疑问采访会对他总统任期内的一些事情发起责难，而他必须为此进行辩护。《福克斯新闻》要面临的一个风险，是观众在看过采访之后，很可能会认为克林顿是个富有同情心的人，但也许他们可以通过采访直截了当地质问他作为总统的失败之处。

我强烈推荐你阅读或者看一下这次采访的完整版。①我删去了较长的对白，但留下了完整的结构。华莱士从赞美之词和哲学思辨开始，然后逐渐变得尖锐甚至有侵略性，然后他试图重新找回平衡，一开始弄巧成拙，但后来双方都平静下来。整个采访像一个故事，有剧情的起和伏，然后迎来一段高潮，最后走向大结局。

采访有一个明确的"为什么"——克林顿刚刚主持完"克林顿全球计划"的一次论坛。华莱士作为采访者，显然做好了准备，一旦时机成熟就转换话题。

他的问题有一个顺序，但整个采访像一场自然的对话。采访过程中

①　你可以在这里找到采访的文字整理稿：《威廉·杰斐逊·克林顿在〈福克斯周日新闻〉》，由克里斯·华莱士采访，2006年9月24日，文字稿由FOXNews.com整理，2006年9月26日。网址：http://www.foxnews.com/story/2006/09/26/transcript-william-jefferson-clinton-on-fox-news-sunday.html。

双方有对把控权的争夺，也有棘手的问题出现。最后，观众从中得到的不只是信息，透过采访内容，可以看到更多的复杂性、人性、竞争意识和观点的碰撞。当中双方也出现了一些摩擦，但看着颇有趣味。这完全就像是一场集技术和力量于一身的冰球比赛。

《福克斯周日新闻》的克里斯·华莱士： 这个星期，前总统威廉·杰斐逊·克林顿在纽约主持了他的第二届"全球计划"论坛，承诺超过 70 亿美元的资金将用于应对发展中国家某些最严重的问题，例如贫穷、疾病和气候变化。

作为大会的一分子，克林顿先生首次同意接受《福克斯周日新闻》的一对一专访。基本规则很简单：采访将进行 15 分钟，时间需要平均分配在"全球计划"和其他我们想问的问题上。但您将在接下来看到采访未经剪辑的完整版，事情并未按照计划展开。

这个开场白很不错，说明了克林顿最近做了什么事情值得关注，从而提供了采访的背景。然后解释了采访的基本规则，这点很重要，因为大家理所当然地假设双方处于敌对关系，这样《福克斯新闻》就将他们与克林顿之间的协议进行了透明化的处理。此外，对采访未经剪辑这一点进行说明也非常重要，如此一来，人们就不能指责福克斯故意漏掉一些内容，让克林顿出丑并抬高自己。剪辑也是一种操纵形式，但并不一定就是坏事。剪辑可以框定答案，调整问题的顺序，营造出一种与当时的情况并不相同的氛围。而未经剪辑在这种情况下更像是诚实地面对观众。

华莱士： 总统先生……在最近一期的《纽约客》中您说道，我引用一下——"我已经 60 岁了，就快入土了，我很关心在我死之前还能拯救多少生命。"是这一想法促使您为发展中国家做出那么多努力吗？

这是一个很棒的开场问题。华莱士使用"遗产式"的提问，引导克林顿更详细地讲述他做慈善工作的动力。华莱士提起克林顿最近的健康问题，对于观众而言这是一条不错的信息，另外他引用了《纽约客》里的文章，表明他对于采访是有备而来。遗产式的问题通常是开启采访的好方法。受访者在谈论自己的同时也能放下防备。但任何接受过采访的人都知道，一个遗产式的问题后面八成接着一个更难回答的问题。

克林顿，正如大家所熟知的那样，就这一问题进行了冗长又丰富的回答。

华莱士：你是如何看待之前作为总统行使的权力，以及现在作为前总统能做的事？

我很喜欢这个问题。这有点儿像"假如……"一类的问题。克林顿在回答这个问题的时候，需要更详细地解释他作为总统需要执行的职能，以及以那个职位置换资源进行人道主义救援是怎么一回事。设计这个问题是为了让克林顿更多地表达自己的想法和激情。

克林顿：是这样，当你是一名总统的时候，你可以在更广的范围内操作一些事情。比如说，你可以同时完成一系列事情，阻止科索沃的种族灭绝行动、为中东制造和平、拨一笔预算让数百万孩子得以参与课外活动，并且大幅增加国内大学的资助。换句话说，你有很多可以支配的部件，你可以一次将它们全部调动起来。但同时你也更多地被事件所支配。

华莱士：那作为一名前总统，你能做些什么呢？

很好的追问。他没有任克林顿一直说下去（克林顿经常这样），而是催促他回答问题的第二部分，巧妙地让他把注意力聚集在"克林顿全球计划"。

克林顿：作为一名前总统，你没有那么广泛的权力，所以可以专注于更少的事务，也更少受到事件的牵制。

所以，照我说，我们要致力于提高穷人的经济能力，与艾滋病和其他疾病做斗争，试着在不同宗教和政治体制之间搭建桥梁，试着阻止气候变化的最坏灾难，同时在赈灾过程中帮助重建当地经济，事实上我可以做到这些。

我是说，假如明天我起床，看见报纸上糟糕的新闻头条时会想，那都是布什总统的责任，跟我没关系——这也是作为一名前总统的乐趣。如果你活得足够长，并且足够自律地进行像"克林顿全球计划"这样的事情，你或许能使千千万万的生命受益，甚至比你当总统时做的还要多。

这个回答很好，很有思想深度。克林顿的情绪很放松，一切尽在华莱士的掌控中，采访到目前为止诚挚而有趣。

华莱士：当我们宣布你将来《福克斯周日新闻》做客后，我收到很多观众的电邮。不得不让我惊讶的是，大多数的邮件都提出要求，让我向你提出下面这个问题：为什么你在总统任期内没有解决掉本·拉登和基地组织？

最近有一本新书出版，我猜你已经读过了，叫《末日巨塔》(*The Looming Tower*)。书里提到，当你 1993 年从索马里撤军时，本·拉登说"我见识了美军的虚弱、衰弱和懦弱"。之后就出现了非洲的美国大使馆爆炸案和科尔号（USS *Cole*）驱逐舰遇袭事件①。

我知道华莱士想干什么。他没有直接问克林顿他为什么没有做更多的努力，而是通过观众之口问出这个问题，称大多数观众想知道。许多采访者都这么做，因为这样看上去不像是个人的挑衅。我自己有时也会使用这一套，这样问问题的时候显得不那么具有攻击性。此外，众包（crowdsourcing）也是一种观众意见调查的方式。通过这种方式，节目组可以了解观众们最关心的话题是什么，而在采访中提出来也是一个好主意。

> **克林顿：** 好吧，让我们来聊聊这个。
>
> **华莱士：** 让我……请让我……我可以把问题问完吗，先生？在袭击发生后，书里写道，本·拉登将手下的头目们遣散，分散到各处，因为他以为会有打击报复，但结果什么都没有。我明白，事后再看难免一目了然……

华莱士很礼貌，但也很坚决。他在表明，采访由他来把控，就算对方是前总统，他也要以恭敬的方式问完他尖锐的问题，而不能由着克林顿打断他。尽管现在问这个问题未免有些太早了，大家还记得吗，采访的基本规则是将一半的时间用于讨论"克林顿全球计划"，这就意味着华莱士一共有 7 分 30 秒问及其他问题。他已经通过前面的提问与克林顿建立了融洽的关系，现在他要在采访结束之前加紧升温了。我之前在书里也提过，你的受访者对你提的尖锐问题是有预期的。克林顿显然已经料到了。

---

① 2000 年 10 月 12 日，恐怖主义者对美国科尔号驱逐舰进行了炸弹袭击，致 17 名美国海军丧生。

克林顿：你不用说了，我们现在就谈谈这件事。

华莱士：……但问题是，你当时为什么不多做些努力呢？为什么不能预见未来，一举端掉基地组织？

克林顿开始就这个问题进行回答，他追溯了一些历史，提供了一些背景信息。几分钟后，华莱士打断了他。

华莱士：这我懂的，但我……

华莱士试图打破克林顿的一言堂。如果是我，我也会试着打断他，让他回到问题本身。

克林顿：不，等等，等等。别跟我说那些——你不是问我为什么当时没拿出更多兵力对付本·拉登吗？当时没有一个人想留下。现在所有批判我的人，当时巴不得第二天就离开。

你问起我这个，我现在就回答你，但你不能……

华莱士：……本·拉登说撤军行为显示了美国的软弱。

华莱士在重新表明立场，他要让克林顿的回答集中在问题本身，而不是旁征博引历史和背景。但克林顿是从另一条思路开始叙述的，在他的观点里背景分析很重要，但他那样说下去观众就要没兴趣听下去了。而且历史不是采访的重点。所以华莱士再一次打断了他。

华莱士：……请恕我直言，可以不用回到 1993 年吗……

华莱士试图让克林顿回到问题本身。

克林顿：不不，这问题是你问的。你提出来的。你提出来的。

华莱士：那我能问一个笼统的问题让你作答吗？

克林顿：好的。

华莱士：你刚才提到的"9·11委员会"（9/11 Commission）——这是他们的原话，不是美国广播公司（ABC）的说法……

克林顿：是的，他们说了什么？

华莱士：……他们说到你和布什总统……我引用一下："美国政府严肃地对待了恐怖主义的危险，但还没有严肃到调动一切可以调动的力量来对抗第一、第二，甚至是第三等级的敌人。"

克林顿：首先，我们与本·拉登之间不是这样的。

华莱士：好吧，但这是"9·11委员会"说的。

一个漂亮的回复。华莱士清楚地表明，这不是华莱士本人在针对克林顿质问他的作为与不作为。他只是引用了一份官方文件。

克林顿：好吧。让我们来看看理查德·克拉克①都说过什么。你觉得理查德·克拉克在本·拉登的问题上态度够积极吗？

克林顿提出的这一点很有趣。他忽略了"9·11委员会"对他的评价，转而引入另一个可靠的消息来源。

华莱士：是的，他很积极。

克林顿接下来详细地介绍了克拉克作为反恐协调员的各种优点。

---

① 理查德·克拉克（Richard Clarke），曾担任美国白宫反恐协调员。——译者注

华莱士：但是……

克林顿：不，你等等。

（两人同时在说话。）

华莱士质疑克林顿政府是否严肃对待索马里的问题，发射区区几颗洲际导弹到底有没有用。这表明他对当前的话题非常了解。这迫使克林顿给出更多细节，证明他任职总统期间还做出哪些抓捕本·拉登的努力。

华莱士：你觉得这些就足够了吗，先生？

这个问题妙极了。这让克林顿得以用陈述句的形式，评价自己在总统任期内的作为。

克林顿：不够，因为我没有抓到他。

华莱士：没错。

尽管只是一个词，但我认为华莱士也完全没有必要回答说"没错"，因为这让他听上去更像一名对手，言外之意是"看吧，你做得不够吧"。我不觉得这样会对批评产生任何帮助，反倒听上去有点儿沾沾自喜，甚至是自鸣得意。

克林顿：但我至少试过了。这就是我与一些人的差别，包括那些现在都在攻击我的右翼党人。他们嘲笑我的尝试，但他们有 8 个月的时间，还什么都没有试过。没错，我试过了，并且失败了。但我失败之后，留下一个全面的反恐战略以及全国最得力的人选迪克·克拉克（Dick Clarke），但他却被降职了。所以你按照"福克斯"的要求做了这个节目，用你保守的小伎俩打击了我，但我想知道……

　　华莱士：好吧，请等一下，先生。

　　我认为克林顿的上一个回答诚实且令人耳目一新。他承认了自己的失败，同时让这变成一种私人恩怨。《福克斯周日新闻》确实想抓他的"小辫子"，让他承认自己在本·拉登这件事上失败了，并且以此令他出丑，但目前为止所有的沟通都是正当规范的，而克林顿则觉得自己被设计了。

　　克林顿：不，等等，你等等……
　　华莱士：我只想问一个问题。你认为刚才的问题不正当吗？

　　华莱士以温和的方式为自己辩护。

　　克林顿：你的问题是完全正当的，但我想知道，同样的问题你问过几个在布什政府里工作的人？我想知道你问过几个在布什政府里的人"科尔号出事后你们为什么什么都没做?"我想知道你问过几个人"你们为什么要炒掉迪克·克拉克?"我想知道你问过几个人……

　　克林顿抢夺了采访的主动权。

　　华莱士：我们问过……我们问过……
　　克林顿：我不觉得……
　　华莱士：你之前收看过《福克斯周日新闻》吗，先生？

这句话完全没有必要，但在这个紧要的关头（双方剑拔弩张！）我也许会做同样的事。但我仍然觉得，华莱士这个问题让他完全丧失了职业风范。

> **克林顿**：我不认为你问过。
>
> **华莱士**：我们问过很多问题，关于……
>
> **克林顿**：你们没有问过，问过吗？说实话，克里斯。
>
> **华莱士**：关于科尔号驱逐舰吗？
>
> **克林顿**：说实话，克里斯。
>
> **华莱士**：就伊拉克和阿富汗方面，我们问过很多事情。

华莱士如果可以看上去不那么慌乱，他本可以回答："我们会让我们的研究人员尽快给你一个回复。"现在采访完全失控了，华莱士让克林顿把控了提问权。

> **克林顿**：你们问过吗？你们安排这次对谈，不就是害怕观众会对你们大肆批评，因为鲁伯特·默多克（Rupert Murdoch）本人支持我在气候变化方面的工作吗？

这表明克林顿在采访之前也做足了功课。他知道《福克斯新闻》的一些观众对于默多克和克林顿联手一事非常不满。

> **克林顿**：然后你坐下来，假惺惺地说你会用一半时间 —— 你自己说的 —— 用一半时间来聊聊我们如何在过去的 3 天里从 215 个不同的个人及团体，筹集了 70 多亿美元承诺的善款。但其实你们根本不在乎。

华莱士： 但是，克林顿总统，如果你看一下，我们确实有一半问题是问这个的。我只是没想到上一个问题让你如此激动。

华莱士正在保持冷静。他干得不错。

克林顿： 是你挑起来的 —— 我情绪激动是因为你问问题的方式不诚实，因为问题从来没有问过另一派。
华莱士： 这不是真的，先生，这不是真的。
克林顿： 理查德·克拉克在他的证词中说得很清楚……
华莱士： 你愿意聊聊"克林顿全球计划"吗？

尽管这个转折并不流畅，但华莱士此时试着将话题转移到采访的另一个部分。我认为他这么做是对的。在事情变得更加个人化、冲突更加激烈之前，也许只能以这种突然的方式结束话题。他这么做是明智的，但这种情况下克林顿想把话说完。华莱士在接下来的回合中表现得令人钦佩，他让克林顿把话说完，以专业的态度消解了克林顿对《福克斯新闻》的批评，并最终将话题拉回"克林顿全球计划"。

华莱士： ……今年"全球计划"的主要部分之一是宗教与和解。布什总统说，打击宗教激进主义是本世纪的核心冲突。面对这一挑战，他的解决方法是促进民主和改革。你觉得他说得有道理吗？

华莱士终于夺回了采访的主动权，似乎两人都在不情不愿中回到"克林顿全球计划"这个话题上。

克林顿： 当然了。在伊斯兰世界推进和倡导民主与改革吗？当然有道理了。我的问题是，怎么做才是最好的？我的另一个问题是，如何才能教给人民民主。民主不单只有少数服从多数的原则。民主也包括少数人的权利、个人权利以及对权力的限制。推进民主制度的方式也不止一种。

华莱士：去年在"全球计划"的大会上，你筹得25亿美元的承诺金、保证金。今年的情况怎么样？

这是让克林顿继续说下去的好问题。

克林顿：嗯，今年，今年截至到今天上午，我们已经筹得了73亿美元。

华莱士：什么？

又一次不错地以简洁的方式寻求更多的解释，又一个好策略。

克林顿：截至今天上午，我们已经收到了73亿美元，但其中的30亿美元会通过几年时间兑现。这里说的是长达10年的承诺。这30亿美元来自理查德·布兰森（Richard Branson），他承诺会在接下来的10年里将所有运输企业的收益用于对清洁能源的投资。但除此之外，剩余的部分仍然超过40亿美元。

我们还会有另外100笔承诺资金入账，甚至更多，我觉得我们，估计还能再筹到至少10亿美元，也许吧，到截止期的话。我们还有不少承诺资金正在走程序。

华莱士：你现在收到布兰森的30亿美元，比尔·盖茨给自己的慈善项目也捐赠了数百亿美元，再加上沃伦·巴菲特，你怎么看待这个慈善事业的新时代？

这个问题有效地激发受访者就一个更宏大的话题提出个人观点。我非常支持"你怎么看待……"这样的问题，因为它足够开放，可以引人思考。

克林顿：我认为，首先，真正的富人一直都在捐赠钱财。我是说，你知道的，他们捐赠图书馆之类的东西。但这个时代的特点是，首先，会有许多人像比尔·盖茨和沃伦·巴菲特一样，对不管在国内还是国外，对由 21 世纪产生的，像不平等之类的问题感兴趣——比如收入不平等、医疗保健不平等、教育不平等。然后会有像比尔·盖茨这样的人，创立了微软，切实地相信他可以缩小世界不同地区的健康差距。这是第一点。

其次，有一点值得称赞的是，有许多只有平均收入水平的人也通过互联网加入了捐赠的队伍。比如说，在海啸期间，我们从美国民众那里筹得了 12 亿美元，30% 的普通家庭都进行了捐款，而其中一半都是通过互联网捐赠的。

第三点就是，特别是在贫穷的国家，像盖茨这样的人，可以和非政府组织联手合作，也可以与当地政府一起做事。

所有这些点加起来，意味着真正有钱的人可以将自己的钱捐出去帮助别人，而以前大家只能依赖政府拨款或者贷款。

华莱士：让我们再来聊聊政治。在《纽约客》的同一篇文章里，你说你受够了卡尔·罗夫 [①] 的屁话——我已经净化了你的用词。

看来采访有一半时间并没用在"克林顿全球计划"上。我质疑这个话题，是因为卡尔·罗夫在《福克斯新闻》的观众中拥有一定的人气，

---

① 卡尔·罗夫（Karl Rove）是小布什总统的幕僚，被称为"布什的大脑"。——译者注

而这个问题未免"太讨巧了"，让比尔·克林顿（一个右翼人士讨厌的人）解释为什么要批评卡尔·罗夫（一个右翼人士喜欢的人）。这里没有任何观点可言。

克林顿：但我喜欢——我也说了，我没有厌烦卡尔·罗夫，也没有谴责他。如果你有一个措施行之有效，继续实施下去就好了。

华莱士：那你说的"屁话"是指什么？

克林顿：那个，每到偶数年举行选举的当口，他们都会提出一些安全问题。2002 年，我们党支持他们对伊拉克进行武器检查，并且对阿富汗发生的事情百分之百负责，他们没有办法让我们看上去不在乎恐怖主义。因此，他们决定支持本来他们打算反对的国土安全法案。而且他们采用毒丸策略，让这一法案不可能通过，加入一条说要剥夺 17 万人工作权利的内容，然后扬言说我们不支持这个法案，是因为我们面对恐怖主义很软弱。他们就是这么做事的。

只要美国人民认为我们民主党人在打击恐怖主义上是认真的，我们有我们自己的方式——尽管我们可能在伊拉克的问题上存在分歧——但我认为我们在选举中没有问题。

即使他们与我们在伊拉克战争上没有分歧，如果我们不清楚地表明，我们也一样关心国土安全，我们还是有可能受到卡尔·罗夫新一轮突袭的打击。但罗夫是个好人，我尊敬他。我是说，我不得不说，在某种程度上，一想到他是个好人我就觉得乐。

但另一方面，选举结果是完全可以预测的：如果美国人民不感到害怕，我们就可以赢得很多席位。但如果他们害怕，我们又会再次分裂，我们也许到时候只能赢得几个席位。

华莱士：所以白宫和共和党人，是想让美国民众感到害怕？

　　一个很好的追问。华莱士知道他的观众以共和党人为主，而克林顿刚刚就共和党的运作方式做了一个概括归纳。华莱士没有说"天哪，得了吧"，而是以更温和的方式挑战了这一假设。尽管如此，他的问题仍然是一个挑战。

　　克林顿：他们当然想了……他们想再签署一份国土安全协议。他们要做到跟伊拉克无关，而是关于其他一些安全问题，如果我们不同意他们，我们按照定义，就是危害国家安全。这简直是胡说八道……在这次战役中，我们有很强大的军事存在。不能让他们用修辞手段将我们划归到与我们不相干的群体当中。

　　这是他们的工作，他们的工作就是打击我们。在这点上我很喜欢罗夫。但我们的工作就是不让他们得逞。如果他们无法得逞，我们就能在选举中取得胜利。

　　华莱士：总统先生，谢谢你接受这次非同寻常的采访。

　　克林顿：也谢谢你。

　　这场采访看起来就像一对重量级的拳击手在互搏，比赛结束的铃声已经响了，双方还在继续角力。华莱士知道采访的目的，一路将它引向终点。克林顿有几次试图劫持采访，并且在遇到他认为不公平的招式时大声疾呼。华莱士作为采访者经验老到，克林顿作为受访者阅历丰富。看他们彼此如此精彩的对决着实是一种享受。

第 7 章

不要回避困难的部分

最难的部分也是最重要的部分

有时候你必须问一些尖锐的问题。这些问题可能很微妙、让人不舒服、具有窥探性、针对个人、能引发思考、富有披露性、敏感。这些问题人力资源从业者必须问，教育工作者也必须问。护士、医生、律师、社会工作者、父母和教士都必须问。如果你只是问一个简单的、大家都问过的问题，你还有必要做这次采访或者说面谈吗？

尖锐的问题不一定要刻薄、让人难堪、不合时宜或者侵犯他人的隐私——事实上，大多数情况下不能如此。提问不是为了"你中计了"的瞬间，而是为了让被提问者思考他们的回答，说出新的东西，而不是机械式地重复已经重复过很多次的答案。无论你从事什么样的职业，都希望从对话中获得一些新鲜的洞察和见解。

如果你采访的是一名作家，那你采访的人很可能之前已经接受过采访了。记得我们之前说过的吧。如果你是为了提出别人已经提过的问题，那还是不要采访了。读者和观众看这个人之前的采访就够了。他们不需要你重复已经被讨论过的话题。"如果记者努力让采访变得有趣的话，我也会有所行动。"一名职业冰球运动员如是说。当时我们正提到采访相关的话题。

当你在采访中要问出尖锐的问题时，你也可以得到以下回报：

> 你可以展现一个新的视角，或者至少给你的受访者一个机会解释

或反驳已有的报道。

➤ 你可以挑战你的受访者，激发他们对之前提出的说法进行更深刻的思考。这样有助于你避免得到背课文一样的无聊答案。

➤ 你可以让受访者对所说和所做的事情承担责任。

提出尖锐的问题也许会让谈话的双方都感到不适。但在某个问题上深入挖掘和探索往往是双方交流中最重要的部分。

如果你做好了恰当的准备，你应该已经知道这些所谓尖锐的问题的答案。但请牢记，你进行采访的目的是了解受访者的视角，捕获某种独特的情感或戏剧性的效果，而不仅仅是了解事实。

让我们来分别看看上面提到的这些目的。

一个崭新的视角

在电影《聚焦》（*Spotlight*）中，《波士顿环球报》的调查记者深入调查一起天主教教士施虐并进行一系列掩饰的案件。其中有一个场景是记者萨夏·菲佛［瑞秋·麦克亚当斯（Rachel McAdams）饰］，追踪到一名退休的教士，敲响了他的门。这名记者的直觉非常敏锐，她意识到自己时间有限，因此她开门见山地提出了第一个问题。

采访的时间很短，很快，帕金神父的姐姐就出现了。在这种情况下，你没有时间建立双方融洽的关系或者与彼此共享人性。在这种情况下，记者很快意识到他可能没有第二次提问的机会了，所以萨夏单刀直入地问了那个让人不舒服——但非常有必要的问题。记者有理由相信帕金神父是一个性骚扰者，但他们需要让他回应这项指控，甚至对自己的行为做出解释。如果他否认了，他的否认应当成为故事的一部分。如果他承认了，他的认罪也是故事的一部分。

不管问题多么难以启齿，都必须问出来。

举一个温和点儿的例子。当我在准备特雷西·基德尔的采访时，我能看出他书中的很多内容依赖于他人的记忆。他使用的材料中有一些是可以通过事实核查，或者通过他人来佐证的，但有几次我能看出，他完全依赖于一个人的回忆。人的记忆信得过吗？

他的作品极大地依赖于别人告诉他的真相、回忆起的事件和个人历史——他怎么知道这些事件的回忆是准确的呢？当我问起他时，他非常坦率地说，有时他只能信任他的受访者。我能看出他并没有为这个问题感到困扰。事实上他也无须感到困扰——我并没有将他的书称为虚构作品，他也知道我没有就任何事情指控他的意思，我只是想知道他是如何处理和鉴别信息的。他已经料到我会提出这个问题了。

挑战

如果你不能透过表面看问题，无论那背后是公关、谎言、宣传，还是固有的假设，那么你就无法为对话提供新的东西。无论你的职业是什么，有些时候必须拿出你的勇气，正视需要正视的问题。

尽管不是所有采访都需要设置一个"抓住你了"的问题，但大多数采访都需要更深层的探索。人力资源的专业人士不会在面试中为未来的雇员设置陷阱，护士也不会想方设法让病人难堪。但尖锐的问题才能让你触及问题的核心，无论这个问题是关于一个人的职业历程、一份不合常理的财务报表，还是一个寻求进一步解释的矛盾。

作为大学里新闻项目的负责人，我时常受邀评估其他学校的新闻项目。有一次在评估某个大学时，通过谷歌的简单搜索，我了解到很多参加过这个项目的学生都指责学校没有兑现承诺，有的学生在背负了大量债务的压力下辍学。而学校正在接受教育部的调查，并且他们的毕业率极其低下。

我与另一所大学的评估员一起，在两天内会见了学校的行政人员和一些教职员工，此外有一些校方精挑细选的学生。他们的报告细致而专业，演讲精彩纷呈。要不是我已经掌握了和所见所闻完全相反的材料，我说不定会给这所学校的员工和领导一个热情洋溢的评价。另一位评估员和我一样疑虑重重，于是我们邀请了学院的院长到校园外的咖啡厅一起坐坐。我们问她能否解释一下，为何我们从教育部看到的数字和学院员工展示给我们的差异如此之大。此外我还问她，为什么一名教师唯一的一次职业写作经历，是写了几首乡村音乐的歌词。这不是蓄意攻击——我敢肯定她料到会有人问她这个问题——但即使如此，她的解释，好吧，坦白地说，也完全站不住脚。说完之后，她带着勉为其难的表情看着我们，好像在说："你们肯定知道这学校是什么情况，但我是绝对不会说出来的。我就只会以点头和尴尬的微笑回应你们。那现在，你们还想要点儿咖啡吗？"

你每次提出尖锐的问题，实际上是为了抓住事件的核心。如果你这么做只是为了满足嗜血的观众，那你完全可以去搞拳击运动。但如果你这么做是为了更清楚地了解事件本身，那你就有义务对事件进行挖掘，只要手段是人道的。记住，采访是一种对话，而不是审问。它无关输赢，只关乎获得理解，寻求真理。

我曾在观众面前采访过宗教界一位杰出的作家和演讲家，当我从他的作品中寻找采访主题时，他的生活方式引起了我的注意。他大量描写了基督教信仰的深层和神秘维度，以及沉思、祈祷、静默和隐居如何成为所有宗教领袖精神修行的一部分。我还发现他为自己的旅行、演讲和写作建立了一份不可思议的时间表，并且是一家航空公司的百万英里会员，因为他每周都在两所大学教书，而这两所大学分设在美国的东西两个海岸。此外，我还发现他的信仰导师都是英年早逝，不是死于心脏病就是其他与压力相关的疾病。

你大概看出来我要做什么了。

在非常轻松愉快的氛围里我们开始采访，直到三分之二的时间过去后，我提出了这个问题。

"为了不像你的导师们那样英年早逝，你对自己的生活做了哪些保障措施和准备吗？"我问。

我听到台下的观众齐齐地倒吸一口凉气，然后一片死寂。

我的受访者一脸迷茫地看了我一会儿，慢慢地露出一丝微笑。显然他在试着给出一个答案。

"你刚刚烧好一锅水，现在要煮猫了。"他说。

所有人都笑了，紧张的气氛被打破了。我们坐在那里又等了一会儿，他便开始试着回答这个问题。他谈到他是如何挣扎着实践自己布道（或书写）的内容。他的回复中充满诚意和人性，棒极了。

我并没有想让他难堪，我只是想探讨忙碌的人如何才能保护自己的问题。我想观众们也一定在好奇同样的问题。

指出对立点（或至少是矛盾之处）是找到棘手问题行之有效的方式之一。棘手的问题不一定要以指控的形式提出，它们也可以以下面的方式温和地提出来，比如"能帮我理解一下某某事是怎么回事吗"或者"某某人说事情是这样的，但你说是那样的。你没有觉得这有些让人困惑吗"。

在为一家杂志做约翰·波金霍尔的人物专稿时，我看了一场辩论的录像，辩论双方是波金霍尔和他的老友，诺贝尔奖获得者物理学家史蒂文·温伯格（Steven Weinberg）。辩论在史密森尼学会① 举行，主题是信

---

① 史密森尼学会（Smithsonian Institution）是唯一由美国政府资助、半官方性质的第三部门博物馆机构。由英国科学家詹姆斯·史密森（James Smithson）遗赠捐款，根据美国国会法令于 1846 年创建于美国首都华盛顿。——译者注

仰与科学。我之前提过，波金霍尔是世界知名的物理学家，在进入 40 岁之后，放下了剑桥大学的物理学工作，成为一名圣公会的教士。温伯格是一名无神论者，也是一名世界级的物理学家。两人是多年的挚友。在录像中，他们讨论了当时已知的最小粒子。

在辩论中，温伯格说："我们不相信夸克，是因为谁也没有亲眼见过夸克粒子。我们相信夸克，是因为包含了夸克概念的理论是有效的。"

他这么说让我很惊讶，因为有宗教信仰的人通常会用这种说法去证明自己为何拥有信仰。他们从来没有见过上帝，但是认为将上帝纳入自己的生活会赋予生命更多的意义。

我为撰写这篇关于波金霍尔的杂志文章，电话采访了温伯格，我试图将他对夸克的解释等同于人们对信仰的解释。

"难道它们（夸克和信仰）不都是不可见的事实吗？"我问。

"并不是。"他回答道。然后他解释了两者的不同。

在我看来是悖论的地方，在他看来完全不是。而我的问题也不是一种威胁、一项指控或一个"抓住你了"的陷阱，只是深入研究的一种方式。这个问题很棘手，因为它挑战了温伯格，指出他对待物理的看法，和看待对上帝的信仰是一脉相承的。

大家还记得海地的伏都教教士布丽吉特女士吗？我在采访她的时候，知道我的读者对伏都教有一些偏见。我自己也是，但这种偏见在我阅读了很多书籍，与知识渊博的人交谈之后被消除了。尽管下面这个问题单独看来很冒昧，但别忘了，我们已经交谈了一个多小时，她也信任我，知道我为采访做了很多的准备。

"我很抱歉，如果下一个问题会冒犯到您。"我开始准备提问。翻译把这句话翻译成克里奥尔语，她露出了大大的笑容。这个笑容告诉我，她已经知道下面我会问什么了。"在美国，人们接触伏都教的途径似乎只有通过恐怖电影、漫画书或者传教士，而人们看到的只有被扎了针的娃娃，和有人正在往娃娃身上扎针去诅咒别人。"

翻译结束后，她笑得更欢快了。

"为什么人们那么害怕你们做的事？"我追问道。

她的回复精彩极了，充满了历史叙述和对人性的评价，以及我们对未知事物的恐惧。她为这个问题做好了准备。

那个叫问责的讨厌东西

我之前提过的那个边境巡逻队主管，也料到了我会提些棘手的问题，但他还是厉声斥责了我。前情回顾：一个在美国边境的军官开枪打中了一个在墨西哥边境的 11 岁男孩，差点儿杀了他。我询问了边境巡逻队员是如何训练应对边境危险的内容之后，和队员们一起搭车，小小地体验了一下边境巡逻的感觉。我问主管，边境另一边的人是不是经常骚扰他们，又问了被石块砸中的事。然后我问："尽管如此，一个小孩子用石头砸到他，他就开枪射击，你难道不觉得他反应过激了吗？"

我的问题刚出口，主管就抓起一个玻璃烟灰缸，扑过办公桌，一脚踢倒了身后的椅子。一瞬间，他抓住我的衬衫，把烟灰缸挥向我的脑袋，但停在我脸前一厘米的地方。他紫红着脸冲我吼道："这时候，你难道不想反击吗？"

我说："呃，但我不会开枪打你。"

那一刻我不清楚自己的脸会不会被砸扁。

他把我推回椅子，从地上扶起自己的椅子后，把我和我的摄影师尤金赶出了办公室。那一天前后没有冷却时间①。我想他完全预料到我会提

---

① 冷却时间（Cool Down Time），一个常被用于竞技游戏的概念。指游戏里游戏人物的技能冷却时间，即游戏人物某种技能使用一次到下一次能使用的周期时间。——译者注

出这个问题，于是他想用这招来表明他的观点。但我也不是吃素的。

现在回想起来，我发现当时还有几个念头也从我脑中一闪而过。一个是："我玩儿完了。"另一个跟我的摄影师有关："尤金，快多拍点儿照片。做尸检的时候能用上。"第三个是我经常给孩子讲的一个笑话，其中的点睛之笔是："臭小子，快把我的棕色裤子拿来。"有时间我可以私下把整个笑话讲给你听。但我想你能抓住这个笑话的精髓。

当我和尤金走出主管的办公室后，有几个巡逻队员就站在附近——他们全都听到了——脸上都挂着窃笑。大佬刚刚教训了一个"人民公敌"。我走的时候冲他们点点头，装得好像见过大世面，对这种事见怪不怪。我想让自己也显得像个硬汉。我走到停车场，然后发现我把车钥匙锁在里面了。

我不得不把自尊吞回肚子里，走回办公室唯唯诺诺地说："请问你们谁有撬锁的工具，能帮我把车门开一下吗？"

我要找的那个词叫什么来着？哦，对了。丢人。

来，让我再重复一遍：尖锐的问题一定要问。如果你不问，得到的只能是虚假的叙事、公关宣传、精心打造的人设。这就是为什么我会买愚蠢的商品，选举无能的领袖，陷入无意义的战争。延续荒诞不实的宣传对于你的观众或者真相都毫无益处。

下面这个例子就可以说明，尖锐的问题是如何撕碎了当地学校做出的空头承诺。在 20 世纪 90 年代末，圣迭戈联合学区（San Diego Unified School District）雇用了一名颇有声望的当地律师作为学校负责人。这个决定本身很奇怪，因为这名律师除了去过法学院，在教育方面没有任何经验，但是当时的学区管理一片混乱，似乎需要一个体制外的人来清理局面。

他就任后立马安排了自己的二把手，任"教务长"一职。这名新晋雇员来自纽约市的公立学校，被负责人描绘成学校的大救星。为这名大救星，学区决定在当地一所高中的大礼堂里举行新闻发布会，向人们介绍这名新来的"先知"。

我当时正为《纽约时报》自由撰稿，他们派我前往新闻发布会，提出一些具体的问题——不是针对圣迭戈的学校，而是针对这位新来的教务长，因为听说他离开时在纽约的学校遇到了很大的困难。他们发给我一些资料作为背景参考。

于是我来到新闻发布会，听了负责人盛赞教务长在纽约市做出的光辉成绩，以及他将给圣迭戈带来的直接改变。学校董事会的其他成员也发表了一致的言论。然后新上任的教务长讲了他会实施哪些措施，并表明他会立刻着手实施。现场一片祥和友爱。但所有这些说辞里没有任何事实——尽是些"天花乱坠"的空话。

当地的媒体信以为真，提出的问题不过是在助长这种气氛。他们问了诸如"这下您来了，学生的考试成绩多久就能提高了？"这类的问题。真的，他们真的问了。

我举起了手。

"您来圣迭戈的决定，与您在纽约接受的行为道德调查有关系吗？您当时是否被指控违反道德标准且职业行为不端？"

你要是看到当时现场学校官员和其他媒体同事脸上的表情，会以为我把裤子脱了，在他的生日蛋糕上屙了泡屎。

"两者完全没有关系。"他说。我能看出他在佯装进攻，"我来这里是为了改变圣迭戈的现状。"

更多的记者又问了"您会如何拯救我们所有人"之类的问题，然后又轮到我提问了。

"您因为利用校董会的员工为您粉刷房屋、照看小孩而接受调查。是这一调查帮助您决定来圣迭戈就职的吗？"我问。

他和负责人都表现得既惊讶，又受伤，好像还受到了侮辱。但我有理由相信，他们清楚地知道，当初教务长离开纽约时身后有一团疑云，是有人知道的。他们一定有所预料。

更重要的是，为了读者和观众，这样的问题**应当**被提出来。难道圣迭戈的父母和教育社群（正是他们支付了他的薪水，把自己的孩子交到他手上）不应该知道这名神奇小子，是不是因为上一份工作惹出了麻烦才逃到这里的吗？

新闻发布会结束后，我在礼堂逗留了一会儿，写完笔记，给纽约的编辑打电话汇报了情况。当我走出大楼时，发现学区负责人和教务长在外面等我。

学区负责人先开口问道："你到底是谁？"

"我是迪恩·纳尔逊，《纽约时报》的记者。"我说。

"好吧，难怪。"学区负责人翻了个白眼，"《纽约时报》当然会认为，一个人离开了纽约来到圣迭戈，是为了躲避丑闻。"

"那他是吗？"我问。

"当然不是了。"教务长说。然后他又重复了一遍他要让圣迭戈的学校辉煌起来的承诺。

我们握过手后便各走各的路了。

在政府部门当差的人，特别是当他们的薪水由纳税人支付的时候，都应当对公众负有一定的责任，尽管他们通常不大乐意。但公众喜欢而且有权听到解释。

"尖锐"与"陷阱"

不是每一次采访都要有个尖锐的问题。但如果有一个问题一直存在，而观众始终没有得到回复，那我认为提出这个问题不仅是恰当的，而且是应该的。

受访者知道什么样的问题在等待着他，而读者和观众也希望能听到这个问题。你必须直截了当地提出这个问题——而不是通过含沙射影的暗示。如果你提出一个问题，但这个问题不是问他本人的，未免有些不太公平。如果你有话要说或有问题要问，那就尽量以最直接的方式去做就好了。

"如果我们要说某人的坏话，就当着他的面来说。"伊拉·格拉斯如是说[1]。

提出尖锐问题的重要性不只局限在新闻学领域。心理治疗师需要通过调查才能找出问题的根源。律师需要客户解释自相矛盾的不在场证明。护士需要病人说明为什么手腕上有烧伤的痕迹。如果这些问题不摆上台面，就不会有任何有趣、有用、新的信息被发掘。

那一个尖锐的问题和一个有陷阱的问题区别在哪里？一个有陷阱的问题追求的更多是轰动效应，你要向受访者和观众证明，你足够"有种"，敢于揭穿某些矛盾和虚伪。问题的答案并不重要，重要的是你提出这个问题，让对方难堪。我现在就是要揭露真相——毕竟我是一名记者——但你揭露出的真相能不能给观众带来某种启示，还是说，你只是为了证明这人是个蠢货，或证明你采访前做过功课？如果是这样的话，我并不觉得这种问题有什么用。

正如迈克·华莱士曾说的，两者的差别在于，你问出的这个问题就像烧起一把火，你是为了烧火而烧火，还是为了光明而烧火？如果你问的问题只会让对方感到难堪，那这个问题的价值就值得商榷了。但如果你的问题可以深入某件事情的内核，那这样的问题是可以接受的。

---

① 伊拉·格拉斯，《问与答：伊拉·格拉斯论如何构建故事，并提出棘手的问题》，采访者：杰斯·索恩，《哥伦比亚新闻评论》，2017 年 6 月 22 日。网址：https://www.cjr.org/special_report/qa-ira-glass-turnaround-npr-jesse-thorn-tal.php。

记住，当你问出尖锐的问题时，不是为了炫耀你的东西、安抚你的自尊或得分取胜，而是为了让观众了解到他们应当知道的东西，是为了获得事实的真相。

在我之前提到的芭芭拉·沃尔特斯与迈克·华莱士的采访中，我说过沃尔特斯向华莱士提过一个尖锐的问题。事实上在整个采访中，她提了好几个尖锐的问题。我有一份加注释的访谈记录附在这一章的后面。但其中一个是她问华莱士，为什么他在采访越南战争美军总司令威廉·威斯特摩兰的时候，所提的大部分问题都是别人写的。她提到很多质疑的声音，称华莱士只不过是别人手上的牵线木偶。

在两人的对谈中有很多奇妙的事情发生，其中值得留意的是，在提问前沃尔特斯颇有体育精神地给了华莱士一个预警。她说："我想问你一件很具体的事，这件事很有趣，但可能会，也可能不会让你觉得痛苦。"提醒受访者下面有一个尖锐的问题，未尝不是个好主意。这也是为什么，我会先向伏都教教士道歉，然后才引出那个颇有冒犯意味的问题，关于人们对伏都教的偏见。这种做法就好像航海时，在进入危险海域之前先吹响雾笛。

华莱士料到沃尔特斯会问他那些问题，观众也都毫无疑问地期待听到华莱士的回复。如果沃尔特斯不问，不仅华莱士不会尊重她，连观众也不会。因此她必须问出那些尖锐的问题。

例外

我在邀请戴夫·艾格斯参加作家座谈会时，做了一件我很少会愿意做的事。我答应他，不会向他问起某个问题。

如果我要为他做一篇专访，那绝对不会在采访中答应他这个要求。

一般来说，受访者无权规定你能或不能谈论某件事。但某些情况下存在例外。比如说，在《对话尼克松》这部电影里，尼克松的阵营要求记者福斯特提问时，水门事件的内容不能超过采访内容的 25%。福斯特答应了，但大多数情况下，记者是不想受到束缚的。他们想要谈论一切能引起公众兴趣的话题。

而作家座谈会的目的与新闻界的标准略有不同。作家座谈会的目的更多是鼓励和激发写作，颂扬作家的优秀作品，并为优秀的写作树立榜样。如果放弃一个问题，是争取到戴夫·艾格斯这样著名作家的唯一方法，那我欣然接受这一条件。除去这个问题，还有很多可以聊的话题。

这个问题与他的一本书《泽图恩》（*Zeitoun*）有关。阿卜杜勒拉赫曼·泽图恩（Abdulrahman Zeitoun）是书中的主人公，在新奥尔良市遭遇了卡特里娜飓风之后，他摇身一变成为一名英雄。这本书写得精彩绝伦，但在书籍出版并获得巨大成功的同时，主人公却被人指控家暴，因此有疑问指出，艾格斯把这个人物写得如此光辉，在发生这件事之后他还会支持泽图恩吗？所以当艾格斯同意出席作家座谈会的时候，他提出的条件就是不能向他提起上述指控。

但在观众问答的环节里，还是有人提了这个问题，让我和艾格斯都有些尴尬。

这说明观众关心这个问题，但问题却没有被提出来。

所以采访都是公平的游戏吗？

当然不是了。

就算你握有话筒，或者手里有一摞问题，也不代表你可以窥探别人的私生活，以满足自己的好奇心或观众的八卦欲。洞察力很重要。智慧很重要。共同的人性也很重要。你不是在玩角色扮演，你是在试图揭开某种象征和意义。追求轰动效应和寻求深刻领悟不同，就像街头公告员 ① 和街头偷

---

① 受宫廷或当地官僚之命，当街发布公告的人。——译者注

窥者之间的差别。同情和共情也是寻找真理的一部分。

时机决定一切，但也有例外

我之前已经提过，如果你有尖锐的问题要问，绝对不要把它作为第一个问题。你可以慢慢来。我一般会在采访进行到三分之二的时候提出第一个尖锐的问题。你必须与受访者建立一种相互信任的关系。时机决定一切。

好吧，只能说它通常可以决定一切。但如果受访者有着丰富的受访经验，那这一指导方针也许无法发挥同样的效力。有些人就喜欢直接面对争议。

有一年，我和一名同事在美国棒球大联盟的春季训练期间，一起指导了佛罗里达州的一次高中生体育新闻集训营。我们组织了一次全国范围的选拔竞赛，从每个州选择一名学生。选拔的标准很严格，我们成立了一个评委会，对每一份申请都严格地进行了审核。我们想要挑选出每个州最好的校园体育新闻记者。最终选拔上的孩子们聪明伶俐、动力十足。

奥兰多地区有许多职业球队，我们不仅拜访了在维罗海滩的道奇城训练的洛杉矶道奇队，还拜访了 NBA（美国职业篮球联赛）的奥兰多魔术队、NHL（美国国家冰球联盟）的坦帕湾闪电队、佛罗里达大学和 NFL（美国职业橄榄球大联盟）的坦帕湾海盗队。而在海盗队更衣室里的那次经历，最让我记忆犹新。

当时海盗队的主教练山姆·怀奇（Sam Wyche）在 NFL 惹出了一些麻烦，因为他拒绝让女记者进入更衣室采访。男记者可以，女记者不行。这就让女记者们认为自己受到了排挤，同是记者，男同事可以在赛后立即从更衣室获得一手的观察和引言，这不公平。而 NFL 最终站到了女记者一边。即使如此，怀奇仍然不肯让步，每一次他不允许女性记者赛后进入更衣室，NFL 都会对他进行罚款。但怀奇似乎不以为意。

鉴于我们集训营里的小记者们一半都是女孩子，我认为与怀奇和海盗队见面的时候，这个问题是绕不开的。在我们乘坐大巴前往海盗队训练体育场的路上，我用扩音喇叭提醒学生们，千万不要把这个问题作为采访的开场白。我解释了如何为尖锐的难题进行巧妙的铺垫，而不是开门见山地抛出问题。

我们抵达体育场后，被领进了海盗队的更衣室，一些队员结束后聚集起来，准备和我们的学生进行模拟的新闻发布会。怀奇也在。怀奇曾经是一名 NFL 的职业选手，为辛辛那提猛虎队效力，是个大块头。其他人也和他一样威猛。

我们先为模拟的新闻发布会制订了基本的规则。模拟的全过程将被记录在案。如果一个学生有问题，他或她要先举手，被点名后，他或她要起立，说出自己的名字和家乡，然后提问。

但就在提问开始前，怀奇就宣称他不允许女性进入更衣室的立场。

"我知道某个呆瓜老师可能跟你们说过，绝对不要一开始就拣尖锐的难题问，但那都是狗屁！"他说，"我知道所有人都想问那个问题，那我们就直接开始吧。谁想问第一个问题？"

这个开场白太突然，把学生们都给镇住了。我觉得怀奇的身形和粗鲁的态度也有点儿吓到了孩子们。还是说只有我被吓到了？总而言之，这些平时口若悬河的优等生们突然哑口无言。

"快点儿！"他说，"你们傻不棱登地坐着，永远也成不了记者。谁想问问我为什么不让女人进更衣室？"

他看上去有点儿恼火，好像我们在浪费他的时间。

"不是开玩笑吧?！没人问吗？"

他已经开始吼了。

终于，一个从俄亥俄州来的男孩儿站起来，介绍了自己，问了这个问题。

"所以，为什么您反对女记者在赛后进入更衣室采访队员呢？"

怀奇大步跨到他面前，从鼻尖俯视着他说："小子，把裤子脱了。"

那男孩一脸迷惑，甚至有些恐惧。

"什么？"

"我说，把裤子脱了。快！我也和你一起脱。"怀奇一边说一边开始解裤子的腰带。

我看了看海盗队的队员们，他们大多数人正面带微笑地看着一切。再看看其他的学生们，他们大多数人一脸惊恐。怀奇这时更强硬了。

"小子，"他提高了嗓音，脸都涨红了，"我说了，把你丫的裤子给我脱了！"他已经彻底解开了自己的裤子。

男孩儿吓得石化了。

"小子！你他妈把裤子给脱了，**现在**！"

我在想，明天的《坦帕论坛报》（*Tampa Tribune*）头条应该怎么写：更衣室里的怀奇与未成年人——"把你该死的裤子给脱了！"

应该怎么形容这种感觉？哦，对了。恶心。

那男孩看着就要哭了，但他保持住最后的一丝镇定低声说道："但不能在这些陌生人面前。"

怀奇看上去欣喜若狂。

"我要说的就是这个！"他喊着退回到更衣室门口，系好裤子的腰带说，"现在，谁还有别的问题？"

你的受访者已经为你要提的难题做好了准备，你的观众也一样。虽然听着有些尴尬，但毫无疑问：他们知道等着他们的是什么。

迈克·华莱士知道芭芭拉·沃尔特斯会问他一个有陷阱的问题。

基德尔知道我会质疑他对他人记忆的依赖。

学区负责人本应该料到我的问题。

边境巡逻队的主管也一早就知道我会问什么。

戴夫·艾格斯试图回避那个问题，但最终没能成功。

史蒂文·温伯格试图挑战那个难题。

宗教作家试图应对那个难题。

伏都教教士为那个难题做好了准备。事实上，难题逗乐了她。

如果我们没有问那个问题，山姆·怀奇会疯的。

你不需要是一个外向的、爱卖弄的混蛋，也可以问出尖锐的问题，就算你是最腼腆孤僻的人也没有关系。如果有一个问题必须提出来，回避是无法让采访取得进展的。观众希望你问出来，你的受访者也在期待。这样的问题并不一定会惹怒你的受访者，说不定还会让他们尊重你。

更重要的是，提问就是你的责任。

案例分析

经典依旧，胜过《对话尼克松》

芭芭拉·沃尔特斯采访迈克·华莱士

1984 年直播 [①]

　　这个采访显然已经有些时日了，但我非常喜欢它的结构。我在之前的章节里也对采访内容做过摘录，但要欣赏它的整体结构，我们必须从头看到尾。采访中体现了很多书中提到的概念和技巧，比如如何安排采访结构，如何掌控对话，如何进行追问，如何体现共情，如何挑战对方，如何在提出尖锐的问题时不对对方造成攻击。沃尔特斯以轻松诙谐的方式在采访的开头与华莱士建立起信任的关系，我们看得出她做过充分的准备和研究，采访的过程中两人数次发起对控制权的争夺，有一些磕磕绊绊，但最后平稳地回归到正轨上。一切按照一个优秀报道的节奏在推进。沃尔特斯的行动是可以预测的，特别是在她将话题引入情感领域的时候，她也冒险闯入了华莱士的私人情感领域，但在当时的情形下，我大体上赞同她的做法。

　　这里我们补充一些历史背景资料：华莱士当时刚刚出版了自己的回忆录《亲密接触》（ *Close Encounters* ），并且由于威廉·威斯特摩兰将军对华莱士和 CBS 新闻（美国哥伦比亚广播公司）的起诉，即将为诽谤案出庭作证。 威斯特摩兰将军是美国军队在越南战争期间的总指挥。华莱

---

① 芭芭拉·沃尔特斯采访迈克·华莱士，1984 年由美国广播公司的电视新闻杂志节目《20/20》播出。

士在 CBS 的一次特别报道中称，威斯特摩兰将军在越战事态上误导了
美国。

（采访开始，沃尔特斯和华莱士一起观看了一组老录像，是华莱士为
香烟和金融机构做的广告视频。

这样的开头很不错，为整个采访奠定了舒缓的基调。华莱士即将在
一场大的诉讼中出庭作证，他知道沃尔特斯会问起这个，但他们先看了
一段让华莱士感觉良好的视频录像。）

> **沃尔特斯**：瞧瞧这个英俊的小伙儿。那是 30 年前了吧？
>
> **华莱士**：不是吧，至少 40 年前了吧。
>
> **沃尔特斯**：40 年前。
>
> **华莱士**：至少 40 年前了。甚至可能更久。在芝加哥。我那时候
> 啊，不瞒你说，是芝加哥家庭金融公司唯一的播音员。多亏了那份
> 工作，我才有能力为家里所有孩子支付私立学校和大学的费用。那
> 时候有一整个系列的广告。40 年前了。

对华莱士而言，这就像一次美好又短暂的记忆之旅，他回顾了自己
作为播音员一路走来的历程。这是另一种"遗产式"的采访开头。就像
为球赛的开局打出一记好球，沃尔特斯紧接着问了一个带有恭维性质的
问题，她问他是不是染了头发（答案：他没染），她这是在提醒他，人们
喜欢他，而她不是来找碴的。他现在多多少少感到很舒服。

> **沃尔特斯**：那好，现在让我们来看看某件你曾经经常做，现在
> 再也不做了，或者将来也不做了的事情——"伏击式采访"（Ambush
> Interview）。这里有一个例子。

这个切换做得很妙，她释放出一个信号，表明她不光做了功课，而且接下来的采访会越来越有针对性。

> **沃尔特斯**：你说你已经有几年没做过这种采访了——5年了？
>
> **华莱士**：哦，至少吧。是的。
>
> **沃尔特斯**：至少。
>
> **华莱士**：事实上……事实上。
>
> **沃尔特斯**：你会在街上伏击某个毫无准备的人，之类的……
>
> **华莱士**：我们……我们，我向你坦白，芭芭拉，在新的一季《60分钟》里，有一个开头会出现这类……
>
> **沃尔特斯**：好吧，但你说过你不再做了，你觉得这不是个好主意。

这段跟进很漂亮。华莱士公开表示过他不再做伏击式采访了，但现在又说节目即将播出一段他做的采访。她没有放过这一点，而是选择了挑战他。

> **华莱士**：除非报道经过受访者的授权。
>
> **沃尔特斯**：但是，迈克，你到底赞同还是反对伏击式采访？你是说，你几乎不做了，但在某些场合下这么做是没关系的吗？

一开始，她试图以"你到底赞同还是反对"来压制他，但随后她软化了态度，为他可能的回答提供了一些说辞。这种策略是有效的，因为她不希望采访变成一场审讯。她只是希望华莱士坦率地回答。她还是为他留下了小小的余地。

华莱士：好吧，我只能说……我既赞同也反对。我知道这种判断听上去像在逃避判断，但在伏击式采访中，你有机会了解对方真实的性格，这是有用的……这是老话了，我之前经常这么做，不管是为了烧火而烧火，还是为了光明而烧火。为了烧火而烧火，这事儿在我看来——我必须承认，几年前我确实经常这么做——是没有意义的。这不过……纯粹是为了博取观众的眼球。但为了光明而烧火，换句话说，为你的受访者增加一点儿难度，却可以帮助观众更好地了解事情的真相，在我看来，是可以接受的。

沃尔特斯：那有没有人，出乎我们的意料，比如我们以为，你知道的，谁上节目可能会表现很出色，于是你做了采访，却发现根本不能播，因为它实在是……你知道的，实在是太……

尽管她没有直接说出问题（华莱士非常善于预测问题，在她问完之前已经开始回答了），但这个问题提得非常好。而且这里没有一个从伏击式问题转移话题的过渡，但这不碍事。因为华莱士采访过成百上千的人，他们当中有些人很可能极其无聊，这个问题提出的时机也很好，因为她刚刚迫使华莱士为自己的新闻实践承担责任，而这个问题给了他一个喘息的机会。

沃尔特斯：我想引用你 1957 年说过的一句话。那是在"女权运动"引发诸多改变之前。

华莱士：（清了一下喉咙）哦，这就开始了……

这一次，话题的转折同样没有过渡，但一样奏效了。沃尔特斯要深入华莱士的个人历史了。采访期间，华莱士几次改变坐姿，好像是为了让自己做好应对不悦事物的准备。在这里，清喉咙释放出同样的信号。

　　沃尔特斯：那我们就开始了。你说起自己的妻子，夸赞她说，她更像一名欧洲女性，而非一名美国女性。你说道，这里我引用一下："你对男性表现得颇为恭顺，我不得不说，我很喜欢这一点。我不是在暗示，妻子就应该走在丈夫身后一步远的地方，但这样做让人很受用。这种'奉您之命，我的大人'的态度，我非常欣赏。这种态度欧洲的女人有，美国的女人却没有。"

显然她开始挑战华莱士针对女性的态度。在我看来，这场游戏很冒险，但很公平。

　　华莱士：那是 1957 年的事？
　　沃尔特斯：嗯哼。
　　华莱士：你知道吗？就算是我，也会成长。
　　沃尔特斯：（笑）你是打算进行反驳吗？还是说，你知道的，即使到今天，你的内心深处还是这么认为的？

沃尔特斯的反应非常快。我猜她并不知道华莱士会怎么回答，但她很快进行跟进，更深入地刺探华莱士对女性的态度。

　　华莱士：不，我没有那么想，我已经不那么认为了。我是真的不那么认为了。要具体看我们说的是什么。在职场上，我完全不会那么想。不会的。但如果是我的伴侣呢？在爱情中呢？好吧，这种时候是不一样的状态。你也是不一样的状态。或者说，至少我在寻找这种不一样的状态。

沃尔特斯：这种状态越来越难找了。

这个跟进也很棒，虽然我不清楚她具体想说什么，但她示意华莱士再多说一些。他们正在探讨的话题是双方都不熟悉的，但我很喜欢她催促华莱士进一步进行解释的方式。观众无法判断她到底是不是赞同他，而她只是单纯地鼓励他多说一些。

华莱士：可不是！越来越难找了。这是事实。我觉得女人在某种程度上情绪不稳定，也跟这个很有关系。

华莱士这番话带有强烈的性别歧视。他刚刚对女性一概而论不说，还给她们套上刻板印象。就因为女人不再对男人毕恭毕敬，她们的情绪就不稳定。天哪，哥们儿。我觉得沃尔特斯没有质疑这番言论很有趣。也有可能，她在最初的采访中质疑了，但后来被删掉了。但说到底，我觉得没有继续这个话题是正确的——如果沃尔特斯继续质疑，可能会演变成一种无法收场的争论，这不是节目想要的。于是她觉得应该放过这个话题。而电视观众们也看出了华莱士的言论带有性别歧视，不需要沃尔特斯再刻意指出了。

沃尔特斯：你信教吗？

这个问题很有趣。我很喜欢，虽然问法有些突兀和出人意料。像这样凭空抛出一个没有过渡的问题，会让对方在惊讶之余给出未经修饰的诚实答案。但这里仍然显得非常勉强。

华莱士：我没有正式的信仰。但我是犹太人，是从小被当作犹

太教的信徒带大的。我偶尔会去犹太教堂，但不多。我觉得我的宗
教，应该信仰"己所不欲勿施于人"的信条。我唯一的宗教实践，
应该就是一直以来，直到今天，都会在晚上睡前背诵一段希伯来文
的祷告词。

　　沃尔特斯：什么样的祷告词？

　　漂亮的追问。观众就想听到这个问题的答案，她也显示出自己是在
认真聆听。

　　华莱士：（用希伯来语背诵了"示玛"）听啊，以色列。神是我
们的神。主是唯一的主。我要是不说一段这样的祷告词，我就不知
道为什么，没办法踏实入睡。

　　沃尔特斯：有人指责你是——

　　她的语气很温柔，甚至有些抱歉。但她完美地跟进了华莱士刚刚提
到的这件事。

　　华莱士：（打断她）一个自我厌恶的犹太人。是吗？
　　沃尔特斯：是的。
　　华莱士：是呀。所以呢？
　　沃尔特斯：所以呢？

　　我喜欢这段乒乓对打式的简短交锋。一攻一守发生在眨眼之间。华
莱士不想深入探讨，所以试图扭转局面，但沃尔特斯不允许他控制采访
的节奏，于是又将局势扭转了回来。不得不说，沃尔特斯的反应非常快。
记得我说过吗，采访者一定要时刻控制采访的节奏。华莱士一度想要抢

夺控制权，但沃尔特斯没有让他得逞。一个攻得有力，一个防得漂亮。所以才说，一次采访就像一场精彩的击剑比赛。

> **华莱士：**（一抹嘲笑）怎么说呢，我只能说，显然我不是啊。为什么一个人因为自己是犹太人就要自我厌恶呢？那些以此指责我、控诉我的人，只不过因为我在报道阿拉伯国家时保持不偏不倚的态度，而感到愤怒罢了。如果你是一名以色列的狂热支持者，当一名记者公平报道一件事情的时候，你有时会误解他的立场。

这个回答很出色，很有启发性，它揭示出为什么某些团体不喜欢优秀的新闻报道。如果一个团体只想听到他们以为的真相，当一个人从其他角度讲这个故事时会惹得他们不快。某些团体想要的不是新闻，是政治宣传。华莱士明白这其中的道理，这也是为什么他并没有把这种指责放在心上。

> **沃尔特斯：**你介意这种指控吗？

她在试图让他展现更多的人性和他思想的复杂性。这是一个很棒的问题。

> **华莱士：**不，并不。
>
> **沃尔特斯：**为什么不呢？如果别人指责我是一个自我厌恶的犹太人、基督徒或者其他什么，我就会介意。

她正巧妙地做出尝试，与华莱士在人性的层面做出沟通。这是"请帮助我理解为什么"式的问题。

华莱士：我知道我是谁，我知道自己的疆域在哪里。

沃尔特斯之后接连提出了几个更加个人的问题。她问起华莱士的童年和他童年最美好的回忆。但凡见过芭芭拉·沃尔特斯采访的人都知道，这些问题只不过是为下一个问题做铺垫。你老远就能看到那个问题了。但这些铺垫式的问题问得不错，让我们看到迈克·华莱士鲜为人知的一面。

沃尔特斯：生活中令你最悲痛的时候是？
华莱士：是我儿子去世的时候。
沃尔特斯：你儿子是在 1962 年去世的，当时才 19 岁。
华莱士：（点点头）
沃尔特斯：他死于一场登山事故。
华莱士：嗯嗯。
沃尔特斯：可怕的是，他的尸体是你发现的。
华莱士：嗯嗯。
沃尔特斯：你从悲痛中走出来了吗？

这里带有典型的沃尔特斯的个人风格。我个人认为，这个问题过于煽情且侵犯了他人的隐私，沃尔特斯有点故意要让华莱士哭的感觉。尽管如此，同一个人聊到生命的逝去还是能透露很多信息的。有很多种方式可以提出这种深入个人生活和人性的问题。最好的方式，就是最贴合你个性与风格的那种方式。鉴于我是一名家长，我可能会这样组织语句："我觉得生命中有一种坎是我无论如何迈不过去的，那就是失去我的一个孩子。你是怎么重新振作起来的呢？"这个问题合理（且重要），但从一种共通人性的角度去问的话，听上去没有那么情绪化，或那么有操纵感。

> **华莱士：**（深吸一口气，显然在与自己的情绪做斗争）是的，我是说，你其实永远无法走出来，是的，没错。别人的死总有一个标签，我们缅怀一个诗人，一个运动员，但皮特只是……（他点点头，试图重新恢复冷静）

他点头示意沃尔特斯他已经讲完了，现在不想再说了。读懂对方的身体语言也是优秀采访的一部分。沃尔特斯读懂了。

> **沃尔特斯：**这件事改变了你的生活，是吗？

她显然已经知道答案了，所以她才会这么问。她是在做一个假设，但却是一个意料之中的安全假设。如果你在同样的情况下，不确定对方的答案时，你可能会问"这件事从什么地方改变了你的生活吗"紧接着再问"是怎样的改变呢"。

> **华莱士：**是的，从那以后我就把重心转移了①。我一直说，我做那些事是为了养家糊口，为了孩子们。虽然那些事也没什么丢人的，但之后我的生活有了新的方向。我终于可以对自己说："嘿，你现在不需要养活皮特了，所以来吧，让我们把必须要做事变成乐在其中。"
>
> **沃尔特斯：**你曾经是一位什么样的父亲？

---

① 华莱士在皮特去世后，将工作重心从娱乐报道转移到严肃的新闻报道上。他在自传中写道，这一转变是因为皮特生前表达过对新闻事业的向往。——译者注

这里沃尔特斯很好地衔接了华莱士刚才的回答。这个问题是开放式的，促使他做出更多的解释。如果她问一个非黑即白的问题，比如"你是个合格的父亲吗"，会限制他们接下来关于为人父母、如何平衡工作与生活等方面的讨论。沃尔特斯通过采访，将华莱士描绘成一个有血有肉的人，而不只是一个敢挑战美国军方高层的硬派记者。

沃尔特斯：现在我想谈谈威斯特摩兰的案子。我不想针对案子本身向你提问，我只想问你一件很具体的事，这件事我觉得很有趣，但也许对你而言很痛苦——也可能不会。唐·科维特（Don Kowet）是《电视指南》（*TVGuide*）一篇文章的作者之一，那篇文章引发了很多关于威斯特摩兰诽谤案的问题。最近他出了一本书，在书中他称，是《威斯特摩兰时刻》①的制片人乔治·克里尔（George Crile），起草了你提出的几乎所有问题。是真的吗？

这是一个经过巧妙构思的问题。她先向华莱士发出预警，提醒他接下来将进入新的话题，然后她表明不会对诉讼本身提问题。她掌握了更多的信息，她要详细探讨华莱士的新闻实践。 她告诉华莱士，接下来的问题会让他感到不舒服，就像一个护士在扎针前对患者说"一会儿会有一点点痛"。

华莱士：他写了很多问题。所有与我一起做调查报道的制片人都会写很多问题。我记得我看了那些问题，然后扔回去说："太多了，太多关于如何这样，如何那样的问题了。"然后他又写了一串新的问题。我很清楚你了解——我不了解你——但我知道你了解深度报道

---

① 即《不计其数的敌人：一场越南骗局》，CBS 新闻特别报道，由迈克·华莱士主持。

是怎么做的，《20/20》也是如此。你从制片人那里拿到问题和他们的调查资料，然后你再以此为基础进行加工……

沃尔特斯： 我说的是采访。事前研究是另外一回事。我说的是，你采访中的问题是否由别人代笔。

她很好地澄清了自己的问题。她同时也打断了华莱士的说辞，让他不要偷换概念。做得非常好。

华莱士： 我懂。

沃尔特斯： 在采访中，在与威斯特摩兰将军一对一的访谈中，我们拿到了乔治·克里尔起草的原始的问题清单——就是他给你的第一版。在最初的备忘录里他写了 66 个问题。

他给了你 66 个问题，你使用了其中 55 个，当中有 44 个问题在节目中一字不差地被引用了。所以唐·科维特说："迈克·华莱士，令全美国闻风丧胆的调查记者，只不过是乔治·克里尔手下的一个牵线木偶。"

她这一番话是在向华莱士表明，"我已经做过了充分的准备，你最好不要回避我的问题"。你能感觉到沃尔特斯的渔网在一点点收紧。她引用了科维特的话，称华莱士实际上是被制片人利用了，迫使华莱士回应针对他的这项严肃指控。

华莱士： 你觉得是这样吗？

沃尔特斯： 你觉得呢，迈克？

一个漂亮的躲避和还击。华莱士试图转移注意力，抢先提出问题。

但沃尔特斯不但不吃这一套，还紧追不舍。你觉得我以击剑做比喻是不是很贴切？

　　华莱士：当然不是了。其中 55 个问题 —— 我一共问了他多少个问题？

　　沃尔特斯：他写了 66 个，你用了 55 个，其中原封不动地照搬了 44 个。

　　她的语气毫无波澜。尽管她似乎感到有些无聊，但没有表现出攻击性或针对个人的感觉。

　　华莱士：我一共问了多少问题，在整个，多长时间来着，两个小时里？

　　沃尔特斯：整个采访有三分之二的问题是乔治·克里尔写的。你问了大概 89 到 90 个问题，其中有 2/3 的问题是别人写的。

　　华莱士：好吧。

　　沃尔特斯：你平时都是这么工作的吗，让别人给你写 2/3 的问题。

　　正中靶心！她进入了采访的最佳状态，她问了一个相当尖锐的问题，但没有攻击或者质询对方的意思。她如履薄冰，但步步稳健。她的声音和语调让你好像听到你妈妈在说"你说了什么不重要，你说的方式才重要"。如果她采用更富攻击性的方式去问，会变成"你一直以来都是一个傻偶，对制片人言听计从吗？"，如此一来，采访的氛围会变得剑拔弩张，华莱士会采取更加提防的姿态，从而影响到接下来的采访质量。

华莱士：（吐出一口长气）有时候我会采取那种方式，有时候不会。在威斯特摩兰将军这个事情上，情况比较复杂——我不怀疑你的统计数据，我承认这件事上我采取了这种方式，因为这个报道很难做，也很复杂，我当时手上还有《60分钟》节目的许多报道要准备，加上其他一些事。所以我没能在威斯特摩兰的报道上做到我在《60分钟》中做到的。

沃尔特斯：那么为什么节目需要你呢，我的意思是，如果问题可以由别人来写……

非常好的问题。她没有就此罢休。顺便提一句，如果有人说"我不怀疑你的统计数据……"，恰恰表明他们怀疑你的统计数据。这是一个让人对指控的精确性产生怀疑的古老策略。就像政治家或名人说，他们要暂时离开工作，因为想和家人多一些时间相处时一样，这基本上等于在说"我即将被起诉，或者有人会控告我性骚扰"。就像大卫·莱特曼（David Letterman）广为人知的那段话，他在离开《今夜秀》的时候说，他要"花更多时间与家人相处"，几年后他又回到电视行业时说，"当人们说他们要放下工作，花更多时间与家人相处时，应该先跟自己的家人打招呼"。

华莱士：好吧，这个问题非常好。这倒是跟所谓的明星效应没什么关系……

沃尔特斯：但你一定不想被人当成是一个在镜头前念台词的演员吧。

又一次，她沉重地打击了华莱士！将他比作一个演员？这可不是小事！显然这一次沃尔特斯也在遣词造句上十分谨慎。同样的意思，她也可以这么说："那么你是说，你只不过是一个在镜头前念台词的演员吗?"
那样的话就显得太像是在审问了。

>　**华莱士：**我，我觉得你……
>　**沃尔特斯：**你不是啦，不是啦。

她似乎意识到自己刚才说得有点儿过了。于是迅速让步。

>　**华莱士：**是的。好吧。刚才什么问题来着?
>　**沃尔特斯：**你不会感到困扰吗?别人叫你傀儡?"迈克·华莱士
> 做过一次强有力的重要采访，但几乎所有的问题都是别人写的。"别
> 人这么说你，你会觉得困扰吗?

这个问题有些像之前谈过的，"有人说你是一个自我厌恶的犹太人会
不会让你感到困扰"一样。这是一种很好的方式，让华莱士进一步阐述
自己的所思所想，以及他陷入的各种争议。

>　**华莱士：**这个嘛，芭芭拉，你描述它的方式……
>　**沃尔特斯：**别人就是这么描述你的。我只是在引用唐·科
> 维特……

她再一次做出让步，表明自己不是在攻击他，只是在简单地引用一
篇攻击他的杂志文章。这是一种很好的做出区别的方式。

>　**华莱士：**好吧，你引用了唐·科维特。要知道我们的工作需要
> 相互协作。因为我们一年要做 25 个报道，显而易见，我们无法靠自

己，我们中的每个人，单独完成全部的调查。特别是，如果我要做很多的调查采访，我显然无法按照理想的状态，在每一次调查上花费相同的时间。

在华莱士做出解释并道歉后，沃尔特斯终于打住了，她再次引用了华莱士自己书中的内容。如此一来，迈克·华莱士又变成一个有血有肉的人，而不是那个受到诽谤指控的记者迈克·华莱士。

沃尔特斯：你现在感到安然自得吗？觉得能与自己和平相处吗？

我喜欢这个问题，因为华莱士的新闻生涯一直在扰乱和破坏他人的生活。她在问他一个大局上的、前瞻性的问题，之前他们探讨了大量的细节。

华莱士：总的来说，我即将进入一段精神相对高压的时期。威斯特摩兰的案子会很艰难。我这么长时间来，头一次靠自己一个人活着，这么做可不是为了获得清静。

沃尔特斯：你觉得我应该问你，但还没问到的最难的问题是什么？

她这是在向华莱士宣告"采访已经结束了，我们做回好朋友吧"，这样很好地重新拉近了彼此的距离。

华莱士：我觉得你已经做得很好了。关于威斯特摩兰那个部分，说问题不是我自己写的，完全占了我的上风。你知道的，芭芭拉，我不是任何人的傀儡。但我的意思，那个有点儿"陷阱"感觉的问题，在我的立场上确实很难回答。

沃尔特斯：那就是我的"陷阱"问题。

华莱士：（点点头）

沃尔特斯：采访迈克·华莱士，总要让采访带点儿迈克·华莱士的风格吧，对不对？我要是不设置一个"陷阱"问题，你大概都不会把我当回事。

她这是在向华莱士致敬。她承认自己是从华莱士，这名业界翘楚那里学来这身本领的。她为这场惊心动魄的采访画上了一个圆满的句号。

华莱士：我非常赞同。

我也是。

第 8 章

采访结束的前后

如何圆满收场及如何保证准确

优秀的运动员总是知道比赛还剩多长时间。尤其是在篮球比赛还剩几分钟的情况下，队员在球场的一端接到界外传球后，总是一边抬头看钟一边向场上的另一侧移动。他或她是在计算，在这确切的几分钟或几秒钟之内，应该完成哪些动作。所剩时长对于他们下一步的行动至关重要。

在冰球比赛中，如果一支球队落后一到两分时，教练通常会换下守门员，换上另一名进攻型球员，在比赛结束前制造最后一次强势进攻。然而教练们只会在比赛结束前的几分钟内这么做。

上述两项运动涉及的球队，都会在意识到比赛即将结束时奋力一搏。

你猜得没错：采访也是一样的道理。

采访也是有时间限制的（或者至少应该设限！），而你的工作就是根据所剩时间的长短调整对话的进程。

我们都见识过，在体育比赛中有些不可思议的事情刚刚要发生，比赛就结束了，空留一场遗憾。

换句话说，你要提前考虑好如何收场。

每次采访，你都应该给受访者一个总结陈词的机会，为未来的相互接触留一扇门。如果之前有不明白的地方，你应该把它弄清楚，并且确认你理解了受访者的原意。你甚至应该留出时间和受访者商榷，哪些内容可以用哪些不可以用。你应当在剩余的时间里，将上述所有因素考虑进去。

以这种方式结束每一个采访

如果一次采访的目的主要是获取信息，比如为新闻报道取材，那我会给受访者一个提示——"我还有两个问题"——这样，受访者就知道，我的提问有个明确的结束点。当采访结束时，我通常会说一些类似"非常感谢您能抽出时间"之类的话。这类采访往往有一个明显的"终点"。

但有些情况下，即使你已经得到一个明确的结论，仍然可以让交流的大门敞开，以便后续进一步讨论，获取更优质的信息。有时在做完那种单刀直入的采访后，我会说："走之前我还想向您确认几件事"，然后，我会快速提出下面的四个问题。如果你也试着这么做，会对得到的答案感到惊讶。

1. "能告诉我你名字的具体拼法吗？"

之前有一个受访者，我以为她的名字是"Amy"。因为她说"艾米"的时候我觉得应该这么拼。我在她丈夫遭遇车祸身亡后对她进行了采访。当我问她的名字应该怎么拼写时（尽管听上去显而易见），她几乎因为感激从椅子里跳起来。尽管她的名字发音像是"Amy"，但实际上应该写作"Ami"。在我确认过拼写后，她希望和我展开更多的讨论，因为她现在完完全全地信任我。

你也许觉得这没什么，但请听我详细地讲讲名字的拼写这回事儿。

当你在一篇报道或者其他什么地方，发现你的名字被拼错了，你会很恼火。你会想说："难道这个人一点儿也不在乎我的名字应该怎么拼写吗？"我妻子的名字写作"Marcia"，但是念作"玛莎（Mar-sha）"。好几个相熟的朋友，甚至是亲戚，一直把她的名字拼作"Marsha"。留心一下她名字的拼法有那么难吗？而且你们什么时候才能不玩那个《脱线家族》（The Brady Bunch）里"Marcia, Marcia, Marcia"的梗？在一开始的一万次调侃中，这个梗还是搞笑的，但是之后就一点儿也不好笑了。

　　大多数人也许一生都会有一两次被别人写到的情况，你的文章也许就是，但是，呃，在这篇文章里，他们名字被拼错了。当然了，你可以在修改后重新发布，但如果报道是被印刷出来的，那你就不走运了。

　　在我教授的新闻课上，学生提交的稿子里，只要有一个拼错的名字，我就会给整篇文章打零分——不管是受访者的名字、建筑的名字还是公司或城市的名字。我每发现一个拼错的名字，就会在上面画一个圈儿，然后在页面的空白处写"到这里我就不读了"。一般来说，一个学生犯一次这样的错误就会打住。（但也有例外，某个特别的学生在一个月中连续收获三个零分，一怒之下他把自己的文章撕得粉碎，就好像赌马的人输了之后撕掉马票一样，然后夺门而出，一边走一边大声咒骂我和我定下的荒唐规矩。但讽刺的是，这名学生最终成了一名非常出色的体育新闻记者。）

　　学生们感到愤怒，因为他们将所有精力都投入到报道和写作中，却因一个小小的拼写错误就让整个报道被毙。"那试着从受访者的角度想想看，"我告诉那些正在冒犯别人（同时也被我冒犯）的学生们，"受访者慷慨地让出自己的时间与你们交谈，你们却毫不珍惜，甚至懒得把人家的名字写对？你们觉得他们会作何感想，他们觉得你们会认真对待接下来的报道吗？"

　　课堂上之前接受过新闻媒体采访，并在事后发现自己的名字被拼错的人，对我的规矩毫无怨言。他们明白这是怎么回事。约翰逊有时写作"Jonathan"，有时写作"Johnathan"。史蒂文有时写作"Steven"，有时写作"Stephen"。还有卡尔，可以是"Carl"也可以是"Karl"；史密斯可以是"Smith"也可以是"Smythe"；琼斯可以是"Jones"也可以是"Jonz"；布莱特妮可以是"Brittany"也可以是"Britney"；汤姆可以是"Tom"也可以是"Thom"；贝克汉姆可以是"Beckum"也可以是"Bekham"；纳尔逊可以是"Nelson"也可以是"Nelsen"；玛莎可以是

"Marsha" 也可以是 "Marcia"。

这是在采访中你能问的最简单的问题，但对于某些人而言，这可能是最重要的问题。如果一个人的名字很复杂，而你又把它拼写对了，那他／她将成为你一生的消息人士。

2. "还有什么问题是我应该问，还没有问的？" 这个问题可以让你发现自己尚不知晓的角度。比如说，你的消息人士也许准备好向你透露某个事件的发展，但是之前你并没有提到，而这句话为他们提供了吐露的机会。再想想看，当你在医院就诊的时候，医生在体检的最后会问 "你还有什么别的症状"，你会惊讶地发现，病人常常会在心里默念 "我是不是应该提一下这个症状啊。她没说到，但是问不问呢？她看上去很忙。要不算了吧" ……就在这时，医生提出了上面的问题，而你终于可以说出这个在你看来最紧要的症状。

你永远无法确定一名消息人士的回答是否有价值。大多数人不会一上来就说 "我猜你是想问……" 然后给你一条非常有料的消息。大多数人没有那么大胆或张扬。许多人即使有想说出来的事情，也会因为你没有问而没有说。那你要给他们说出来的机会。

记得，一定要问这个问题。

3. "我还能找谁聊聊？" 这个问题至关重要，因为它可以帮你找到最佳知情者。总有人比别人知道得更多，总有人在幕后、不为人知且很少抛头露面。这些人都是宝藏。如果你不问，就永远也找不到他们。

4. "我之后在写作中如果需要更多信息或说明，可以再联系你吗？" 与受访者在采访后保持联络有诸多好处。顺利进行的采访中，都有受访者的真正参与，他们也希望报道得以顺利发表，因此他／她不会介意你给他们打电话或发电邮，确认报道的细节。这样，受访者也有时间思考，他／她还有没有想到别的事可以告诉你，或者需要对某个观点进行补充。

以意犹未尽的方式结束

如果你采访的目的不仅仅是获得目击者的陈述或某个特定的信息，你也可以考虑以不同的方式结束采访。你仍然需要留意时间，但你不需要在采访结束时画一个明确的句号。有时，你可以将谈话引向更深或暂时未解的方向。

每次我在采访作家们的末尾时，都会试着让他们打开话题，聊聊他们对于写作技艺的反思，以及对新手作家的建议。这样的话题让他们得以抽离自己的写作内容，谈论写作艺术本身，并且总结自己的知识阅历，从而激发观众们的灵感。我试着让他们从大局思考。

这种方法在其他社会场景中也一样适用。社会工作者不只是对事实感兴趣（尽管事实很重要），他们也会考察救助对象周围的心理、情感和物理环境。人力资源管理者不只是会要求面试者陈述如何克服某些职业障碍，他们也在考察面试者是否可以融入企业文化。当医生询问我偏头痛的情况时，他不只是在考虑哪种药可以最好地止痛，他还在寻找偏头痛的根源是什么。这就是大局观。

从作家的观点来看，大局观就更有趣了：一切写作都是为了展现共通的人性。比如说，我采访过犯罪小说作家约瑟夫·瓦姆博（Joseph Wambaugh），他在采访的结尾时说，他每写一本小说，写作的难度都会提升，而不是降低。对于年轻的作家而言，这番话让他们又喜又悲。喜的是，这令人备受鼓舞（"原来不只是我会感到恐惧并且自我怀疑！"），悲的是，这也太令人沮丧了（"你是说写作永远都会这么难吗？"）。但这让你更好地向前看。讽刺作家克里斯托夫·巴克利（Christopher Buckley）曾对我说，当年他如果知道写作那么难，他估计就重新择业了。

安妮·拉莫特（Anne Lamott）曾说过，她到现在都有自律的问题，她把身为作家的自己比作一只爱玩咀嚼玩具的狗，从房子的一头追到另一头，把玩具抛到空中，又追回来。但最后她说，这就像，我们每人每天有 100 美元的创意可以花费，你会如何花这 100 美元？如果我们今天有两个小时写作，你可以把一部分时间花在互联网上——大概 15 美元。然后集中精力把要做的事情做完——明智地花剩下的 65 美元——然后我们可以再上一节基础数学课，弄明白为什么两个数字加起来不到 100。不管你一天有多少时间，总有一些时间可以拿来进行创作。你不能把钱存进明天的银行，你只能在今天花费这 100 美元。

　　这是一个有多年写作经验的前辈总结出来的绝佳建议。

　　想得到这样的答案，你需要问一些宽泛的概念性的问题，而你最好在采访结束之前，在双方已经建立了充分的信任后提这样的问题。我问过《玻璃城堡》的作者珍妮特·沃尔斯（Jeannette Walls），她能否原谅父母以那种方式抚养她，如果我在采访的一开始就提出这个问题，是无法获得后来那个颇为深刻的回答的。

　　让受访者在采访结束的时候谈论这样的话题，恰好又一次证明了，进行一次采访就像写一个故事。有时在故事的结尾，我们不一定要解决冲突或悬而未决的问题，我们也可以为读者留下想象的空间。我们可以为故事留下一个"意犹未尽"的结尾，让故事长久地萦绕在读者心间。读者在合上书页后，仍会反复思索，故事中的人物究竟何去何从。如果你看过电影《三块广告牌》，就会明白我的意思了。

　　所以你经常会看到新闻报道在结尾引用某个关键受访者的话，就好像报道不是以简单的句号来收尾，而是使用了其他的标点符号。我有一次报道校园枪击案，在稿子的结尾引用了一名小女孩儿的话，她当时目击了案发现场，刚刚接受完创伤治疗。"成长来得太快了，今天。"我把这句话留在故事结尾，让读者觉得意味深长。这比我用总结性的事实来结尾——"被指控开枪的少年已被拘捕"——更能触动读者。这两种方式，一种像山间回音，一种像闷声响雷。

我在科索沃报道梅丽塔·沙碧乌的故事时，结尾处引用了梅丽塔父亲的话，我问他，杀害梅丽塔的凶手应不应该被处死，他说，一位哭泣的母亲就够了。我希望读者们透过同一个问题思考属于自己的答案，从而对故事留下更深刻的印象，此外我也希望他们能更多地思考话题的复杂性。

有些采访也会以这种方式结尾，被访者感到被挑战了、被激励了并深深地投入。有时，当你与一名社会工作者、心理诊疗师、护士或人力资源管理者结束面谈后，会带着全局观的视野离开，甚至会得到某个难题的解决方法。

以我的经验来看，以开放式结论结束的采访往往能开启更进一步的讨论。在我采访作家们的时候，我更喜欢让作家（以及观众）带着一份感想而不是一个决定离开。

采访什么时候结束？

如何界定采访的边界是一个有趣的伦理难题。我之前提过，但这里会提供更多的解释。当你关掉你的录音设备、合上笔记本、起身、谢过受访者后，受访者又告诉了你一些有用的东西，这样的信息能不能用在报道中？

关于这个问题，不同的流派说辞不同。有些人会说，当你站起来，手里不再拿着笔记本或录音设备时，采访就结束了，这是一条不成文的规定。受访者会默认从这一刻起，他所说的是"不得发表的"，因此不能被用作报道。[①] 你的受访者真的会默认如此吗？有些记者确实认为如此。他们会说，采访确实结束了。双方会切换到闲聊的模式，而受访者得以放

---

① 我会在第 10 章解释"不得发表的""背景"和"不具名"这些术语。

下戒备。

　　但我不这么认为。你仅仅是把采访工具放到了一边，不代表你终结了自己记者的身份。如果受访者在办公室的门口，或者送你上电梯的路上说了什么你觉得有用的信息，在我看来，这都是采访的一部分。正因如此，我才会时刻拿着自己的笔记本。我使用的是那种小的，用一只手就能拿住的笔记本，这样我就能用另一只手书写。我在走回自己的车门之前都会这样拿着笔记本，以防出现上面的情况。那个人一旦转身，我就可以重述他刚才说的话，然后在笔记本那一页的上方标注"前往电梯的路上"或者"去停车场的路上"。你也必须这么做。立刻将听到的内容写下来，然后标明时间、地点以及获取信息的方式。

　　曾经有一名政客在陪我走出办公室后告诉我一些事，甚至在我把车开出停车场之前还给我的手机打了电话，讲了更多令他不忿的事情。他后来惊讶地发现，他所说的全都出现在我的报道里。他以为我们只是在闲聊。大错特错。这是一名政客与一名记者之间的对话。从头到尾都是。

　　有些人认为，披露正式采访结束后获取的信息是不道德的，但我不那么认为。如果受访者不想让某些事出现在报道中，他就不应该告诉你。让我来套用一下《绿鸡蛋和火腿》①（Green Eggs and Ham）的句式：不要在房间里，不要在大厅里，不要在停车场里，不要在隔间里。你可以使用它，"山姆是我"（Sam I Am）②。

确保准确

　　我会在第9章就笔记和录音的话题展开详细的说明。这里我想要解

----

① 　由苏斯博士用50个单词写成的绘本，在美国家喻户晓。——译者注
② 　山姆是《绿鸡蛋和火腿》里的主人公，这句话是绘本中反复出现的固定句式。——译者注

释的是，如何在写报道的时候利用这些笔记和录音。

采访结束后，你要利用你收集的信息开始写作，无论你写的是故事、报道、书籍的章节还是其他你正在写的东西，这时你要对使用哪一段引言做出取舍。如果你没有采访录音，可以：①相信你的笔记正确地记录了受访者的话；②给受访者打电话，将引言读给他们听，并简单地询问你的引用是否准确；③将你计划使用的引言发给受访者，询问是否准确。

电话回访受访者，以确认和核对引言的准确性，在我看来是一种非常体面的行为。我并不总会这么做，但会尽量在书写有深度和较为复杂的报道时这么做。我认为这是采访过程的一部分。但正如你所料，与受访者进行确认存在一定的风险。好处是，如果你弄错了什么，受访者可以在发表、发布或广播之前告诉你，好更正一些不准确或脱离上下文的内容。我曾在过去的几年里给许多受访者打电话，我会简单地说"我想向你念一下你之前说过的一些话，确认引用的时候没有错误"，然后我会读出这些引言，再问"这些引言是否正确"。有时候会有些尴尬，受访者也许不喜欢自己之前说过的话。但大多数时候，他们会确认你引用得没错。有风险的地方在于，有时候受访者会说："不，这根本就不是我说的。"然后试图否认。这时候你要做出决定，是相信你的笔记，认为对方是为了面子在抵赖，还是弄清楚你是否确实误解了某些事。

在写到东尼·坎波楼的故事时，我提过，某个著名且备受推崇的宗教组织曾施压，将坎波楼从华盛顿的那次宗教大会上除名。我与这个组织的宗教领袖进行了长时间的电话采访。他不愿意撤除对坎波楼的支持，他们是朋友，并且他在私下也很赞同坎波楼许多颇有煽动性的政治观点。但整个宗教大会当时濒临取消，他如果拒绝加入"抵制坎波楼"的阵营，他宗教组织的主要资金来源也会枯竭。他正面临经济和道德的两难局面，而他与我的对话反映了他的立场冲突。

当我试着起草了故事，并且明确了准备使用的引言时，我给他打电话，询问是否可以将他的引言复述一遍，以确保准确。他似乎很感谢我的这通电话。我只念了他说过的话，而没有念出整篇故事——因为我不想让他推断出，他对我的结论持有否决权。在我读出他所说的话时，全程都能听到电话另一端呻吟的声音，一开始我还以为他突然不舒服，或者肾结石发作，但后来我才意识到那是他悔恨的呻吟。当我读到他批评另一个宗教组织的话时——"他们信仰的是塑料基督，以为基督会从仪表盘上跳下来，跳进你心里"——他发出的声音像龋齿痛。

"我只是想确认，我是否准确地引用了你的话。"我说。值得称赞的是，他并没有否认。

"话是我说的，我也是这么认为的。"他仍然用呻吟的语气说道。我仿佛能看到他正站在摩天大楼的楼顶，一边思索要不要跳下去，一边和我说话。"但我要为此付出代价。我的选民们不喜欢听这些话。其他宗教组织的人也一样。我大概要丢掉工作了。"接下来是一段长时间的沉默。他正从楼顶向下看，看楼下川流不息的车辆，毫无疑问，他的脚趾已经伸出楼顶的边缘了。还记得我说过的吗，沉默不语也无妨。于是我也选择保持沉默。最终他说："你怎样才能不使用这些引言？"

当我发现宗教领袖们对交易持有开放态度后，我感到十分欣慰。

"如果我不使用这些引言，我能想到的唯一办法，就是你为我提供些更好的引言。"

电话那头再次陷入沉默。他已经觉得有点儿晕眩了。

"我能在几小时之后打给你吗？我需要梳理一下头绪。"

我没有答应不使用这些引言。我只是答应会听听他还能说什么。

当他给我回电话时，我很庆幸之前的态度没有那么强硬，说出无法回头的话，比如"对不起兄弟，你说的就是你说的，我必须把它写进去"。他后来真的给了我超级棒的引言。他阐述了教士群体为了满足选民的需求所面临的经济和政治压力，因此某些行动并非出于本意。新的引言没有那么强的煽动性，也没有那么劲爆，却显得更深刻更复杂。如果说我之前获取的引言是"为了烧火而烧火"，那我最终得到的引言则是"为了光明而烧火"。这么做完全是值得的，我的故事也更加深刻，并且受访者成了我一生的信息来源。

请注意，我本来可以使用原来的引言的。他已经证明了话是他说的。但我通过协商得到了更好的引言。

有些人喜欢通过短信或邮件与受访者确认引言的准确性。虽然这是正当的确认方式，但很多受访者会以为，这样一来他们就有权变更、修改，甚至直接删除一些话，让引言看上去"更漂亮"。你要让受访者明白，当你问"这些话是你说的吗"时，他们只需要回答"是"或者"不是"。受访者也许会认为自己有必要修改一下自己说的话，但最终应该由你决定是否接受这些修改。这是你的稿子，不是他们的。我发现，受访者"修饰"自己的话，往往会将原话中所有富有人性的部分去掉，让话听上去像机器人说的。你想要的应该是"话如其人"。（我之后再详细探讨对引言的修饰。）所以，为了避免这种潜在的危险，我会选择通过电话进行确认。通过邮件修改遣词造句对于受访者而言太简单了。即使你告诉他们，你发引言给他们只是为了确认准确性，他们往往也会认为，通过这个机会他们可以改善自己给人的印象，而这会让你很尴尬。

但如果你打电话给对方，告诉他你要读一下他的引言，即使你与他产生争议，还可以进行处理或协商，甚至现场重播一下录音。通常我会这么说："嗨，我是（某媒体的）迪恩·纳尔逊。我一周之前采访过你，我正在写的稿件中想引用你说过的一些话。我想读一下这几句话，确认我的引用是否准确。请问你有时间听一下吗？我想确认自己没有弄错。"

作家们对引用的正确与否都很敏锐（或者说他们理应如此！）。正因如此，通常还是应该对采访进行录音，同时建立起良好的笔记记录系统。我会在下一章讲到这两个问题。

但有时，是我们真的理解错了。我们听错了、写错了或者记错了。但据我观察，这种错误很少是有意为之。当然了，也有人不赞同，他们认为记者是人民的敌人，在不断地错误引用或捏造事实。之前确实有例子，小报记者为了制造轰动的新闻承认捏造和扭曲事实，这样的事在一些严肃媒体那里也偶尔发生［真是多谢你们了，杰森·布莱尔（Jayson Blair）、帕特丽夏·史密斯（Patricia Smith）、史蒂芬·格拉斯（Stephen Glass）、《滚石》杂志、珍妮特·库克（Janet Cooke）、杰克·凯利（Jack Kelley）和你们剩下的人］，但我们中大多数的新闻从业者都在很长时间里，将守护准确性当作一件神圣的事情去做，并且尤其看重引言的准确性。

我要冒险做出一个推断，有人可能不同意，但这没关系。说实话，我并没有做过科学性的研究，但根据我和同行数十年的行业经验，我敢说，当有人声称他或她的话被错误地引用了，他或她其实是想说："天哪，真希望我采访时没那么说。我怎么才能转移这话带来的伤害呢？对了！就怪记者！说他错误地引用了我的话！"

正如我所说，事情并非总是如此。但"射杀信使"是个历史悠久的传统。这一传统可以追溯到古老的《萨迦》，根据《萨迦》的传说，如果国王不喜欢传回的战事消息，会下令射杀带回消息的信使。如今在我们的社会，已经很少有人真的杀害信使（尽管这样的情况最近似乎多了起来），但更多的时候，我们会试图诋毁或起诉信使（从而扼杀他们的诚信和事业）。当一名受访者看到报道中的引言，发现这话给人的感觉与他或她想说的有出入时，就会后悔说了这些话，于是转而攻击记者，以推卸责任。

我执教的大学里就有一名校方管理员使用过这种伎俩。他曾经就校园多样性说过一些蠢话，被一名学生记者写进了报道里。这名管理员看到后大发雷霆，长篇大论地指责这位学生"捏造引言"行为是如何的不道德，然后禁止办公室的任何人再与这名学生记者交谈。

　　我问那名学生他如何确认引言是准确的，并符合上下文的情境，他说他对采访进行了录音。我听了这次采访的录音，显而易见，那话就是管理员亲口说的。他的话在录音带里听着和报道中看到的一样蠢。[1] 我在随后见到管理员时提到了这件事。一开始他执意否认，但我反复重申我听过采访录音了。最后他沉默了，但坚持对那名学生记者施行禁令。当你被抓住而无法逃脱时，是不是很有趣？就像一只落入陷阱的狐狸，有些人宁愿咬掉自己的腿，也不承认自己亲口说过什么。

　　我最喜欢的例子是，运动员查尔斯·巴克利（Charles Barkley）和大卫·威尔斯（David Wells）都声称记者错误地引用了他们的话。但后来人们指出，这些话是从他们的自传中直接援引的（大家都知道吧，自传的"自"字意味着，书里的话都是自己想写的），而两个人却神奇地声称自己的话被自己引用错了。太聪明了！你怎么和这种智商的人争论？你要射杀哪个信使？

　　但我认为受访者抱怨记者断章取义时，通常是有道理的。几年前，就有人揭发《60 分钟》节目将一名公共事业部门主管的回答嫁接到一个完全不同的问题后面。这么做是不对的，这是一种欺诈和扯谎。不要这么做。

精简，但不要扭曲

　　有时我们会不经意地"断章取义"，但当我们这么做时往往是因为迫不得已。我来告诉你这是为什么。

　　以下这种操作在新闻实践中是被认可的，即在采访中，将所记录的

---

[1]　更多关于录音带来的好处，详见第 9 章，但这里展现的绝对是很重要的一点！

引言都记在笔记本的一整页上，然后为了表达一个大意，将一段引言中的一句话与另一段引言中的一句话直接衔接起来。虽然读上去好像这是一句话，但实际上这个句子是组合起来的。在我看来，这有利于节省空间，是一种可以接受的编辑方式。

比如，我在采访海地的伏都教教士布丽吉特女士时，我问她"如何学习成为一名教士"。她说："伏都教教士是代代相传的。但家族中没有伏都教教士的人，也可以通过做学徒习得。"然后我们又讨论了她的教区，2010 年海地大地震的后果，她的家庭，以及其他话题。话题持续了至少 30 分钟，然后我们又参观了她的神庙。然后我问她，如果我要成为她的一名学徒会很难吗。她说："你也可以成为一名学徒。10 月份来我们的庆典吧，我可以教你。"

别忘了，这两句话之间隔了至少 30 分钟，还隔了许多其他的内容。尽管如此，我认为将引言组合成下面这样是完全无碍的——"'伏都教教士是代代相传的，'布丽吉特女士说，'但家族中没有伏都教教士的人，也可以通过做学徒习得。你也可以成为一名学徒。10 月份来我们的庆典吧，我可以教你。'"

看到我是怎么把分散的陈述糅成一段完整的引言了吧？我没有改变语境或语义，只是将意思相近的句子重新组合在一起。

如果你不喜欢用这种方式压缩引言，还有另外一种方式对原话进行引用：

"'伏都教教士是代代相传的，'布丽吉特女士说，'但家族中没有伏都教教士的人，也可以通过做学徒习得。'"然后你可以加入一些叙述表明时间的流逝，比如"我们穿过神庙，观察着那些符号、圣像和象征灵魂从土地升起的柱子"。然后你再加入引言的后半部分。"'你也可以成为一名学徒。'她说，'10 月份来我们的庆典吧，我可以教你。'"

引言的目的是准确传达她所陈述的内容和意图。这样的删节似乎满足了上述两个条件，因此，我认为可以准确地表达她所说的话。

确认与批准

史蒂夫·温伯格 [1] 是一名传奇的调查记者、作家，同时也是调查记者与编辑协会（IRE）的前会长。他会将引言和事实发送给受访者，但不是为了得到他们的"批准"，他这么做只是为了确保引言和事实的准确性。如果一名受访者想要更改一段说明、某种语气或结论，温伯格说，他会倾听，但不保证会进行更改。他只改可以提高清晰度和准确性的地方。

如果一个受访者声称自己的话被错误地引用或被断章取义，温伯格会检查自己的笔记或录音。如果受访者说得没错，他就会做出更改。

"我们与伴侣、孩子和父母沟通时也时常发生误解。"他写道。

所以我们有什么理由认为，与一个几乎不认识的人就能完美地沟通呢？

如果语境需要变更，我会变更。如果受访者为了牟取私利而阻碍真相的说明，那我就不会变更。无论如何，在采访发表前进行沟通都可以避免断章取义，而且可以避免受访者在看到发表的文章后大发雷霆，因为没有看过原稿威胁要将你告上法庭。从来没有受访者在事前看过原稿后，事后还威胁要将我告上法庭。况且，我从来没有违背自己的判断对引言进行过任何一次修改。[2]

如果受访者只是为了自己的话更好听，温伯格是不会做出任何改动

---

[1]　我之前提过一名物理学家叫史蒂文·温伯格（Steven Weinberg），大家不要弄混了。

[2]　史蒂夫·温伯格：《记者手册》，3 版，第 495 页，纽约：圣马丁出版社，1996 年。

的。问询只是为了让报道尽可能准确。

发表之前让受访者审阅的另一个好处，是受访者会因此更加信任你，温伯格说。"下一次我再去采访这些人，他们很可能会向我敞开大门。而且，他们会告诉我未来的受访者我对精确的追求，从而打开更多的大门。"[①] 温伯格在精确性上的执着让一名非常不合作的受访者留下了深刻的印象，他一开始要求所有的采访内容都"不得公开"，最后同意温伯格注明消息来源，并发表了采访的全部内容。

这么做的另外一个好处，是受访者在阅读自己的引言时会唤起某些回忆，也许这些回忆可以给你提供更多的信息。

"就有一个这样的受访者，在阅读阿曼德·哈默的手写稿时，用单倍行距给我写了一封长达 8 页，满是干货的信。"温伯格写道，"我之前采访过他很多次，他一直源源不断地为我提供信息，但这部手稿为他打开了至今一直关闭的、一扇新的记忆大门。"[②]

确保你的引用没有扭曲对方的原意、确保对方的形象没有被美化或丑化、确保你没有掺杂自己的偏见 —— 最好的方法就是像温伯格建议的那样。只要条件允许，让受访者看看你是怎么引用他们的话的。

我与新闻学的学生做过一次练习，我让学生们两人一组彼此采访 5 分钟，然后在全班同学面前大声读出采访中最重要的引言。每堂课，至少有一个被引用的人会说"我说的根本就不是这个意思"。

正确地引用受访者的话是记者最核心的品质之一。另外一个考量的因素是你对准确性的承诺。如果你错误地引用了某人的话，或故意让引言脱离语境，你的报道不但不够真实，还会使你的名誉受损。对于记者而言，我们唯一的商品就是我们的信誉。我们一旦损害或丢掉我们的信誉，就很难将其重拾。

---

① 同上，第 496 页。
② 同上，第 496 页。

　　而这伤及的不仅仅是你，受访者和公众都有着大象一般的好记性，他们一朝被记者伤害，此后就都很难再相信其他记者。你的漫不经心会让下一代的记者们更难开展工作。

　　不要向井里投毒。

第 9 章

笔记与录音

如果你做好这几点，应该就不会被告上法庭了

我之前提过笔记和录音的优缺点，但这个话题值得更深入地探讨。根据你所写主题的严肃程度，也许有必要对采访进行录音。如果对象是一个名人、政治家、公众人物、公共官员，一定要录音。律师呢？更不用问了。你可不想有人（特别是能轻易出入法庭系统的人）看过报道后说"我从来没说过这种话"或者"你这是断章取义"。录音可以解决这个难题。

你以为自己是下一个杜鲁门·卡波特（Truman Capote）——他向世人宣称自己完全不需要做笔记，因为自己能过目不忘——但你不是（几十年后事实证明，他也不是！）。你也许有个好记性，但相信我，你的记性其实没有那么好。最好是用笔或者录音机进行记录，如果两样都有就更好了，这样你就能更准确地描述对方所说的话。而如果有人指责你错误引用或者生编乱造，你也可以更好地为自己辩护。

简单地说，不管你采访的是谁，你都应该对他所说的内容留底。如果当年珍妮特·马尔科姆在采访杰弗里·马森（Jeffrey Masson）的时候手头留些证据，之后的生活也能好过一些。珍妮特在采访后于1983年在《纽约客》上发表了关于马森的长篇人物特写，又在1984年出了一本关于马森的书《弗洛伊德档案馆》（*In the Freud Archives*）。马森曾在弗洛伊德档案馆担任项目主管，而马尔科姆笔下的马森很难说得上讨人喜欢。马尔科姆写给《纽约客》的那篇文章，一共4万5千字，其中有5句引用了马森的话，而马森认为这几句话对他造成了诽谤，向法院提起了诉讼。他声称他从来没有说过这几句话，而这几句话严重损害了他的名誉。

这种时候最简单的，就是马尔科姆拿出证据说："你确实说过这几句话——这就是证据。"但问题是，并没有任何录音记录，也没有保留做过引言记录的笔记本。这个谎扯得就像一面大到能罩上整个扬基体育场的红旗。她对马森的大部分采访都做了录音，也做了笔记，但是当她需要证明那些引言确实存在时，却拿不出证据。

用一个词来形容这种行为：你采访了一个公众人物，引用了他颇有煽动性的话，对他的名誉造成了损害，却没法证明他确实说过这些话。这个词是什么来着？哦，对了：大胆。这场争执持续了10年之久，双方都为此付出了几百万美元的诉讼费。最终，一个联邦地方法院裁定，虽然引言中有一些内容是虚假的，但并未构成诽谤。在与公众人物相关的诽谤案中（马森显然属于公众人物），原告必须证明记者知道自己发表的信息是虚假的，或者至少证明其故意无视真相。法庭认为，马尔科姆虽然无法证明马森确实说过那些话，而马森也无法证明马尔科姆事先知道她发表的信息是虚假的。在法庭看来，马尔科姆也许在做笔记这件事上犯懒或者粗心大意了，但她并没有表现出故意无视真相。

到底什么是诽谤？

"诽谤"就是书面陈述中包含虚假信息，对某人的名誉造成了损害。它经常可以与"中伤"这个词互换，但中伤是指以口头形式陈述虚假的信息，从而对某人的名誉造成损害。诽谤和中伤都可以落在"诽谤罪"的范畴里。通过写作损害某人的名誉并不犯法，但如果你所写的东西是捏造的，那就是犯法。

当一个人以诽谤罪起诉某人，那举证的重任就落在提出诉讼的人身上，也就是原告身上。他起诉的人（希望不是你）则是被告。大多数情况下，原告必须证明被告的陈述被发表了，是捏造的，而且对其造成了伤害，并且被告在书写的过程中罔顾事实的真伪。原告必须证明上述所有内容才能赢得官司，因此诽谤案是很难打的。而法院正是故意这样设计的，因为他们不想让任何人，只要觉得感情受到了伤害就起诉别人，还顺带把法庭拖下水——更别提这浪费纳税人的时间和金钱了。

而如果你是一名公众人物或者公职人员，要证明诽谤就更难了。你仍然必须证明被告的陈述被发表了，是捏造的，而且对你造成了伤害，同时你还必须证明那个人**知道**他在捏造虚假事实，或至少证明他罔顾事实的真伪。这就意味着你必须证明对方在想什么。大家可以去查看一下美国最高法院判定的《纽约时报》诉苏利文案，我认为裁决得太漂亮了。

当有人起诉一名作家时，他又应该做些什么呢？鉴于举证的重担落在原告而非被告身上，如果被告可以证明他或她有理由相信所发表的内容是真实的，并且他寻求真相的方式是被作家所普遍接受的，他就拥有了坚实的法律依据。听上去很简单，但神奇的是，检察官可以让一名作家在审判席上觉得自己特别蠢。有什么好的建议吗？核实你的信息并对采访进行录音。

另外一点与诽谤案相关的思考是：艾奥瓦州诽谤研究计划（The Iowa Libel Research Project）回溯了这些年针对新闻媒体的诽谤案，研究员也向原告深入了解了他们为什么要提起诉讼。不少人说，他们一开始并不打算起诉，但当他们联系了新闻组织，并遭到粗暴的对待后，便燃起了复仇的怒火。新闻组织如果可以在最初接到投诉时礼貌待人并倾听对方，本来可以节省一大笔钱和精力的。他们不需要退让（如果他们做得对），但拥抱共通的人性才能越走越远。

注意了，这件事耗费了所有人 10 年的生命。10 年！

作为我们大学新闻社的指导老师，我与学校的同事、领导及其他人都聊过很多诽谤的问题。如果他们不喜欢学生写的报道，他们有人会告诉我，他们要以诽谤罪起诉校报（和我）。这时我总是拿出报纸，和他们一起详细地过一遍报道，看看哪里不够准确。我们偶尔会发现一个在事实上不准确的地方，但大多数时候，仅仅是他们不喜欢文中的描述。对不起了，兄弟，你不喜欢不代表作者就犯法了。如果学生的笔记或录音可以证明你所说的话，而这些话没有被断章取义，你是赢不了这场官司的。

有一次我接到大学教务长的电话说："我刚接受了你一个学生记者的采访，谈到一项新的学术政策，她居然一个字都没有记，这事儿正常吗？"[1]

"她录音了吗？"我问。

"据我所知并没有。而且如果我被录音，我想我应该知道，如果我正确理解了法律的话。"

你听出话外音了吧。他这是在警告我，最后的报道最好不要错误地引用他的话，在新政策一事上煽风点火。

之后我与那名学生记者聊了一下。

"听说你采访了我们的教务长，还没有录音，也没有做笔记？"

"是的，"她说，"我的记性特别好。我写报道时会记得他说的话的。"

我可以郑重其事地说这是一个糟透的想法吗？

"现在就把你记得的话写下来，然后发给他过目。"我说，"以防万一。"

她照做了，然后教务长对这名门萨[2]成员的稿子做了五花八门的修改。这下她要长记性了。

让我再重复一遍。对采访进行录音，或至少做好笔记，可以为你省去很多麻烦。如果你有一份别人讲话的录音，当这个人起诉你，说你损

---

[1]　把事情搞砸的，永远都是"我的"记者，但要是有人赢了全国大奖，那就是学校的记者。

[2]　门萨，指门萨俱乐部，是世界顶级智商俱乐部的名称。——译者注

害他的名誉、捏造事实时，这份录音可以成为你的绝佳辩护。如果你没有录音，但你做好了笔记，它也可帮到你。我说的是"好笔记"。所谓好笔记，就是字迹清晰易读，陪审团可以辨认出你的报道中写下的相同的字句。一份好的笔记可以帮助你说服陪审团（这种情况下你有必要这么做），你不是一个粗心大意、马马虎虎或会胡编乱造的人。

里根总统任期内有一项联邦任命被推迟了，部分原因是一名记者在专栏文章中引用了肯尼斯·阿德尔曼（Kenneth Adelman）的话，后者称"军备控制"的说法是"骗局"（sham）。但当记者肯·奥莱塔（还记得他吗？就是问芭芭拉·沃尔特斯"树"那个问题的记者）展示自己的笔记时，发现他在"遗憾"（shame）这个词上画了一道线，然后在旁边写了"骗局"（sham）。奥莱塔坚称阿德尔曼用的词是"骗局"。

但你也能看出这里引起混淆的地方。

阿德尔曼不但否认他说过"骗局"，还否认接受过奥莱塔的采访。但至少在第二点上，奥莱塔有证据：他的电话记录显示两人通过话。就因为他的笔记写得不清楚，让他的处境甚是艰难，但说句实话，这完全是不必要的。

在采访中需要特别进行录音的受访者，不光有政治家和公众人物，还有其他类型的受访者，比如有语言表达障碍的人、油嘴滑舌的人还有小孩子。之所以要对他们进行录音，是为了准确地捕捉到他们是如何构建句子结构，以及使用了何种表达。当然，你不必使用所有的录音内容，但录音可以让你感受他们诉说的方式。

录音的礼节

在打开录音设备之前，一定要寻求受访者的允许。是的，一定要。

即使你所在的州并没有这样的法律规定，但采访最好的策略仍然是相互
了解和认同。在未经允许的情况下对别人进行录音，是不道德，甚至可
能是违法的。通常我会把录音设备掏出来，让受访者明确地知道我会在
采访中录音。如果受访者不接受录音，我通常会劝说他们重新考虑，比
如我会说："是吗？事实上这是保护我们双方最好的方式。录音要比做笔
记可靠多了。你看到我的笔记了吗？"通常若是一名受访者不想让你录
音，他压根也不想你做笔记（关于更多"不得发表"的采访，详见下一
章节）。

当我对一个采访进行录音时，我会把录音设备摆在一个角度，确保
我可以看到设备上显示的时间。这样一来，当我做笔记时（我是不是说
过两样都**必须**做？），当对方说到重点的时候，我可以扫一眼设备，把时
间节点记在笔记的旁边。之后就可以直接找到引言的录音片段，而不需
要来回查找。下面是一些其他有关录音的注意事项：

> 一定要给录音设备充满电。如果你的设备可以直接接入电源，那
> 再好不过了。但如果设备需要另外加入电池，就要在每次采访的
> 时候换上新电池，哪怕之前只消耗了一点点电量。我有一个收纳
> 盒，里面全是用掉一部分的电池，这些电池会在其他不那么重要
> 的场合派上用场。如果我使用可以充电的电池，就能减少我的碳
> 足迹，但我从来不记得用。

> 把录音设备放在一边，不要放在受访者的视线内。这样受访者
> 就不会想到自己所说的**所有内容**都在被录音，受到的干扰会小一
> 些。但一定要把它放在你自己的视线内，时不时确认它是否正常
> 运行。

> 在采访开始或结尾让受访者说出（或拼出）自己的名字。这段录
> 音可以在日后作为证据，证明你与谁说过话，他或她的名字怎样

拼写，并且证明你的录音得到了对方的允许。

> 在采访结束后，立即将录音下载到闪存、云端或者其他设备里。你进行录音的设备可能会丢失、被窃或受损。有时还会被警察查收，比如边境巡警或 TSA（美国联邦运输安全管理局）。海关或其他执法部门有时会以这种方式展示他们的权威。就像当局会让摄影师把相机打开，曝光他们的胶卷，让照片作废一样。战地记者经常会遇到这类麻烦。虽然对方的做法不见得合法，但是穿制服的人往往不想和你就这个问题在现场展开讨论。而你在失去手上的信息后很难证明他们做得不对。我再重复一遍：把你的信息保存在多个地方。

> 在听过自己采访别人的录音后，问问自己有什么要改进的采访技能。你会不会花了太长时间才进入正题？让我再用我最喜欢的冰球来举个例子——如果你看过很多冰球比赛就会发现，某些裁判员（技术上称为"巡边员"），负责在争球时为双方球员开球。但总有那么一个巡边员，会忘记自己真正的职能是什么，总要教育一下选手们开球的规矩，把一名球员赶出争球圈，然后推迟开球，引得双方的观众和球员都怒不可遏。① 事实上采访者也经常有这种倾向，而弄清这点最好的办法就是听自己的录音：你是不是在别人结束说话之前就打断了他？你是不是在与受访者争论？你是不是因为太过专注于下一个问题，而错过了追问的好时机？你有没有在采访中笑或咳嗽或做其他惹人不快的事情？我就发现我说太多"啊哈"了。闭嘴吧，迪恩，让对方说话！

---

① 我怀疑这些人这么爱卖弄，是因为他们的小孩从来不听他们的，他们这是在寻求补偿。我听说有一次，一名球员对一个巡边员说："你应该知道吧，人们买票不是来看你开球的？"我记得这个人之后被罚出了争球圈。

说到"闭嘴吧，迪恩"，我想起之前采访过财经记者卢·鲁凯泽（Lou Rukeyser）。他是每周五公共电视节目《华尔街周刊》的主持人。我当时正在写一篇很长的文章，有关商业和经济报道的变革，因此需要他的见解。我花了很大的力气说服鲁凯泽，他最终同意在下一个节目录制开始之前，与我简短地聊个几分钟。见面后，我先是感谢他能接受我的采访，对他成功的事业和有趣的节目发表了一连串溢美之词，然后开始长篇累牍地叙述我这篇文章的写作背景，然后问了一个由太多部分组成的问题。他最终打断了我。

"如果你不说话的话，我会回答你的问题。"他说。

这样的话听上去很无礼，但事实上我对此心存感激。我的火车一旦驶出站，连我都不知道它会停在哪儿。好在鲁凯泽在我跑得太偏之前拦住了我。之后他告诉我一些极好的信息，而且一如既往，这些消息很有被引用的价值。然后时间到了，他说他得走了。真是太感谢了，卢！

万一你还不确定……

我是不是已经说过了，就算你对采访进行录音了，同时也要做笔记？因为你必须这么做。你必须留下实实在在的记录。用钢笔或铅笔写在纸上的记录。

不管你从事什么职业，做笔记都不是一件易事。作为记者、治疗师或社会工作者——你做笔记时要足够快，才能不妨碍对话继续进行，但也不能快到你之后无法辨认自己的笔记。你的笔记应该清楚地让人识别出写的是"骗局（sham）"而不是"遗憾（shame）"。但你也不能写得太慢太有条理，让你的受访者不得不等你写完（他们也许有耐心等待，也许没有）。你要经过大量的训练才能在与某人聊天时，一直看着对方的眼睛，只是偶尔低头扫一眼正在书写的笔记，让对话不间断地进行下去。

当我接受别人的采访时，我有时想要稍微指导他们一下："嘿，你是在和我说话呢！"

在我的课上，我会让学生们互相采访，然后大家练习眼神接触、非语言的暗示和使用身体语言，**同时**准确地做笔记。我在之前的一章里提过，你如何让身体前倾，如何使用面部表情，如何利用沉默，你如何一边看着受访者，一边在笔记本上做笔记，你如何使用"嗯哼"和"啊哈"，在一次采访中要考虑的因素很多，但它们全都十分关键。你只有通过练习去熟练地掌握。

我有一个同事为了成为一名更好的记者，专门学过速记。如果你还太年轻，也许你不知道，速记曾经是秘书们必备的一项技能（看看《广告狂人》你就知道了），他们以速记的方式记录会议纪要，或者老板的口述（显然这些人无法自己写备忘录），他们会写得很快，而且保证百分之百正确。如果给你看一页速记笔记，速记符号看上去就像象形文字。我就完全搞不懂我同事的笔记都记了什么。但她自己知道，而且她的记者生涯非常成功，从来没有人指责她错误引用、错误描述或者断章取义。

我们剩下的大多数人，往往会发展出一套自己的隐秘速记法。

我在做笔记的时候不会写下对方说的每一句话。我的脑子一直在"重要"和"不重要"之间切换，我一定会写下"重要"的部分，然后跳过重复的，以及我已经知道或者根本不关心的背景叙述部分。

但是，你不能停止书写，然后一直看着受访者，直到他或者她说出下一件有意思的事情，然后再把那件事写下来。如果你只是盯着受访者看，只是微笑或点头，等好久才写下一段笔记，你的受访者会想："我是不是说得太无聊了？我跑题了吗？她为什么什么都不写？我最好赶紧说点儿有意思的！"

更糟的是，你的受访者会想："她最好把这个记下来，我现在说的这些字字珠玑，如果她记得不够准确，我就有麻烦了。"

　　关键在于，不管对方说的话有没有意思，你都要一直记一直写。当对方的话不需要记下来的时候，你正好有机会回去补充之前的笔记，或者草拟一下接下来的问题。如果我在等受访者说完一个（没什么必要的）想法，我仍然会保持书写，但我其实是在补充之前受访者说的话，把记录下来的关键词连成句子。而一边补充之前的句子，一边留意受访者正在说的话，也需要一定的练习，但你可以学。我知道有研究称，多任务处理根本是种谬论，对此我基本表示赞同。但我认为，"一心二用"在一次几秒的时间里还是可以做到的。

　　我在（面对面或电话）采访中会写下句子的片段。我会记录许多名词、动词以及一部分有趣的说话方式或者特别重要的内容。如果我听到一段陈述，觉得着实重要，我会打断受访者说——"稍等一下，我想一字一句地记录下你的说法"，然后我要么在彻底的沉默中记下刚才的话，要么让受访者重新说一遍。通常当我这么做的时候，受访者会接收到我的信号，认为刚才的陈述需要一些解释或者更深层的剖析。每次采访你都可以这么做几次，但一定要明智地选择时机。否则，采访会像一部磨磨叽叽的直梯，有人在里面按了所有的楼层按钮——每层都得停一下，一点儿都不顺畅。

　　如果受访者说到某个非常重要的点，而且内容有些复杂时，我也许会接上一个我称之为"垒球问题"的提问——也就是某个我已经知道答案的问题，或者我会引导受访者描述一个我并不需要的逸闻趣事——从而争取时间，将上一个问题的答案记录完整。如果这个策略行不通，我会在笔记的空白处写上"澄清"的字样，然后在采访结束之前回到这个问题上，比如说："刚才您说到 X，我不确定完全理解了您的意思。我们可以重新回到这个话题上吗？"

　　相信我，受访者希望你能理解对。他们不介意的。

你的工作尚未结束

采访结束后，你的工作尚未结束。当你回归独处的时候，有一个非常重要的任务。你必须立刻拿出你的笔记，然后将所有的句子片段连成完整的话。你必须将记录下的单个动词和名词，竭尽所能地组织成一段受访者所说的话。而且你必须马上就做。你的短期记忆是很好的，但只能持续几分钟，而不是几小时，更不可能持续几天时间。因此如果你的采访是在受访者的办公楼进行的，你需要在离开办公楼之前冲进洗手间，将那些语言碎片重新组织成完整的句子。

我就这么做过，当时我站在洗手间的正中间（我没考虑走进隔间），结果受访者走进来发现我正在疯狂地书写。场面一度十分尴尬。

"我正在补充笔记。"我说，脸上露出尴尬的微笑。他点点头，走过我身旁，撒了一泡尿。场面再次十分尴尬。

从那以后，当我要在洗手间补充笔记，我会去另一个楼层，然后冲进那里的洗手间。

你也可以等回到自己的车里，在离开停车场之前来做这件事。或者在附近的咖啡厅稍作停留，把笔记补充完整。但你等的时间越长，你越可能忘记一些巧妙的比喻、句子或描述。

如果等你回到家里或者办公室里，你已经忘得差不多了。如果你一直等到几天后，又做了几个别的采访，准备动手写文章的时候再做这件事，那么我希望你购买了诽谤险。

在你对手写的笔记进行了补充之后，我建议再加一个步骤：把它们用电脑打出来。是的，将你所写的笔记，用电脑再打一遍。如此一来，笔记会变得清晰、干净，而且方便你需要的时候对其进行组织。

对引言进行文字整理的最佳方式

在采访进行录音后，有些事情需要注意。对录音进行文字整理是单调乏味又烦人的。你可以雇别人来替你做这件事（多谢了，实习生们！），但我认为最好还是你亲自来做。你知道自己都问过什么，受访者都说过什么，你知道某些噪声是什么。而且你不会将所有的"呃……"或者"嗯……"等重复的内容誊写下来。实习生会将所有内容都誊写下来，因为他还无法独立思考。他的大脑可能仍然处在"爬行动物"的阶段，还只会听从你的吩咐（"誊写这份录音"），而不是做出正确的判断。你知道什么重要什么不重要。因此你（而且只有你）知道哪些内容可以跳过。

这里涉及一个对于作家而言，非常重要的道德难题。在使用引言时，你应不应该纠正受访者的语法和句子结构？如果引言里有些话品位极差，或者有可能冒犯到别人呢？我要用一个几乎可以回答所有新闻道德问题的答案说：看情况。

情况可以分很多种。你的受访者是媒体通吗？他／她是第一次被采访和被引用吗？英语是他／她的第一语言吗？他／她是孩童吗？他／她说话的方式会延续一种有害的刻板印象吗？对于纯粹主义者而言，上述问题都无关紧要。我们就应该原封不动地引用他／她说的话。但是这种正统的做法，会显得我们是在取笑受访者，嘲笑他／她说话的方式。如果我们不修正，显得我们好像居高临下，但如果我们修正了，又显得我们不诚实。

其中一个考量的标准，便是采访录音是不是由他人录制的。如果采访录音可能被放到网络或广播节目中，那就不需要考虑：你必须逐字逐句引用他或她说的话。

在德怀特·艾森豪威尔任总统期间，公众人物的讲话都是经过明显修饰的。因为他绝对称不上是一个演说家，总是把话说得乱七八糟。 如果你在报纸上读到他的引言，一切都显得正常而简洁。但如果你在收音机上听他说话，那就是另一种完全不同的体验了。

报道布什总统和他儿子小布什总统的白宫记者们，也面临着这一挑战。这两位人物即兴回答记者提问的时候，所有的英语老师都在哭泣。但随着广播和网络媒体的普及，印刷媒体的记者再也不能通过让主语和动词一致，向总统先生们表示礼貌了。

这里我们说一下礼貌的问题。如果你的受访者没有正确使用语言，当你一字不差地进行引用时，未免显得你是在故意让他或她出丑。在我执教的大学，学生报纸和网站上曾经很喜欢引用教职员工和领导给编辑的来信。如果里面有语法、拼写或其他任何错误，编辑们会兴高采烈地在每个错误后面加一个"（sic）"。在拉丁语中"sic"的意思是"原文如此"。所以当学生们这么做的时候，他们是在指给读者们看。"我们知道这里写错了，但是这个笨蛋显然不知道。这样的白痴居然还在教我们，你们能相信吗？"或者其他这一类的信息。学生们很喜欢让教职员工和领导出丑。我明白，一定程度的问责是有用的，但是有时这么做只会显得很刻薄。

在我们引用别人的话时，我们需要思考我们的意图。这个才是判断的关键。一般而言，我更倾向于修正原文错误来表示礼貌，但有时公众应当看到受访者原本的表达方式。比如说，我经常会一字不差地引用孩子们的话，因为孩子经常会以创造性的方式说出一些事情，会在我书写的故事中加入很多个性化的元素，让故事看起来更真实。

如果受访者的母语不是英语，引用起来会更棘手一些。有一次，我很想引用另一个国家政治领袖的话，他的英语不错，但不够完美，当他形容一次精神顿悟的时候，他说："就像圣徒保罗从马上摔出来一样。"他将他的经历比作《圣经·新约·使徒行传》里保罗的经历。圣徒保罗（当时还叫扫罗）正在迫害基督教徒，但突然听到了上帝的声音，将他从马上掀了下来，并让他遭遇了短暂的失明。摔"下"马和摔"出"马是不同的，后者听上去像是他正重演特洛伊战争。对于这种困境，解决方法通常是将句子进行转述，写成"他将自己的精神顿悟与圣徒保罗的一段经历相比较，按照圣经的叙述，圣徒保罗在听到上帝的声音时，突然失明并摔下了马背"。

如果受访者使用了错误的语法呢？你要进行纠正吗？

这要看情况。

我在《洛杉矶时报》的一篇犯罪报道里看过这样的引言——"我看见强盗跑出商店"。这样的引言有什么意义呢？不会为报道增加任何色彩或个性。如果你写的是小说，那又另当别论了。哈克贝利·芬和吉姆可以用任何你希望的方式说话，但如果你是在写非虚构类作品的话，这样的引言就显得你像文盲。一读上去，就感觉你是在嘲弄受访者。这里的解决方式依然是转述。你可以写"目击者称，他们看到强盗跑出了商店"。

如果你对语法进行了纠正，尽管只是一点点，那还能在引言上加引号吗？

在我看来，是的。我认为可以纠正引言中有关主谓一致、代词和时态的错误，如果引言对于报道很重要的话。但对于有些新闻机构来说，引言是神圣不可侵犯的，你不得以任何理由改动引言。

但如果报道旨在深入挖掘一个人物，则需要更长篇的引用，这种情况下不对引言进行任何修改会让引言更加真实。这全在于你报道的目的。

而且通过笔记，很少有记者能将受访者的话百分之百地还原出来。当我们为一段受访者的陈述加上引号时，我们是在告诉读者，这已经和受访者要表达的意思非常接近了。读者看到了那些双引号，认为那是逐字逐句的引用。除非我们对采访进行了录音，否则我们真正要说的是我们已经尽可能接近采访的原话了。

你看出这里的问题来了，对吧？当我们做笔记的时候，我们或许已经在对受访者的话进行编辑了。我们很可能在无意识的情况下纠正了对方的语法，用正确的词汇替换了对方使用的错误词汇。之后，当我们将这些引言加入报道的时候，又进一步进行了修饰。有太多机会对受访者的陈述进行修改，从而让他们显得更聪明或者更愚蠢，将引言硬塞进我们要表达的观点里。

大多数时候，我们都只是无意中这么做，然后让报道更好阅读。

如果你不相信我说的，不相信做笔记时有多容易改变一个人所说的话，那就找一个人采访他 10 分钟左右，然后尽你所能地将笔记做好，但同时也对采访进行录音。当采访结束后，将你的笔记串成完整的句子，形成实际的引言，然后再与你的录音作比较。

不管你是否选择对采访进行录音，都要向珍妮特·马尔科姆学习，随时准备好捍卫你的决定。做好记录，然后决定你是否要使用这份引言，不要只依赖于你的记忆，杜鲁门·卡波特。

第 10 章

你应该知道的术语

我们会使用这些词汇，但它们到底什么意思呢？

有一次，我接到《纽约时报》国内版的电话，让我去一栋发生了大规模谋杀的房子看看。我给妻子和孩子留了个字条，就开车前往圣迭戈北部一个叫兰乔圣菲的地方。那里是圣迭戈县最富裕的地区，尽是占地几英亩的豪宅——而且不像拉霍亚的那些宅子都挤在一起。兰乔圣菲的房子配有马厩，毗邻高尔夫球场，还有很多没有标识的街道。如果你不知道该怎么走，那多半是因为你不属于这里。

编辑手上没有具体地址，我只能先到那里，再想办法找事发地点。我先是停靠在兰乔圣菲的一个消防站前，向那里的人询问。但他们个个守口如瓶。就在我从消防站走出来回到车里的路上，我注意到天上有一架直升机，打着聚光灯在空中盘旋。它甚至没有在打圈儿，而是停在一个位置上。

我开车驶过那些没有路牌的街道，眼睛紧盯着那架直升机，希望自己一会儿还能找到回家的路。最后，我终于接近了事发地点。数量众多的警车和闪光灯将其暴露无遗。我停好自己的车，在聚光灯下走向事发现场。警察好几次拦下我，但我凭着记者证穿过了黄色的警戒线。在我走向房子的路上，我向若干人询问到底出了什么事，但我得到的全是语义含糊的只言片语，什么"大规模谋杀""隐形的太空飞船"和"海尔-波普彗星"。

我走近事件发生的房屋，一名警长助理显然负责把守前门。我做了自我介绍，问这名年轻人是否可以告诉我事发的经过。

"不，先生，我不能。"他说。

"房子里死了很多人吗？"我问。

"无可奉告，先生。"

他目视前方，不与我进行眼神接触。就像白金汉宫门前的守卫。

"我听说这是一起大规模谋杀案 —— 是吗？"

"无可奉告，先生。"

"尸体还在里面吗？"

"无可奉告，先生。"

"我可以进去看看吗？"

"如果您试图这么做，先生，我将逮捕您。"

"所以里面确实是犯罪现场了，但你就不能告诉我到底发生了什么吗？"

"我不能，先生。"

为他坚定的个性点赞！

然后我突然想起，我认识的一个警长助理也在这片区域工作。

"你知道我能在哪里找到×××吗？"我提起另一个警长助理的名字。

警卫身上明显有一丝抽动，他看了我一眼，只有1秒钟，又回到了他原来的姿势，目视前方。

"您也许可以去他家里看看，先生。"

我走回自己的车里，给那名助理家里打了个电话。他接了电话。

"我在兰乔圣菲的那栋房子前面，这次是受《纽约时报》的委托来的。"我说道，"你来过这里了吗？"

"是的。"

"发生了什么？"

"我其实不能告诉你。"

"你为什么离开了现场?"

"我必须去一趟医院。"

"啊! 为什么?"

长久的沉默。

"我们认为还有什么东西残留在房子里的空气中,所以我必须接受检查。"

"等等 —— 你之前进过房子吗?"

"是我发现了尸体。"

现在轮到我长久地沉默。

"你还好吗?"

"嗯 —— 还好啦。"

又一段长久的沉默。

"一共有多少尸体?"

"十几具吧。"

"都是怎么死的?"

"这就是我们要弄明白的。听着。我真的不能跟你谈这些。"

"当然,当然。那什么时候我们能谈谈这些呢? 我很想知道你都看到了什么。我可以去你家,如果这样更合适的话。"

"不行。这件事上我不能成为你的消息来源。"

"当然了。我懂。那谁还知道得和你一样多? 我可以和他谈谈吗?"

长久的沉默。

"明天早上一早来警局和我见面。但不要进来。把车停在停车场的另一端。"

我挂了电话,走回命案发生的房子。又来了更多的警察,以及更多的记者。警察局长也到了,他将新闻媒体都聚集在他周围发表声明。他称这栋房子就是大规模自杀的现场。39 名男子于前一天晚上了结了自己的性命，以求登上跟在海尔-波普彗星后面的隐形宇宙飞船。这个团体将自己称为"天堂之门"。

我利用这天夜里剩下的时间，采访了周围的邻居、当地的小商贩、警察、宗教领袖和法医，和《纽约时报》洛杉矶办公室赶来的团队会合并一起工作——他们在附近的酒店租了房间，作为他们的新闻总部。

第二天，我开车去警察局，将车停在我朋友指定的地方。我从车里走出来，我朋友穿着便服从警局里走出来。他示意我向警局相反的方向走。

"我们一边走一边说。"他赶上我后对我说。

我问他怎么样了，为什么没穿制服。他说他很好，但他们还不想让他归队，因为目前还不能确定到底是什么让"天堂之门"的成员毙命。是通过通风口吗？不管他们做了什么，似乎并不暴力，也不血腥。那似乎是一种神秘而隐形的东西。

当我们离警局已经有一定距离后，我的朋友说："这是你报道的关键，可能正确，也可能错误，而且你不能引用我的话，你甚至不能指明你在警局内有一名消息人士。但我希望你的报道能尽量准确。当所有人都在推测，又推测错的时候，我们的工作会变得特别麻烦。"

在接下来的半个多小时里，我们一边走，他一边告诉了我调查进行的情况、尚未弄清的盲点，以及某些新闻报道中大错特错的地方。

随着事件报道的不断升级，这一案件震惊了全世界，而我们以这种方式度过了接下来的好几个早晨。

他不知道这个新闻术语，但他所做的事情，其实是充当了我的"幕后消息来源"。他在教育我、引导我，甚至在我们做错事的时候批评我。但我绝对不能曝光他的存在。

他就像是我的"深喉"——鲍勃·伍德沃德在《华盛顿邮报》上揭露水门事件时，潜伏在美国政府里的秘密线人，这名线人的秘密身份一直到几十年后才公开，他是美国联邦调查局的马克·费尔特（Mark Felt）。随着报道的进行，只有伍德沃德、卡尔·伯恩斯坦（Carl Bernstein）和他们的编辑本·布拉德利（Ben Bradlee）知道"深喉"的身份。在水门事件发生大概 10 年之后，我通过一个共同的朋友结识了布拉德利。我的朋友向他介绍我是一名记者，也是一个新闻学教师，布拉德利露出大大的笑容，用沙哑的声音说："很高兴认识你，我也很乐意回答你的任何问题——除了那一个！"他对费尔特的身份一直守口如瓶，直到 30 多年之后的 2005 年，费尔特自己公布了自己是伍德沃德线人的身份。

如果我的线人也遵循马克·费尔特的模式，他还有几年才会揭露自己的身份。

任何人在处理复杂话题的时候，都需要有人在"幕后"为他提供信息，记者尤其如此，但对于其他需要与专业人士直接讨论话题的人也是如此。社会工作者、律师、人事专员、客服代表，以及任何靠与人沟通为生的人，都需要有人从幕后给予他们教育、反馈和指导。

在新闻学里有一些特定术语来描述这种"采访之前的采访"，比如"幕后消息来源（on background）""不具名（not for attribution）"和"不供发表（off the record）""公开发表（on the record）"等。我们以为凭字面意思就能理解这些术语的含义，但事实上，很少有人能在这些术语的定义上达成共识。此前有一名作家试图解决这一难题，他向 5 位《华盛顿邮报》的记者提问，让他们说明每个术语的含义，但他们没能就任何一个术语达成一致。

所以接下来我对这些术语的阐述，源自我的所学和我作为一名作家的亲身实践。但要说明一点：不管你是否同意我下的定义，这不重要。重要的是，**你和你的受访者**要对这些词的定义达成一致。在你与"幕后消息来源"沟通之前，先确保你们都理解这意味着什么。

"幕后消息来源"

当我与"幕后消息来源"交谈时，我是在向对方请教问题。我没有请求对方为我写的报道提供可以引用的陈述，只是因为他对这个话题有更多的认识，同时他愿意与我交谈，也许他还可以告诉我，谁才是好的信息来源，可以接受"可供发表"的访谈。

这样的背景采访至关重要。尽管它只是出于求教的目的，但你仍然需要在采访之前做好准备。虽然采访的形式没有那么正式，但你也不能提出比如"股票和债券有什么区别"这样的问题。这些知识点你可以自己去学。你可以问"为什么在某个特定的经济时期，某项投资比另一项更明智"。

我曾经做过一个长篇报道，关于一群生活在美国和加拿大边境的美洲原住民，他们一起创办了一份颇有影响力的报纸。在阅读了大量我能找到的过刊后，我还采访了一些那份报纸写过的社会话题中的美洲原住民，以此来检测这份报刊的受欢迎程度、有效性和诚实度。如果我觉得有必要引用那些人的话，我会之后再与他们取得联系，获得他们的许可。但鉴于我只是为了寻找报道的角度，我只是向他们泛泛地询问了对于报纸的认识，以及他们认为我应当向编辑提出什么问题，我到时会去美国和加拿大的边境与编辑们待几天。

在一个重大采访之前与其他人交谈，可以获得一些之前没有的想法。我经常问别人："如果让你与某某交谈的话，你会问他们什么问题呢？"这并不是说你会在报道中使用这些初步的对话内容，但这些内容可以为你的报道增加信息，甚至可以塑造你的故事。背景采访至关重要。

但我再强调一遍，按照我对背景采访的定义，你不能将采访的内容用到报道里。你所得知的信息可以起到指导作用，然后你可以通过更多的采访或报道，去其他地方对其加以确认，但你不能公开使用这些信息。

举个例子，我之前对一个摇滚乐队进行了报道，在进行背景采访时，我听说乐队的一名主要成员有一些健康问题。信息是通过我的"幕后消息来源"获得的，所以我无法将它运用到报道里。我之后是这么做的——我采访了这名乐队成员，并对他说："你们全员仍然这么健康，这么摇滚，真是太棒了。你们是如何保持精力的？"这是一个有针对性的问题，我当然已经得知这名乐手的身体耐力出现了问题。这时这名乐手自己说："事实上，我身体出了些问题。"他之后详细地谈论了这些问题，然后我把他所谈的内容收录到了我的报道中。如果不是得到他人的提点，我是不会想到问这个问题的。

这听上去很复杂，但事实上我们即使不做新闻报道，也会利用"幕后消息来源"的情报来设计问题。比如说，你得知你的一个朋友正在和某人约会，但告诉你这个消息的人要你发誓绝对不能说出去，这时你很可能会问你的朋友："所以，你最近有和谁约会吗？"你已经知道答案了，这是幕后线人告诉你的，但你得通过亲自追问得到明确的回答。

某种程度上说，我一直在做背景采访。我手头总是有报道在做，而我总是在思考应该怎么写。这就意味着如果我和朋友去吃饭，他们会问起我在做什么，我通常会跟他们讲述我的工作。然后我会问他们，对于这个话题他们有什么想知道的，如果他们要采访我即将采访的那个人，他们会问什么样的问题。

我得到的答案不见得都有用，但四处打听（或者可以说非正式的调查）会给你带来此前没有的想法。最常见，也最有用的地方，就是当我与朋友们提到某个话题时，有某一点抓住了他们的注意力，之后他们会将一些文章、演讲、采访、网络链接之类的发给我，加上一句留言——"你之前在晚餐时提到这个话题。我刚才看到这个就想起了你"。这些材料通常非常有用。这就好像你背包里装着一小群研究人员。

但你这时候要小心。不是所有人对你说的所有事都能采用，即使是进行背景采访也不行。举个例子，我和妻子结婚两年之后，我那时才刚刚在新闻界起步，而她在一家大医院里处理病人账户。一天晚上，我们去餐厅吃晚餐，聊聊彼此这一天过得怎么样，她开始跟我讲述她的工作，一个病人因为保险条款的冲突来找她商谈。这家医院为病人进行性别确认手术已经有一段时间了，但显然医院希望对此保密。这名特定病人的窘境在于，他在开始变性手术后，保险被终止了。他现在被卡在一个进退两难的地方，无法继续购买保险。医院需要他支付费用，但病人没有保险无法支付，而保险公司已经表明不会支付。因此医院基本上就是在对病人说"你什么时候能支付剩余的手术费用，我们什么时候把手术做完"。

当我听妻子讲完这个令人揪心的故事后，发现她正用奇怪的样子看着我。她低头看向我面前的桌子，把眼睛眯了起来。我很讨厌她这样做。显然，在她给我讲故事的过程中，我把餐盘挪到了一边，开始在纸质的餐垫上做笔记。我发誓我甚至没意识到我在干什么——纯粹是出于本能。这个故事里有所有我在新闻学院里学到的元素——冲突、碰撞、亲近感、时间线、创新性和人情味。这个故事完美极了。

可惜的是，我妻子并不这么认为。

"你在干什么？"她问。

"这个故事太棒了！你觉得我能和病人聊一下吗？"

太可怕了。我妻子的眼睛眯得更小了。

"不，你绝对不能去找病人！这是一个病人和账户代表之间的私人对话！你那么做会侵犯他人的隐私和违背道德准则。他会知道你从哪儿得来的消息，而我会被医院指控侵犯病人的隐私从而被解雇。你是不是疯了！"

疯了？不至于。犯傻？也许吧。对夫妻关系毫无概念？绝对是。

"再说了，"我妻子还没完，眼睛眯得快看不见了，"我们只是在一边吃晚饭一边聊天。你不能在这种时候做笔记。这是私人对话。我不是你的线人。我是你妻子。"

她拿走我面前的纸质餐垫，撕成了碎片。

这是对婚姻，也是对新闻学一次很好的教训。我只希望我能在她撕毁餐垫之前，给笔记拍张照。

第二天，我开始查阅这一主题，发现要开启手术程序，必须有精神科的医生参与，由他签字同意。由于我们所在的城市只是一个中等城市，我开始给城中所有的精神科医生打电话。我会在电话里大概说这样的话："我正在着手写一篇报道，有关性别确认手术中的种种，据我所知，需要精神科医生的参与。我是否能请您聊一下，这种参与过程是怎样的，在你同意手术继续进行之前需要考察哪些方面？"

我一开始联系的医生都说他们从未参与过，也不想进行推测。

又打了几个电话后，一名精神科医生说："好吧，你已经知道在这个城市也可以做这种手术吧？"

"真的吗？"我说，"您在某种程度上参与了吗？"

"是的。"

"我能过来和您谈谈吗？"

当我们见面后，我没有提我知道这名病人在保险问题上遇到的问题，但我问他，保险是否可以覆盖全部的医疗服务。

"算是吧，"他说，"但目前还有一种情况，正在寻找解决方法。"

我们之后大致探讨了"这种情况"。我问他是否可以让我和病人聊一下，他意料之中地回答"当然不能了"，但我必须试一下。

因此我最终写成的故事，不是关于那位病人悲惨的困境，更多的是关于要在当地医院进行这种手术需要具备哪些资质，以及保险是如何承保的。这个故事只是间接地提到了我妻子遇到的那位病人。我们在餐厅里的那场对话可以算作某种"幕后"采访。故事里没有涉及我的妻子，但她在这个问题上启蒙了我，让我得以找出更多的信息。她也教会我，幕后采访与夫妻间的日常聊天是有区别的。40多年后，她还是会经常在对话的开头说："现在要说的，你不能用在任何地方。"同时迫使我直视她的眼睛，并向她保证我现在不是在工作，而只是在听某件趣闻。

偶尔，如果故事真的很有料，而我知道她以为我在开玩笑，我会找一张纸片并写下她的话。但我不会使用它，至少不能让人知道话是她说的。

"不具名"

"不具名"的意思是，我可以使用信息，甚至可以引用这个人的话，但我不能指名道姓，就算我引用的方式能让读者猜出他或她是谁。

不具名的采访是有用的，但效果会受到限制。这样的采访可以向读者表明，你有知情的线人，也有理由相信他们。但这不代表公众就会相信他们。

人们愿意泄露信息却不愿意暴露自己的身份是有原因的：也许是因为他们的雇主不允许他们在公开场合讨论一个话题；也许他们希望公众知情，却为自己的工作或安全感到担忧；也许他们只是想帮助你，但害怕和记者或报道产生关联；也许他们另有企图。

当我们谈论"不具名"采访时，我们主要是在讨论匿名线人。这一实践在政治新闻界很重要，且历史悠久，但实际上这一实践存在于所有跟公共利益挂钩的新闻报道中。当某位总统不想让民众知道某件事时——比如说，让我们做一个假设，也许，在东南亚的某个国家发生了一起秘密轰炸行动，而白宫相关人士认为，美国民众也许应该知道——仍然是一个假设——我们即将发动一场秘密的、未经授权且赢不了的战争，战争将导致成千上万的美国士兵丧生，并花费纳税人上百万美元的税收收入，对此感到忧虑的某些人也许会与记者取得联系，向公众发出预警。他们会告诉记者一些信息，但要求自己的身份得到保护。他们甚至可能会将 9000 页的复印材料发给记者。

这种行为被称为泄密。总统们憎恨泄密者（除非总统自己泄密，他们有时会这么做），他们都声称要堵上泄密的源头。理查德·尼克松甚至将一支行动小组命名为"水管工"，来阻止政府秘密情报的泄漏。

泄密对于民主的实践至关重要。它们有时是公众获取信息的唯一方式。在需要保密的地方使行动透明化，是一种对有权势的人和机构发起问责的方式。有很多信息，不管是性骚扰、毒害空气和水资源、秘密轰炸一个国家、致癌产品等，总有人想要掩盖事实，因为会危及利益和名誉，但同样也会危及人们的性命。

会有人滥用泄密和匿名的行为吗？肯定会。竞争对手会通过泄密来破坏对方的政策、项目和产品。记者在驶入匿名的领域时必须睁大眼睛。匿名线人和不具名引言的众多问题之一，就是公众往往会感到不信任。读者或观众也许会问："我怎么知道这不是记者自己编的，然后说有匿名线人提供情报？"这个问题很有道理。

我曾与墨西哥一家新闻机构的编辑聊过，这家机构因积极报道贩毒集团和政府腐败而闻名。他们一直在利用匿名线人的情报。事实上，这是那些犀利的报道获取大量情报的唯一方式。

"你们怎么知道匿名线人的话都是真的？"我问道。

"我们会让至少 3 名与他不相关的线人验证情报的真伪，"她说，"如果我们要发布不具名者提供的信息，这是唯一的方式。"

这家报社的新闻室墙上，用大字引用了一句名言："丢掉一篇报道好过丢掉你的可信度。"这句话值得被文在身上。

美联社对于匿名情报的使用有更详细的规定：

1. 情报是信息，不是观点或推测，并且对于报道至关重要。

2. 除非消息来源坚决要求匿名，否则不可使用此信息。

3. 消息来源必须可靠，且能够获取准确信息。

我有时也会使用匿名的消息来源，但仅仅是在我已经付出非常非常多努力，仍然无法说服他或她公布名字的情况下。有时消息来源只有确保自己的身份会得到保护后，才会同我交谈。在我们详细地讨论具名的好处后，如果对方仍然拒绝，我最终就会同意匿名的要求。尽管如此，当我真的开始写报道的时候，仍然会请求对方再次考虑。有时，消息来源会改变主意。在这一点上，我从不放弃协商。但如果协商未果，你必须履行你的约定。

许多新闻机构有明确的规定，完全不使用匿名的消息来源。但他们会停顿一下说："除非报道证明，除了这种方式没有更负责的方式来报道这个重要的故事。"甚至在我授课的大学里，学生媒体都在践行这一原则。但为了避免有人指控消息来源是虚构出来的，我们会践行本·布拉德利的原则：如果一名学生记者要使用匿名线人的信息，他必须告诉另外一个人该线人的身份。另外的这个人一般不是主编就是我，因为我是他们的教员顾问。

有那么几次，学生媒体在进行报道时没有指明消息来源的名字，有校领导在读到报道后询问，被引用的人是谁。也有校领导指责记者伪造信息来源。这时我便很有信心地告诉那些西装革履的人，这个人确实存在，而且我知道他是谁，但我不能公开他的身份。

幸亏我有终身教职！

但读者和观众还是不太喜欢一篇报道使用匿名的信息。因此应当谨慎使用，而且只在报道非常重要且别无他法时才能用。

别忘了，匿名线人隐去姓名，通常有自己的意图。有时是为了保护他们自己和他们的隐私，比如一篇关于黑帮、堕胎、自残、犯罪或其他可能影响到他或她在别人眼中形象的报道。但更多的则是为了一己之私。线人泄露给你的信息，也许揭露了他认为不公正或虚伪的东西，但更多的是他不认同某种东西或想要通过曝光来造成伤害。

我之前提过，我曾为杂志报道过地方检察官的竞选。报道有一部分描述了据传在办公室里十分猖獗的性骚扰。一名身为女性的地方副检察长曾告诉我："女性只能从水平方向打破玻璃天花板。"她说只要我对她的身份保密，就可以使用这句引言。在这种情况下，我愿意付出这样的代价。这句引言精彩绝伦，反映了女性的处境。我的读者会相信这句话确实有人说过吗？我希望是的，因为我知道对方是谁。但你——和你的消息来源——也许会失去可信度，一旦你允许对方在投下引言的炸弹后隐去姓名。

优秀的记者会用尽全力让受访者公布身份，否则报道及记者的可信度都岌岌可危。这是不争的事实——可信度是记者能给予读者的唯一的东西。任何一个知道怎么说话或打字的白痴，都可以提供信息〔确切的信息，或者别的什么——多谢了，亚历克斯·琼斯（Alex Jones）！〕。你必须为公众提供可信的信息，这是你的商品。而匿名的消息来源会影响你的可信度。

使用匿名线人提供的情报还会引发法律问题。曾经有过几个案子，法院要求记者说出线人的名字，即使记者向线人保证过不会泄露他们的身份。《纽约时报》的朱迪思·米勒在 2005 年蹲了 12 周的监狱，就是因为她拒绝曝光报道中的线人，而法院判她藐视法庭。直到她的线人允许她透露自己的身份，她才得以释放。记者很少因为保护线人的身份被判入狱，但这种情况也不是不可能。这也是为什么，要竭尽所能让你的信息来源具名的另一个原因。

但有时候你别无选择。电影《真相至上》大致是以朱迪思·米勒的案件为原型改编的。别担心，我不会剧透的，但如果你看了电影就会明白，为什么凯特·贝金赛尔（Kate Beckinsale）饰演的角色无论如何也不能曝光线人的身份。

美国的大多数州都通过了新闻保障法，保护记者不必透露消息来源的身份，但目前还没有联邦政府通过的新闻保障法，所以一旦案子到了联邦法庭，你就不能再援引相关条例。① 但就算你所在的州有新闻保障法，你也不见得可以自己保有信息。有时《宪法第一修正案》对新闻媒体的保护与《宪法第六修正案》的条例会产生直接的冲突。《宪法第六修正案》规定人们有权享有公正的判决。倘若法官认为，一个人得到公正判决的唯一方式，就是弄清楚你报道的消息来源呢？

这个问题是我的一个痛处。以至于当我在一个新闻和法律大会上，作为发言嘉宾谈到这个问题时，被人"嘘"的时候甚至有点儿享受。我们当时在讨论，当法律传票要求我们透露消息来源时，作为记者是否有权拒绝。多年来，我一直建议记者们，在面对法官要求透露保密信息时，说出类似下面的句子："尊敬的法官大人，根据《宪法第一修正案》和本州的《新闻保障法》，我恭敬地拒绝透露这一信息。"但律师当然会认为，如果你有能帮助案子的信息，就应该告诉他们。

"那我们来看看是不是这个道理，"在这次会议上我对律师们说，"一个人想在这个国家成为一名律师，通常他必须上大学，通过严格的入学考试，申请法学院，被法学院录取，从法学院毕业，并通过一场更严酷、被称作律师资格考试的考验，然后才能成为律师对吧？而且你们当中有很多人，要花很多钱去做这些事，甚至为此负债累累，才能获得委员会的许可，在该州行使律师职务。如果你没能通过考试，就会被一脚踢出游戏，因为你够不上那么高的标准。"

台下的律师们知道这话背后有陷阱，所以假装无聊地看着我，似乎

① 在我写作这本书的时候，以下各州还没有推行新闻保障法：爱达荷州、艾奥瓦州、马萨诸塞州、密西西比州、密苏里州、新罕布什尔州、南达科他州、佛蒙特州、弗吉尼亚州和怀俄明州。

在说："继续呀，你要说什么倒是说呀。"

"但在这个国家，"我继续说，"任何一个想报道什么，或者发表些什么的人，都能称自己为记者。他们不需要考取执照、通过考试，不用满足某个校董会的要求、去上大学。而且他们收入很低，特别是与律师相比。

通常，律师工作的事务所都有调查员 —— 这些人可以查看记录、翻看监视录像、不断挖掘各类材料，并要求支付大量薪水。然而你们却告诉我，你们的团队，拥有这般程度的训练、专业、学位、资源和职员，却必须依赖一名记者来替你们完成自己的工作？你们应当为自己感到羞耻。你们应该自己找出答案。"

颇有争议是吧，我知道。你大概也明白了为什么我会被喝倒彩。即使是和我在同一个论坛的记者同仁们，也纷纷向我扬起眉毛，仿佛在说"今晚开车回家时路上小心。检查好你的制动液"。

我想说的是，《新闻保障法》不是万能的。它可能与其他权利发生冲突，而法官会最终裁决到底优先保护谁的权利。显然，我认为记者的权利应当受到优先保护，而不是那些应当更好履行自己职责的调查员和律师。

当我们答应某人要对他或她的身份保密时，我们应当有自信可以守护这个承诺。记住，你拥有的只有可信度。

"不供发表"

在所有记者和受访者使用的术语中，就属"不供发表"的含义最含混，最难定义。作为受访者时，我曾经说过这个词，在我采访别人时，别人也说过这个词。"我能和你聊些不供发表的事吗？"

但人们真的知道这个词是什么意思吗？

我要告诉你的，是我学到的、实践过也教给我学生的定义。"不供发表"意味着，有人告诉你一些事，而你绝对不能用在自己的报道里。绝对不能。你不能用"不具名"的那种方法来使用这类信息。不能说"有线人确认……"不行。绝对不能用。

关于这个术语的一部分争论，源自你是否可以从"不供发表"的内容中获取情报，再通过别人的嘴说出来。那样的话则更接近"幕后消息来源"的定义。当别人告诉你某些不供发表的事情，是对你表示信任，如果你同意不会采用这些信息，你就要遵守诺言。违背自己的承诺，也会给你带来法律上的麻烦，这点我之后会解释。

再说一遍，你不能使用"不供发表"的内容。

你也许会问，为什么会有人告诉记者不供发表的情报？这个问题非常好。其次，为什么会有记者愿意听取他或她无法使用的情报？

我认识一些记者，当受访者说他们希望接下来的内容不供发表时，他们会说："不行。你是在和一名记者交谈。如果你说出来，我就有权使用它。如果你的话不想供我使用，那就不要告诉我。"

我曾为《纽约时报》报道过圣迭戈报业的消亡（几个月时间里，圣迭戈从拥有三家竞争报纸到只剩下一家），我坐在其中一家报纸的主编对面，听他解释为什么圣迭戈容不下报业间的竞争。

他的言论在我看来完全没道理，于是我对他施压，问他为什么认为圣迭戈仍然被视为落后地区。他说起城市的组织方式，又跟我说了一些有的没的，我小心翼翼地打断了他。"那都是几十年前的事了。为什么这个城市到今天仍然被人小看？"

他盯着我看了一阵子，最后说："把你的笔放下。"

然后他告诉了我一些只有内部人员才知道的有关城市领导的事情。这说明了很多问题。然后他说："你现在可以把笔拿起来了。"

采访结束后，我又绕回这些糟糕透顶的信息问："这些内容，我能用多少？"

"什么都不能用。我只是告诉了你，这样你才能明白为什么这座城市永远不可能辉煌。"

如果我食言，使用了这些信息——即使不揭穿消息来源——我的受访者也会知道消息是从哪里泄露的，而我们绝对会从此老死不相往来。这个人在某种程度上就像我的导师，而我非常重视与他的友情，因此我不愿意冒这个险。

但如果我不喜欢这个人，也不在意是否还能跟他做朋友呢？这时就可以食言了吗？当然不能。还记得那句值得文在身上的名言吗？**丢掉一篇报道好过丢掉你的可信度**。作为一名记者，你拥有的只有你的可信度——不光是对读者而言，还对你的受访者而言。如果你只是偶尔值得信任的话，是无法结交到朋友的。你与受访者（线人）之间也是如此。可信与不可信，你只能二者选其一。我在某种程度上算是个功利主义者，但更根本的是我想让自己说话算话。如果我说了我不会用，我就不会用。

食言也可能给你带来官司，20 世纪 80 年代在明尼苏达州就发生过这样的事。丹·科恩（Dan Cohen）是共和党副州长候选人的竞选助手，他想向当地记者泄露一些有关民主党候选人鲜为人知的破坏性情报。但在他爆料之前，要求记者们保证不出卖这些消息的来源。不幸的是（在我看来），记者们同意了。他们当时应该转身离开的。后来证明，这条"破坏性"的爆料相当平淡无奇：民主党的候选人几年前曾因参与街头抗议被捕，还有一次是因为从商店里顺了价值 6 美元的缝纫用品。一些记者认为没有报道的必要。另外两名记者决定报道，但他们的编辑认为，这么逊的消息来源应该公布姓名。尽管记者们提出反对，但编辑们还是声明丹·科恩就是那个泼"脏水"的人。科恩因此被炒了鱿鱼。他后来起诉报社违反此前的口头协议。案子被明尼苏达州最高法院受理，最后判科恩胜诉。

　　但接下来我们要谈到的部分就没有那么简单了：如果一名受访者想让采访内容"不被发表"，他必须明确地说出来。如果采访进行得很顺利，受访者向你提供了满满的干货，且声情并茂地说出了些催人泪下的金句后，才跟你说"顺便提一句，刚才说的那些都不供发表"，这会让你陷入两难的境地。第一种选择，是像《无处可逃》那部片子，本·谢巴德回应比利·库西马诺一样。

　　库西马诺在与谢巴德的采访中说了几件很重要的事情后，突然说："我不会再说别的了。而且这里说的一切都不供发表。"

　　"啊，你看，这事可不成。"谢巴德说，"你必须在对话开始之前说'"不供发表"'才算数。"

　　"谁说的？"

　　"这就是规矩。"

　　"你们这些人做事还有规矩吗，哼？"[1]

　　好吧，我们确实有！这些就是规矩。之前没有接受过采访的人也许不知道，但你必须先说以下内容不供发表，才能说出你要说的话。因此你需要温和地告诉他们这一点，也许还可以和对方协商到底有哪些可以使用的内容。如果是没有任何媒体经验的人，在采访结束后要求内容不得公开，我也许会尝试灵活处理。我会和对方一起过一遍我认为重要并且应该具名的内容，然后一起探讨为什么这些内容如此重要。如果对方仍然不愿意某些内容出现在最后的报道里，我会据理力争。但我会把话说清楚，下一次当他或她同意接受采访，双方将默认所说的一切都是可供发表的，一切将被公平公正地对待。

　　如果我觉得受到了愚弄，受访者只是在说过一些事情后又反悔了，然后装傻对我说"我不知道你打算用这些内容"，我会提醒对方，他或

---

[1]　希亚·拉博夫与史蒂芬·鲁特。《无处可逃》。Theatrical 发行。由罗伯特·雷德福导演。纽约市：索尼影视经典，2012。

她看到了我的录音设备，看到我做笔记，一直等我写完才重新开口说话，因此我有权使用听到的内容。

政客、名人和许多其他的人，都知道这一规定，但这并不意味着他们不想滥用它。一名国会议员曾经想要要这套把戏，当时我正在就美国和墨西哥的边界问题对他进行采访。我说明了自己的记者身份，告诉他我正在做的报道主题，然后我们展开了热烈的对谈。采访结束后，我正要感谢他花时间接受采访，他突然对我说：

"这些都是不供发表的，当然了。"

"不，先生，我不是这么理解的。"我说，"我告诉过您我是记者，我在做一篇报道，需要您的见解所以您说的一切都可以用于发表。"

"听着，小子。"他说（我听上去有那么小吗？），"我从不做可供发表的采访。你应该知道的。"

"那您就不应该接受这次采访，先生。"

这时他开始恼火了。

"听着——如果你使用了这次对话的任何内容，我们俩的关系就玩儿完了。"他说。

什么？他当我们是在约会吗？

"我愿意付出这样的代价，议员先生。"我说。

然后他就把电话挂了。

他以为他用诡计占了上风，但我知道他比我还清楚游戏规则。自然地，我使用了采访内容，而且再也没听到过这名政客的消息。

澄清规则

当然，如果你明白这些术语的含义那再好不过了，但归根结底最重要的，还是你和你的受访者能对这些定义达成一致。更关键的是，你们要在采访**之前**达成共识，而不是之后。采访之后再进行协商会使问题变得复杂，在你开始采访前就把问题解决掉。而且再说一遍，如果受访者没有提前设置一些先决条件，你可以假设采访内容是"可供发表"的，你可以使用其中的所有信息。你不一定非要说出来。如果受访者看到你做笔记或进行录音的话，就相当于默许了。所有内容都是可供发表的，直到有人喊停。

有时候，没有必要进行口头协商。比方说，如果有电视台的记者采访我，一名记者和一个摄影师来到我的办公室，架起设备，进行了声音和光线的调试，然后开始采访，我们会预设采访是可供发表的。我不需要说出来。摄像机在记录着一切。如果我在采访到一半的时候突然宣称"等一下——我从来没有答应过采访可以发表"，那样会显得很蠢。当我坐在那里，看着他们将麦克风夹在我的衬衣上，我已经默认了（心照不宣也是一种同意），这是一次可供发表的采访。

如果受访者认为某些内容不供发表，他或她就必须说"这是不供发表的"。当有人对我这么说时，我会与他们讨论为什么他们不希望内容得到发表，他们的顾虑是什么。我会尽我所能地打消那些顾虑，但我不会表现得似乎是在操纵对方，或者假装自己很了解后果。对方是人，你也是人，人与人之间如何相处才是关键。你的可信度在这个人以及你的读者面前岌岌可危。我会说明为什么这些信息非常重要，为什么报道——也就是公众——会因这些信息受益，为什么公布信息不会对其造成伤害（但只有我相信这一点时才会这么说）。

当受访者告诉我，他们接下来的内容"不供发表"时，我通常会做下面几件事：如果这是一次电话采访，我会继续做笔记，但会在笔记旁边用大粗体标注OTR[①]。等采访结束后，我会对受访者说："让我们再来谈

[①] 不供发表的英文缩写。——译者注

谈你不想公布的那些内容吧。"这时对方会解释他 / 她为什么不想公开那些信息，然后我会解释为什么我认为它们对报道很重要（如果我真这么认为）。这时我们就是在协商了。

但如果我是与受访者进行面对面的采访，当他 / 她说"我接下来要说的不供发表"，这时我就必须放下手中的笔，关掉我的录音设备，这样对方才能看到我是在遵守规定。当他 / 她说完一个特定的观点后，我会说："我们现在可以回到可供发表的采访了吗?"当我们结束全部采访后，我会再绕回之前不供发表的内容，试图至少获取一些可用的信息。

一些记者不会这么做，他们不希望获得不能使用的信息。这么做当然更清白，但我还是喜欢双方进行协商。

在这当中唯一重要的事情，是你和你的受访者都清楚，当你援引"幕后消息来源""不具名"和"不供发表"这些术语时，到底是什么意思。你要确保双方对于这些词汇有相同的理解，而且都能区分它们之间的差别。在采访中**何时**使用这些术语也至关重要。

这些都是规矩，比利·库西马诺。我们记者的工作中真的有规矩可言。

第 11 章

在门口检视你的自尊

采访你爱或你恨的人

在进行采访时，还有最后一个要考虑的东西：你的自尊。

我们花费了那么多时间准备采访，我们进行研究、打磨问题，甚至为我们要探索的人和事陷入痴迷的状态。有时我们会忘记，在将要进行的采访中还有一个人也要扮演角色：你自己。想对采访进行恰当而完善的准备，你必须好好思考一下你要承担的角色，而不仅仅是准备你要提出的问题。

采访不仅仅是让对方向你开口，你们互动的方式会决定采访是否是有价值的。这意味着你必须检视自己的动机、盲点、设想、偏见，以及最重要的，你的自尊。

在日常的各种情境中，我们都需要和他人交谈，而在互动中，我们就会产生爱与恨的情感（或者是喜欢和厌恶）。医生会喜欢与某些病人聊天，但会讨厌另一些人，警察也会如此。社会工作者、律师、人力资源从业者都会如此——就像日常生活中需要与人交谈的所有人一样。一些人给你的回答符合你的预期，直截了当又聪明睿智，令你的一天都过得轻松愉快。

当然还有另外一些人。

当我还是一名高中生时，曾在急诊室里做过勤杂工。当时的我想成为一名医生。那时有一个急诊室的医生引起了我的兴趣，但不是因为他很好。他似乎将所有病人的出现都视作对自己的侮辱，特别是对一名病人尤其地残酷。这个人已经进过好几次急诊室了，每次原因都是自杀未遂。有一次轮到我和这名医生在诊疗室，这个人又来了，这次是因为割腕，但他还活着而且意识清醒。当医生进门看到他时，摇着头说："怎么又是你？"

医生一边用绷带缠好病人的手腕，帮他清理了伤口、缝上针，一边抱怨他浪费自己的时间。

"下次你再割腕，你要切开手腕，不是划开！"他咆哮道，并且向那个人演示割哪里才能造成最大的伤害，"我再也不想在这里看见你了！"我想我不用说大家也明白，这种沟通的方式是完全无法让人接受的，更别说对方是一个处在危机中的病人了。

不要成为那样的人。不管你有什么问题，在进门前好好检视一下自己。

在你的职业生涯中，总有一些时候你需要与他人互动，但不能表露出自己的真实态度。你有要完成的工作。不管你怎么看待那些人，你都必须控制好在他们面前说话和做事的态度。你是一名专业人士。你必须表现得毫无偏见。你必须让人想说什么说什么，而不是去纠正、判断或批评。

在这种情况下，你尤其需要记住自己的身份，并牢记采访的目的。采访不是比赛，也不是为了证明你自己。不要向对方展示你有多机智、多尖锐、多高高在上、多聪明过人。你的自尊总是想以自我为中心，总是想自我辩护、自以为是，随时可能被冒犯或被恭维。你必须留意，当你的自尊开始膨胀时，要立刻让它停下来。因为不管你投入多少努力，采访的中心不是你，这是无法改变的事实。**采访的中心不是你**。将这句话发给你能想到的任何一个记者。他或她需要别人的提醒。

但当你的自尊开始引你走向另一个方向时，你也要注意。有时你会因为想在采访中给受访者留下好印象而分心，这也是很危险的，因为你可能会因此忘记采访的目的。

我在作家座谈会上采访的名家，通常是我选择邀请的。他们大多是我一直崇敬的人，他们的作品对于有抱负的作家们而言堪称典范。因此我在采访前已经是粉丝了。

我无须试图让自己喜欢上他们——我已经很喜欢他们了。毫无疑问，在采访中我也会陷入两难的境地，倒不是出于厌恶或一些隐匿的需求，必须让对方难堪。但就像我之前提过的，观众们希望听到带刺的问题，而你的受访者对此也有预期。这是协定的一部分。

你可以是一名粉丝 —— 但不要太狂热

一方面，采访你仰慕的人很容易。因为你让他们谈论你原本就同意的，或想重点强调的观点。让采访氛围相亲相爱，一团和气。但另一方面，采访也可能因为太过融洽而失去启发性、挑战性和复杂性。作为某人的粉丝，可能让你失去职业素养。你必须直面自己的崇拜心理，并且高度警惕这种心理可能妨碍你做好一场扎实的采访才行。你首先要意识到自我，才能放下自我（多谢了，悉达多！）

要做到这一点最简单的方法，就是牢记采访的目的。

当你采访崇拜的人时，你更要留意有没有看漏了什么东西。人的本性会想让对方喜欢自己，但采访的目的不在于此。如果你想让对方喜欢你，那买个小狗送给他就好了。但如果你想挖掘人性的深度，并且为某些重要的话题带来全新的看法，那你必须冒险去激发对方的思考。

珍妮特·沃尔斯是我很欣赏的作家。有很多人在读过她的自传《玻璃城堡》后，无法相信书里写的都是事实。甚至有人公开宣称她是个骗子。我在采访中提到这件事时，她一点儿也不惊讶。毕竟之前有像《百万碎片》①和《三杯茶》②这样的作品，让人觉得故事好到非世间能有——事实证明也确实如此，这样的故事确实是杜撰的。因此很容易理解，为什么读者会质疑她可能没有经历过痛苦奇特的童年。她早就为这个问题做好了准备。鉴于我非常仰慕她，因此我提问的语气不带有任何指责或怀疑的意味。但不管我有多么坚定地相信她，我都必须要提这个问题。

如果我处于追星的边缘，我会试着想象观看采访的观众形象。我会试着勾勒一名学生的样貌，或者一个有写作困难的社区成员的形象，然后换位思考："戴夫现在需要知道些什么？他写自传遇到问题时，或者在寻找时间和灵感遇到困难时，什么才是对他有用的？"将注意力聚焦在观众身上，可以帮我摆脱盲点。这是一种可以让你放下自尊的方式，将重点重新转移到与你对话的人身上。

如果害怕在采访中感情用事，你也可以使用类似的方法。你的妈妈、朋友或住在同一街区的某个人，需要知道关于这个人的什么东西呢？从他人的角度思考，可以避免采访变成虚情假意的相互吹捧，确保你们的对话有价值，且公正平等。

在采访我在新闻界的偶像比尔·莫耶斯时，我确实需要相当注意保持公正平等。我从最初踏进新闻行业，就觉得与他很有亲近感：他出生在一个保守的基督教家庭（我也是），在成长过程中超越了原生家庭造成的狭隘思想格局（我也是），新闻业务水平高超，不仅能对复杂的命题进行解释，并且敢于曝光商界、文化界、宗教界和政界的虚伪领袖们（我希望自己也做到了）。他拥有旧约先知般清晰而真诚的预言之声。他是我们

---

① 《百万碎片》是由詹姆斯·弗雷于2003年出版的半虚构小说。尽管在新书发行时，该小说被作为自传回忆录进行宣传，但事后被揭露，书中的很多情节在现实中并没有发生过。——译者注
② 《三杯茶》由葛瑞格·莫顿森和大卫·奥利佛·瑞林合著，讲述了作者二人如何在巴基斯坦奔走，为当地儿童建立学校的故事。书籍出版后一跃登上畅销榜，但有人实名质疑书中内容有捏造的成分，并指控作者盗用慈善捐款为己所用。合著者之一大卫·奥利佛·瑞林不堪压力，选择自杀。——译者注

这一代的爱德华·R. 莫罗（Edward R. Murrow）。[①]

　　我还是研究生的时候同他说过话，但一直到 2005 年，他接受作家座谈会的邀请后，我才有第二次机会和他坐下来认真地聊聊。我在准备他的采访时，不想让自己像克里斯·法利在《周六夜现场》采访保罗·麦卡特尼那样，一直对着观众比嘴型——"这个人简直太帅了！"但面对莫耶斯时，我内心确实也是这么惊叹的。

　　莫耶斯在各方面都非常专业。他对采访流程如此熟悉，甚至在座谈开始之前就掌控了采访的主动权。当我们站在台下时，他说："我想在开始之前先对观众说几句话。"他用自己南方绅士的方式说道。而我是如此倾慕他，于是说："嗯，好呀。"（这个人简直太帅了！）

　　于是当我们走上台后，他与观众讲起了明星文化、图像和电视的力量，还有自己在公共场合被人认出等令人捧腹的趣事，现场氛围变得热烈起来。然后就轮到我们的正式采访了。不管他这么做想达成什么效果，所有人都对他喜爱有加，包括我。

　　于是我们谈起了他的成长背景，他对新闻事业的热爱，他所扮演的在荒野中哭泣的角色。尽管如此，我还是觉得需要问一段有关他的特别经历，在美国加大对越南战争参与力度的时期，他曾经担任过林登·约翰逊总统的公共发言人。

　　要触发这一话题，就需要我把自我先搁置一边，因为我有可能会招他讨厌。但是采访的中心不是我。记住，采访的中心**从来都不是你**。

　　在我做这次采访的时候，是乔治·W. 布什担任美国总统期间，美国以错误的假设为前提，向伊拉克发动了战争。布什政府假设伊拉克是"9·11"恐怖袭击背后的邪恶轴心国之一，即将对美国使用大规模杀伤性武器。无须做太多侦查就会发现，布什政府的声明是捏造的。

---

① 　如果你不知道爱德华·R. 莫罗是谁，请一定要阅读一下有关他的资料。至少看一下电影《晚安，好运》。

我向莫耶斯提到所有这些内容，他措辞文雅又掷地有声地谴责了向人民撒谎的美国政府。

接着，我话锋一转，提到在林登·约翰逊任总统期间，政府也曾以北部湾事件为借口，更加全面地参与了越南战争。所谓"事件"，是有报告称，美国海军一艘战舰遭到越南民主共和国的攻击，从而给美军一个借口，得以派遣军队并公开进行炸弹袭击。后来历史学家证明，事实上当时北部湾根本没有发生任何"事件"，所谓的事件叙述全是被捏造的。

"在你看来，美国进入越南战争和伊拉克战争的方式有相似之处吗？"我问他。

他的回答经过深思熟虑，且不带任何抵触情绪。他对这个问题有所准备，也不觉得受到了冒犯。

就算他是我心目中的英雄，也不代表他可以在这么重要的问题上侥幸逃脱。采访结束后，全场起立向他致敬。我也许是第一个站起来的。

不管你抱着怎样崇拜的心情，一定要时刻回到那个重要的问题上：关于这个人，你的观众想知道些什么？世人想知道什么？然后将你的精力投注其中。采访结束后，也许你们不能一起去喝一杯或者吃一盘寿司。你这边一结束，他们还有别的朋友和家人想聚一聚呢。所以现实点儿吧。把你的工作做好。

我很欣赏安·帕切特（Ann Patchett）在一次读书签售会上的坦诚。当时我也参加了签售会。她对在场的观众说，她很高兴可以为他们购买的图书签名，但她不会为此花太多的时间。

"请不要告诉我你第一次读到我的书是在什么地方，也不要建议我下一本书应该写什么。"她说，"我们又不是要交朋友，所以不要让队列停下来。"

在场的有些人被她的言论吓坏了。他们觉得她麻木、傲慢甚至粗鲁。但我认为她的话说到了点子上，是大实话。我们在进行采访时也应当贯彻这样的原则，即使对方是我们爱戴的人。如果我们坦率地接受"对方不会成为我的好朋友"，那我们在提问时就可以做到更公正公平一些。

"崇拜"的另一面

很不幸，我不能只采访我喜欢的人。你也不能。有时候，发现对方是自己很厌恶的人，那种感觉糟透了。

下面给你说一个例子。几年前，经别人的推荐（提醒自己：再也别听那个同事的建议了），我邀请某位作家到作家座谈会来。在活动之前的几周，我尽所能地阅读他写的东西。我读得越多，越感到不安。不是说我不同意他的观点——我同不同意对于采访没有任何影响，我与采访者观点相左往往会令采访很精彩——我开始讨厌他，以及他所代表的一类人。我做越多的背景调查，就越能肯定，这个人着实太卑鄙了。

我再重申一次：我这么说，不是因为我不同意他的观点。我不同意很多人的观点，这完全没有问题。真正的启发往往是在观点的交流和碰撞中诞生的。但我发现自己的处境不太妙：我开始变得批判而不是好奇，而且我完全不想和他产生任何交集。

采访最后效果还不错，我觉得。他真正的信徒们觉得棒极了，诋毁者们认为我对他太宽容了。而我自己的个人目标，就是在采访中——无论是他还是台下的观众，都不会察觉我内心对他的真实看法。在这一点上，我想我是成功了。不，我不会告诉你们他是谁的。

诚实地讲，有时候，厌恶的感觉会在采访中突然涌上来，如果用语言表达出来大概就是"你真是个混蛋"，或者"我想马上结束这个破采访，再也看不见你"，或者"我真想现在扇你一巴掌"。

我可不希望能活到，"读心"的高科技发展成熟的那一天。

好在这样的情况并不常见。谢天谢地！但确实会发生。如果发生在你身上，你仍然要以不动声色的发问者身份做好采访。

你在采访讨厌的人时面临的压力，是如何让自己保持职业素养和文明礼貌。但这并不是说，如果他们对你无礼时，你就必须原谅他们，只是说你尽量不要让自己在回应和与他们互动的时候，让自己显得很无礼。我曾经在一家新闻编辑室里工作过，那是一个巨大的开放式空间。我们每人面前都有一个办公桌，但办公桌之间没有墙，连不完整的隔板都没有。你的一举一动都会被所有人看到和听到。我就听到过一个情绪尤其不稳定的同事进行电话采访。我听到她对着话筒喊："噢，别犯傻了！"这时我知道她是不可能再从受访者那里得到有效的信息了。

这名同事是在纽约做过几年记者后，搬来圣迭戈的。她在电话里痛斥对方的几天后，我问她：

"你那套方法行得通吗？"

"在纽约的时候一贯行得通，"她说，"但好像在圣迭戈行不通。"

这全得归功于沙滩文化呀，伙计。

所以，如果你要和自己讨厌的人对话，应该怎么办？讽刺的是，和自己的偶像对话时大致也一样。你要牢记，采访的中心不是你。你要思考你的邻居想知道些什么。你要尽可能公正地提出问题。虽然也许之后你得洗个热水澡，冲掉那种厌恶的感觉。

你不需要在采访中以积极或消极的方式进行回应，记住这点很重要。你的义务是保持中立。在适当的情况下，你也可以质疑那些令人不快的言论。你也不需要为一个笑话勉强自己"哈哈大笑"，只因为受访者觉得好笑。① 在这种情况下采访者的义务是什么？是揭露真相。

当然了，"真相"总是难以查明的。但如果我可以弄清楚这个人真实的想法，在他发表一些无礼甚至有害的言论时恭敬地反驳他，提醒自己这不是一场争吵，那我认为这样的行为可以算作一场胜利。这是一场合格采访的最低标准。采访的中心不是我，是我要采访的人。读者、听众和观众们可以自行得出他们的结论。

尽管很难做到，但采访不应当演变成比谁嗓门大。② 更何况，你就算大吵大嚷又能得到什么呢？你认为有多少人在辩论上输给你后会改变自己的行为？提问、倾听、回应、引导、换种方式提问、探究，才是更好的方式，哪怕你其实很想尖叫。

梅根·凯利③ 在 2017 年采访主办"信息战"网站的亚历克斯·琼斯时，曾质疑过他的说法。亚历克斯·琼斯曾称，桑迪霍克小学在 2012 年并没有真的发生枪击案，这只是政府阴谋的一部分。梅根只是让他一直说，然后偶尔打断他说"那是骗人的吧"，或者"这不能解释你所说的"。我认为这样的说法都是可以接受的。她没有长篇大论地发表她对桑迪霍克小学枪击案的看法或是对亚历克斯·琼斯本人的看法。她在确保自己不是采访的中心。她让他一直说，但不会对有争议和荒谬的言论听之任之。观众由此可以自己做出判断。

我不知道梅根·凯利个人如何看待亚历克斯·琼斯，我也不该妄加揣测。但我觉得她对他的印象应该不算太好，因为琼斯三番五次对主流媒体加以批评，而凯利就在主流媒体供职。但她的观点并不是采访的关键。

---

① 还记得唐纳德·特朗普（Donald Trump）曾经大放厥词，说自己有名到就算乱摸女人阴部也能完美脱罪吗？当时和他在一起的比利·布什（Billy Bush）笑了。比利，你是他的共犯。真不知羞耻。

② 你可以看一下安德森·库珀（Anderson Cooper）和凯利安·康威（Kellyanne Conway）或者乔恩·斯图尔特（Jon Stewart）和约翰·麦凯恩（John McCain）的采访视频。

③ 梅根·凯利（Megyn Kelly），美国新闻记者、主播、新闻和政治评论人，曾在福克斯新闻频道和 NBC 新闻供职。——译者注

凯利没有争辩，也没有试图去改变琼斯的想法。她允许他口若悬河，但在适当的时候指出他言论中的不当之处。

这也是芭芭拉·沃尔特斯在采访迈克·华莱士时使用的手法。尽管很显然，两人彼此熟识且相互欣赏，但有时华莱士会发表一些带有性别歧视色彩的言论。他当时在采访中处于弱势，在表露这些观点时，沃尔特斯原本可以反驳他，说他还活在 20 世纪，但她没有，尽管我猜她一定强烈地排斥他的观点。他只是在表达自己的个人观点，而不像亚历克斯·琼斯那样指责别人在实施阴谋。沃尔特斯让华莱士的言论悬在那里，好像是在等观众反应过来他到底说了什么。她相信观众能和她听到一样的东西。我认为，在这一刻没有沃尔特斯自我的存在。她很清楚她采访的目的不是别的，而是谈论华莱士的官司。

我偶尔会思考，如果受访者推行的理念对社会有害怎么办？如果他为你强烈反对的观点站台呢？如果我采访的人否认大屠杀，是恋童癖、色情写手、杀害过很多人的凶手、独裁者、一个盗用了上百万老百姓养老金的无良商人、一个用虚假理由就将我们拽入战争的人、一个认为校园枪击案中的孩子并没有被真正杀死的人，我该怎么办？

有哪些边界是你不能逾越的？你也许此时还不明白，但这值得你思考。

对我而言，我会尽量不让我的判断受他们的观点和行为的影响。关键是他们是否有一个想向世界宣布的观点，而我如何做到不为他们的观点开脱，只是加以审视。如果你可以确保采访的中心不是你，而是关于如何通过采访为别人带来启迪，那这样的采访做出来就有价值。

你将底线设置在哪里，取决于本书最初提出的问题。你要采访的人是谁？为什么采访？而这两个问题同等重要。我见过一些采访，其采访者在我看来过于轻浮、激动或充满敌意，采访过程满溢着他或她的愤怒情绪。这样的采访令人不快而且通常毫无意义，这是为了烧火而烧火，不是为了光明而烧火。

　　凡是牵扯到感情的采访——无论感情是好是坏——都很棘手。它要求你有充分的自省、准备和当下的自制。有时你希望采访能永远进行下去，有时你觉得采访一眼望不到头。不管你身处何种境地，记住，采访的中心不是你。我已经说了一百万次了，但我还是要再重复一遍：采访的中心不是你。记住，你做采访不是为了证明别人的错或对，也不是为了炫耀自己。别忘了，你做采访的目的是向观众展示受访者到底是什么样的人，以及就一个特定的话题获取信息。你想要他们的观点、洞察、独特的视角，他们的逸闻趣事、专业素养、智慧和个性，以及让他们带你更好地理解某种事物。因此不要妨碍别人，让他们尽情地对你说。

案例分析
一次开局不佳且贯穿结尾的"失败"采访

《新鲜空气》的特瑞·格罗斯采访吻乐队的吉恩·西蒙斯（Gene Simmons）

2002 年 2 月 4 日首播 [①]

上一章我讲到采访你喜欢或讨厌的人时，提到我采访某个厌恶之人的真实经历。谢天谢地，我并没有那次采访的录音。

但下面我要展示的例子，是一个经验丰富的采访者与一个显然惹毛她的人之间的采访。再次声明，接下来我要呈现的是经过缩略和注释的文字整理稿，所以我推荐大家看一下或者听一下采访的完整版，你就会明白我的意思了。

因为采访不是我做的，要我评论特瑞·格罗斯应该还是不应该怎么做，实在太容易了。她是一个如此专业的人，是采访界的黄金标杆。而这次采访是她少有的"滑铁卢"。我也明白，为什么你在做采访的时候会容易忘记采访的目的和观众的需求，因为一切发生得太快了，意外情况时有发生。正如这次采访。

你在为采访做准备时，会假设事情能按部就班地进行。然而如果突

---

① NPR《新鲜空气》，主持人特瑞·格罗斯采访吉恩·西蒙斯，2002 年 2 月 4 日首播，文字整理稿由 maniahill.com 整理发表，网址：http://www.ucdenver.edu/academics/colleges/CLAS/Programs/HumanitiesSocialSciences/Students/Documents/Gene%20Simmons%20and%20Terry%20Gross_Fresh%20Air.pdf。

发转折，采访者必须随机应变，将事态掌控在手中。吉恩·西蒙斯的言论充满性别歧视、荒谬和不怀好意，特瑞·格罗斯用了一定时间才适应过来。这次采访让我回想起一位冰球教练曾说过的话——当时比赛处在失控的状态下——"不能总是玩你准备好的游戏，有时你必须玩现有的游戏"。谁能知道冰球教练听上去会像禅宗大师呢？一定是因为他们花了很多时间看磨冰机打转，浇新的冰层吧……

　　教练的意思是，无论你认为对方球队会怎么行动，他们都不一定会那么做。也许比赛出现了伤停，也许会上演奇异的戏码，裁判也许昨天晚上和老婆吵架了。你无法设计所有的细节，你只能调整自己的状态。

　　因此当吉恩·西蒙斯令特瑞·格罗斯感到震惊时，她必须做出调整，但她调整的时间太久了。

　　首先，特瑞·格罗斯用一个奇怪的问题开启了采访，至少在我看来是这样。采访时，吉恩·西蒙斯刚出版了名为《吻和妆》（*Kiss and Make-up*）的新书，所以特瑞问他，他之所以喜欢在吻乐队的演出时打扮得很狂野，是不是为了掩饰他的脆弱感，就像他的犹太人名字一样。我也注意到了，"装扮"这个词和新书的名字有关，而吻乐队的标志之一就是他们的妆容和服装。但是这个问题一听就让人觉得奇怪。首先，不应该一上来就问一个人，是不是在用装扮掩饰自己的脆弱感。无论采访的双方有多专业，采访本身还是需要一些时间拉近双方的关系。一上来就直捣脆弱感的问题，没有给西蒙斯留出预热的时间，也不能让他判断出格罗斯是不是个值得信任的采访者。而且显而易见，他不想那么快就显示出自己的脆弱，于是立刻就羞辱了特瑞·格罗斯，说她念错了他的希伯来语名字。

　　格罗斯不得不立刻将注意力集中到自己身上，这就给了西蒙斯可乘之机，让采访更进一步地偏离了轨道。而到此为止，他们都还没上轨道呢！但是格罗斯没有转移话题，聊些不那么私密的问题，而是回到了脆弱感的问题上。询问一个名人是否掩饰了真实的自己，本来是一个合理的问题。但是作为第一个问题很不合理。而我认为在这之后，采访一直没能回到正轨。她又问了两个有关妆容的问题，而他漫无目的地胡言乱语。我不确定听众那么明白妆容的细节。这是吻乐队的吉恩·西蒙斯。他刚写了一本自传。采访的第一部分简直毫无建树。

　　还记得我说过采访控制权的问题吗？到目前为止，掌控主导权的都是西蒙斯。在某个时刻，当西蒙斯开始跑题，聊起自己的身价到底值多少的时候，格罗斯打断了他，试图夺回主导权。

　　格罗斯：你是想说，对你而言最重要的就是钱吗？

　　这是一个很好的追问。她本来可以换种更缓和的说法，比如："赚钱是乐队背后的驱动力吗？"

　　西蒙斯：我就是要说，而你会反驳我，我们都知道在这个星球上、这架飞机上，最重要的东西事实上就是钱。要我证明吗？
　　格罗斯：你说。

　　格罗斯不应该上他的当的。她本应该说的是："很显然钱对你很重要，但还是让我们多谈谈你的书吧。"一场采访的节奏比一场冰球的比赛还要快，但她本来可以不必回应他。
　　西蒙斯之后又说了一些既愚蠢又厌女的话，讲到女人做皮肉生意什么的。当一个人像他一样，说出那么性别歧视的话，应该当机立断打断他，然后回到采访的初衷。你要谈论的是西蒙斯对流行文化的贡献，而他的新书就是讨论的引子。然而格罗斯再次失去了对采访的控制。你可以从她接下来的问题中听出绝望的情绪。说句实话，如果是我也会诉诸绝望的策略，但不会那么明显。我的意思是，她本来可以试着将话题带回他的书、他的生活或者其他不适合瞎扯的事情上。当他再次开始污言秽语离题万里时，她终于再次打断了他。

格罗斯： 等一下，等一下，能不能让我们把话说清楚？

我很欣赏她此刻的反应。她终于开始夺回控制权，并把控采访的走向。

西蒙斯： 当然了。
格罗斯： 我在这里不是为了证明自己很聪明……
西蒙斯： 你不是……
格罗斯： 也不是为了证明你不聪明或者你不读书或者你赚不了很多钱……

我倒不认为西蒙斯是想说这些，因此事情现在变得更糟了。她本来可以这么说："你显然很聪明。乐队创作了那么不同的作品，已经足以证明了。"

西蒙斯： 这跟你没关系。你不用那么戒备——你到底为什么要这样？
格罗斯：（笑）被你传染了。

现在采访已经变成争吵了。她说他在为自己辩解，他说她是心存戒备，她回应"还不是你先开始的"！如果我是在开车的路上听到这段广播，大概这时已经转台了。还记得在上一章我说过的吧，"采访的中心不是你"。连吉恩·西蒙斯都同意我的观点。

　　对受访者的存在感到沮丧是一回事，但认为对方针对自己又是另一回事。诚然，西蒙斯指责格罗斯是一名异教徒，而且因为她是女性而贬低她，因此她有理由感到愤怒。但她不应当让采访沦为一场争吵。争吵从来都无法带来真正的信息或观点。这是一次采访，所以，记住，采访无关输赢，而是对事实的揭示、审视、发掘、理解和深化。这场采访变成了一场车祸现场，是因为格罗斯背离了采访的初衷。她不必被他牵着鼻子走。她本来可以转移话题，将采访带回正轨。

　　但她没有这么做。她之后又问了另一个有关装扮的问题。这本来是她重启采访的机会，但她居然又回到了让一切变糟的起点。要想夺回控制权，回到你当初失去控制权的领域是行不通的。

　　这之后格罗斯又问了几个有关他的服装的问题，最后问起了他穿在身上那块奇怪的镶钉遮挡布。他的回答比之前更加具有攻击性。

　　格罗斯：这话听着真恶心。

　　在这里称西蒙斯是头猪都不为过。尽管我不主张和受访者进行争论，但他如此污言秽语，你绝不能就那么算了。

　　西蒙斯：这有什么恶心的。我为什么要在背后说些在你面前不能说的话？
　　格罗斯：等一下 —— 事情至于到这步吗？你就只能用这种方式和女人说话吗？一定要用那种噱头吗？

　　但这种时候她本来应该就那么算了。她不能要求他成为一个更有思想和更感性的人。现在这有点儿针对个人了，只是为了烧火而烧火，不是为了光明而烧火。格罗斯应该说的是"让我们还是聊回你的书吧"。但我想她的双眼已经被遮蔽了。他在对话时是如此可恶，而她自己吃了那么多亏却让他得了太多乐子。她最终问他与女人之间的关系，而事实证明他比之前已经表露的更"渣"。然而这一次，格罗斯却表现出很棒的职业素养，没有挑战或者评论他的观点。她相信观众自己可以做出正确的判断。就像体育评论员在提到裁判没有吹哨时会说"犯规未吹"。尽管这是一次广播采访，但我几乎可以看到特瑞·格罗斯一边听西蒙斯胡言乱语，一边摇头，甚至可能在呕吐。

格罗斯：你是真的对音乐感兴趣，还是因为在摇滚乐队里可以睡到很多人？

此时格罗斯已经决定不再掩饰自己对西蒙斯的厌恶之情，因此问了一个相当尖锐的问题。而这个问题更好的提法也许是"成立吻乐队到底有多少是为了音乐？"他的回答充斥着更多的性别歧视和狗屁理论。

格罗斯：你到底对音乐有没有一点儿兴趣？

我喜欢这个问题。她没有上钩。

西蒙斯：你喜欢这次采访吗？跟我说实话。

她不欠他这个问题的答案。她本来可以说，"让我们等采访结束后再决定吧"或者类似的其他说法。但她还是回答了……

格罗斯：好吧，我觉得挺烦的，特别是你长篇大论的时候。

西蒙斯：没错。

格罗斯：而且你是故意说些恶心人的话。（笑声）

她这是在和一个小丑讲道理，与这样的人是没有道理可讲的。不幸的是，我们又回到了争论上。她试图说服他一些事情，可她是无法成功的。最终她选择了继续对话，问起他《摇滚万万岁》这部电影。这个问题非常好，因为影片恶搞了摇滚乐队，而西蒙斯显然也是个恶搞的摇滚乐手。但你也可以预见到，他又会开始羞辱 NPR，而她又会进行辩护。

西蒙斯：……你听过《周六夜现场》版的 NPR 吗？简直惟妙惟肖。

格罗斯：你听过那么多，能分辨出它是不是惟妙惟肖吗？

她现在表现得比之前还要自我防备。我经常收听 NPR，也看了《周六夜现场》的戏仿，我也觉得它模仿得惟妙惟肖。

当格罗斯问起西蒙斯在舞台上的荒诞举动，比如吞火和吐血的时候，整个采访的氛围变了。当西蒙斯回答完这些问题后，他说了一句话，在我看来很有启发性。

西蒙斯：……但这些举动都有什么意义呢？什么也没有！只不过在这两个小时里，我们能帮助你忘掉交通拥堵，忘掉你抱怨不休的女朋友，或者其他你生活中的琐事，我们给了你两个小时的时间逃避现实，这就是意义。

在我看来，这是他整场采访中说过的最有意思的话。他其实是在谈论娱乐业承担的更重大的角色。就这点他们原本可以展开更深刻的讨论，显然他思考过这个问题。格罗斯之后却问起了他在以色列的童年，他妈妈如何在纳粹的集中营里幸存。现在我们终于谈到点子上了。妆容、服饰、吞火、吐血，这些信息我们从各种各样的地方都能获取。而现在我们正在挖掘掩藏在这下面的一切。西蒙斯于是描述了以色列与纽约的生活有何不同，当他还是个孩子的时候怎么和母亲来到美国。

这段对话精彩纷呈，采访本应该从这里开始的。这样的话采访的整个基调就会截然不同，而西蒙斯可能会呈现出更复杂的人物形象。然而格罗斯的开场方式让他从一开始就充满了戒心。这段关于他童年的交流展现出一个更深刻、更脆弱、更有趣的吉恩·西蒙斯。谁知道如果她要是从这里开始提问，还会发生哪些好事？她接着询问了他的宗教生活，然后他将其与自己在电视里看到的卡通片进行了对比。这一对比让听众可以想象，当时这种冲突一定让他的头脑一片混乱。他对狂野角色的向往也始于那里。这个话题比妆容下面是什么有趣多了。

但就在采访即将结束的时候，她对他的鄙视情绪又开始冒头。他们探讨了西蒙斯对人性的看法，她说：

格罗斯： 但在我的印象里，你从来没有对任何人表示过同情。你是那么在意你自己！你是如此强烈地只在意你自己。

我认为这种说法太激烈也太有进攻性了。她可以这么说："你会对任何人表示同情吗？对你自己呢？"但她这种说法是在指责他是个不折不扣的自恋狂，他可能确实是，但听众不用她说早就已经发现了。格罗斯没必要这么说，并且这会再次刺激西蒙斯进入防备状态，特别是他们已经有了一段不错且深入的交谈。于是他再次给出了一个充满挑衅意味的回答，而她接着说：

格罗斯：我认为你今天在我们节目中表现出的人格，是你作为吻乐队成员之一，在舞台上、麦克风前表现出来的伪装人格。但你在私下自己家里或者朋友聚餐时，一定没有这么讨人厌。

感觉她在使出最后一击，称他是个混蛋。但我想他已经表明自己是个混蛋了。不管他是在捉弄她，还是在扮演某个角色，都应当由听众去决定。直截了当地询问他是不是拿她开涮，就好像是让他再涮自己最后一回。而他也是这么做的。

西蒙斯：说得有道理。而我也觉得这个正在和我说话的无聊女士，一定比那个做 NPR 的主持人更性感更有趣。你知道的，就是又学究又保守的那种 —— 我敢说你在派对上肯定很会玩儿。

这场采访太痛苦了，其实没必要这样。

寻求精神超越

所有的采访都能教给我们一些东西。当然了，采访的内容有你想学的新东西，但采访还有内在的动力，你能通过采访深入地了解一个人，这一点最让人激动，而且你每做一次采访，都能学习如何让下一次做得更好。

有时采访会带来某种精神超越，采访中发生的一切都会让你惊叹。我收听特瑞·格罗斯 2011 年对儿童作家莫里斯·桑达克（Maurice Sendak）的采访时，便是这种感觉。桑达克当时已至 83 岁的高龄，刚刚出版了新书《班布尔－阿迪》（*Bumble-Ardy*），他的身体太虚弱了，不能前往演播室接受采访。因此格罗斯与他进行了电话采访。他们谈论了衰老、死亡、无神论、爱情、孩子、性欲、出版以及其他话题。对谈深刻，令人动情。正当格罗斯在为采访的结束进行总结时 [①]，桑达克插话道：

　　桑达克：你知道吗，我有件事必须告诉你。

　　格罗斯：请讲。

　　桑达克：你是唯一一个在对我进行采访，或者与我聊天时，能将这些情感带出来的人。你身上有种东西很特别，独一无二，让我

---

① 莫里斯·桑达克：《莫里斯·桑达克：关于生命、死亡和儿童文学》，采访者特瑞·格罗斯，《新鲜空气》，NPR，网址：https://www.npr.org/2011/12/29/144077273/maurice-sendak-on-life-death-and-childrens-lit。

如此信任你。当我听说是你要、你想采访我，我真的真的非常开心。

格罗斯：是啊，我也真的很高兴能有机会采访你，当我听说你发表了新作，我就想："这是一个多好的借口啊（笑声），我可以给莫里斯·桑达克打电话聊天了。"

桑达克：是啊，这就是我们要做的，不是吗？

格罗斯：是啊，确实如此。

桑达克：我们一直以来都是这么做的。

格罗斯：没错。

桑达克：感谢上苍，我们还活在世上并且可以这么做。

桑达克在这次采访后的 8 个月去世了。

当采访做得好时，对谈双方有可能实现某种人性的联结，这种联结远远超出单纯收集信息的层面。这样的采访会成为一种体验，你与另一个人完完全全地在一起，彼此分享共有的时光，你会感觉世间的一切如此安排，就是为了让这场交流在此时此地得以进行。就好像在一个爵士乐俱乐部，音乐超越了乐手的演绎，进入了一个全新的轨道。成功的采访也应当如此。你和你的受访者在提到一个话题或一种表达时，彼此都很惊讶。某种全新的东西在这一刻诞生了。它是什么？愉悦？悲伤？神秘？似乎我们活着就是为了体验这种人性共享的时刻。而采访可以制造这样的时刻。尽管不是每次采访都能让人体验到这种共享的人性，但每次当这种体验发生时，感觉就像永恒闯入了当下。

普利策奖得主杰贾奎·巴娜金斯基（Jacqui Banaszynski）似乎很擅长这类采访。她有一种不可思议的能力，可以带受访者进入一种深刻并实现精神超越的境界。她给出的建议是：

"将你自己沉浸在采访中。你必须刻意地将精神集中起来，让你的大脑完完全全与受访者同步。你需要非常认真地倾听对方，以至于可以跟随对方的脚步，一起向前或者退后。不要太在意你的问题清单、你的编辑或者你的报道。你只需要在意你眼前的这个人……如果你做到这一点，会在结束采访时感到精疲力尽。"[①]

对于上述建议，巴娜金斯基自己就是坚定的践行者，但有一个例子让我印象特别深刻。我听说她在一次采访中做了一件非同寻常的事，于是便打电话向她询问。她当时在报道一场火灾，一家民居因为半夜屋外的管道爆炸起火了。妻子冲进一间卧室，抱起一个女儿，冲向前门逃生。丈夫冲进另一间卧室，抱起另一个女儿，冲向后门逃生。最终妻子和她抱着的女儿冲进一堵火墙，丧生了。而丈夫和另一个女儿安然无事。

巴娜金斯基为自己供职的报纸报道了这场火灾，但是她其实真正想做的是和这位父亲交谈。他在逃生路径上的抉择决定了之后的一切。这是一个所有人都能与之产生共鸣的故事，我们都遇到过紧急情况，需要在分秒之间做出决定。而如果我们得以幸存下来，则一辈子都将带着这个决定带来的后果生活下去。而通过与这个刚刚做出过这种决定的人交谈，将给人一个机会审视更深刻的人性问题，什么是无常，什么是直觉，什么是罪恶感、悲痛，以及我们将何去何从？

正如你所料，这位父亲压根不想和巴娜金斯基或者其他任何人交谈。而且他从小就不相信新闻媒体，这也让事情变得非常复杂。通过两人共同的熟人，巴娜金斯基终于有了合理的理由请求他和她至少通个电话。按照她的回忆，他当时打过电话来说："这关你什么事？"

这问题问得不错。

巴娜金斯基回忆说，她问他自己能不能去他家，亲自向他解释原因。他说可以。于是在他家里，巴娜金斯基提到了上述那些由这场悲剧引出的更深刻的问题。"发生在你身上的事，可以发生在任何人身上，"她这

[①]　马克·克莱默（Mark Kramer）和温蒂·凯尔（Wendy Call）编辑：《讲述真实的故事（*Telling True Stories*）》，第 67 页，纽约：羽翼出版社（Plume），2007 年。

样告诉他，"如果你将事情的来龙去脉告诉我，我们可以将这个故事发布到网络上，所有的新闻媒体都可以看到，而你就不再需要和任何人交谈。信息就会这样被发布出去。这将是一个更加宏大的故事，事关如何做决定，并用余生与自己的决定自处。"

她告诉他，如果他同意接受采访，一旦他喊停，她就会终止采访。如果他不喜欢某个问题，她也会就此打住不再问。她说，她会试图弄明白为什么他会叫停，并且试图继续采访，但只要他想，他随时可以中断采访。

然后她做了一件她从没做过的事，之后也不会再做的事。

她告诉他，如果采访结束，他仍然觉得不喜欢，她会将自己的笔记本留下，然后离去。

这太大胆了。

她说，他听了她的话，当时一脸震惊。

"你真的会那么做？"他问。

"你没有义务与任何人交谈，"她回答说，"这是属于你的故事。"

"那你到时候怎么和编辑交代？"

"我会说我没采访你。但如果这是你想要的，我就会这么做。"

巴娜金斯基说，她看到他在那一刻放松了下来。

她所做的，是给予对方掌控自己故事的权利。正如我之前所说的，每个采访都有一种动力在驱动着采访者，作为采访者，你通常会想要掌控采访的主导权，但偶尔你也会遇到一些情景，在这种情境下放弃主导权是值得的。这名父亲已经失去了那么多，他至少应该享有对自己故事的掌控权，如果他不愿意讲述它，她是不会逼他的。

"我不想再去掠夺属于他的极少的东西中的一件。"她说。

但我们要时刻牢记一点，很多时候——我甚至可以说是大多数时候——人们都是愿意讲述他们的故事的。他们希望别人能倾听自己说话，他们想要被听到。你的采访是在向他们致敬，而他们让你进入自己的房屋和生活是对你的致敬。

"当我登门做采访的时候，我会认真地留心身边的事并倾听，我是在送给他们一份礼物。"她告诉我，"不要以为我们只是占用了他们的时间，我们也将自己的时间和专注送给他们做礼物。"

这是一场交易。你有故事要讲，我会听你说完然后将故事讲出来。我们就是见证者。

就在巴娜金斯基的报道发表几天后，她看到一个电视台宣布要给这名父亲做一个访谈。她给他打电话说："我还以为你不想和任何人交谈？"他告诉巴娜金斯基，由于她对他的采访进行得如此顺利，他很是吃惊，以至于接受了电视台的另一个采访。

这个故事还有一个更加幸福的结局。这两则关于他的故事发表之后，他收到洪水一般的来信，其中有一名女性也在一场事故中失去了自己的丈夫和他们的一个孩子。于是他们相约一起喝咖啡，并在 4 年之后，两人结婚了。

我知道这点听上去很反直觉，但事实上，很多时候你的受访者会感谢你对他们进行了采访。你能明白这点吗？你闯入了他们的生活，对他们的事情问东问西，你提出各种尖锐的问题，你在他们思考、解释、强装镇定的时候沉默地盯着他们，可他们还要感谢你。为什么？因为你愿意倾听。你问了好的问题。你在采访之前做好了准备。你对他们的视角表现出兴趣。你尊重他们，愿意听他们讲述自己的观点。你也许并不赞同他们的观点，但这不重要。重要的是，你问了，你听了，你向他们证明他们的声音很重要。

在你到来之前他们并不知道，其实他们当中很多人都想和你谈谈。

一个人一辈子，很少会被问起自己的真实想法。我知道这种说法听上去挺蠢的，但我还是要说，采访一个人是对他和他的故事表达敬意，而且我认为这千真万确。

　　当受访者怀着感激的心情时，你的读者和观众也会怀着感激的心情。而你要讲述的故事会变得更加美好。

　　因此，你对下一场采访做好准备了吗？当然没有。你不可能将一切都尽在掌握。总有你无法预期的事情发生。

　　但到此为止，我希望你有一种意识，不管你的职业是什么，如何进行一场精彩的采访（对话）都可以成为你职业实践的一部分。现在你知道了它不总是像看上去的那么简单（是的，谢天谢地，有时候它就是那么简单！）。优秀的采访需要对目的的思考、事前的准备、框架的建立、有深度的提问、绝不退让、即兴发挥、承担风险、确保精确、自我意识、精益求精、共享人性，并且要做真实的自己。

　　我希望现在你再问起别人时不会太过担心："请问，能跟我说说吗？"

致　谢

　　说到我写这本书的起源，还要说起我与哈珀·柯林斯出版社的编辑汉娜·罗宾逊（Hannah Robinson）的一次通话。当时我正向她兜售另一个写作计划，她委婉拒绝的时候态度很友善，也许她只是想扔块骨头给我，让我不要再和她纠缠了。但这之后，我好好想了想她说的话，发现她说到了点子上。于是几天后，我向她说了一个更加清晰的想法，后来便有了这本书。一路走来，她简直是每个作家梦想的编辑。

　　但如果没有桑德拉·迪克斯特拉文学代理公司（Sandra Dijkstra Literary Agency）的埃莉丝·卡普隆（Elise Capron），就没有上面的那通电话。埃莉丝从一开始就很支持我，并安排我和汉娜通话。

　　谢谢你们，汉娜和埃莉丝。

　　我还要谢谢无数散落在世界各地，在家里、办公室里、球场上、病床上接受过我采访的人们。感谢那些曾经想用歌声、拥抱和威胁结束采访的人们。感谢那十几位曾参加过海上作家座谈会的作家，感谢他们在观众面前接受我的采访。在此要特别感谢作家座谈会的第一名嘉宾约瑟夫·瓦姆博。我当时请他来为一个我要组织的作家活动发表演讲，他拒绝了，他说他不做演讲。但他补充说，如果有人想问他问题，他很乐意前来参加。就这样，作家座谈会的形式正式诞生了。多谢了，乔！我还要感谢艾米·威廉姆斯（Amy Williams）、麦迪逊·柯林斯（Madison Collins）和查理·梅里特（Charlie Merritt），感谢他们专业的文本整理稿。

　　感谢我执教的波因特洛马拿撒勒大学，感谢你相信海上作家座谈会。

图书在版编目（CIP）数据

　　学会提问与谈话：如何获取信息、深度沟通、专业采访 / (美) 迪安·纳尔逊著；
焦静姝译. — 北京：北京时代华文书局，2024.1（2025.9重印）
　　书名原文: Talk to Me：How to ask better questions, get better answers,
and interview anyone like a PRO
　　ISBN 978-7-5699-4726-7

　　Ⅰ. ①学… Ⅱ. ①迪… ②焦… Ⅲ. ①语言艺术 Ⅳ. ①H019
　　中国版本图书馆CIP数据核字 (2022) 第 229288 号

Talk to Me
Copyright © 2019 by Dean Nelson
Published by arrangement with HarperCollins Publishers.
简体中文版由银杏树下（北京）图书有限责任公司出版

北京市版权局著作权合同登记号 图字：01-2022-4128

Xuehui Tiwen yu Tanhua: Ruhe Huoqu Xinxi、Shendu Goutong、
Zhuanye Caifang

出 版 人：陈　涛
出版统筹：吴兴元
责任编辑：王　灏
特约编辑：张　怡　张莹莹
责任校对：初海龙
装帧设计：柒拾叁号® 13810257834
责任印制：刘　银

出版发行：北京时代华文书局 http://www.bjsdsj.com.cn
　　　　　北京市东城区安定门外大街 138 号皇城国际大厦 A 座 8 层
　　　　　邮编：100011　　电话：010-64263661　64261528
印　　刷：嘉业印刷（天津）有限公司　电话：022-68696724
开　　本：690 mm×960 mm　1/16　　成品尺寸：165 mm×230 mm
印　　张：20　　　　　　　　　　　　字　　数：279 千字
版　　次：2024 年 1 月第 1 版　　　　印　　次：2025 年 9 月第 2 次印刷
定　　价：52.00 元